JN426548

외식산업경영론

Foodservice Industry Management

이규태 저

CONTENTS

CHAPTER 01 | 외식산업 개요

❖ 도입사례 :: 로봇 바리스타 ········ 12

Section 01. 외식산업 개념 ········ 14

01. 외식산업 정의 ········ 14
02. 외식산업의 특성 ········ 18

Section 02. 외식산업 분류 ········ 22

01. 외식산업의 Private 섹터별 세부 분류 ········ 22
02. 국내 외식산업 분류 기준 ········ 23
03. 미국 외식산업 분류 기준 ········ 27
04. 일본 외식산업 분류 기준 ········ 28

CHAPTER 02 | 외식산업 성장과정

❖ 도입사례 :: 외식 인기메뉴 및 트렌드 변천사 ········ 32

Section 01. 외식산업 성장요인 ········ 35

Section 02. 외식산업 성장과정 ········ 37

01. 한국 외식산업 성장과정 ········ 37
02. 미국 외식산업 발전과정 및 주요 특징 ········ 44
03. 일본 외식산업 발전과정 및 주요 특징 ········ 50

Section 03. 최근 국내 외식산업 이슈 및 변화 전망 ········ 55

01. 국내 외식산업 최근 동향 ········ 55
02. 국내 외식산업 변화 전망 ········ 59

CHAPTER 03 | 외식산업 경영형태

❖ 도입사례 :: 불황 속 10년 이상 장수하는 외식 브랜드 주목 ······ 64

Section 01. 외식산업 업종과 업태의 이해 ······ 66

01. 업종 ······ 66
02. 업태 ······ 67

Section 02. 외식산업 경영형태 ······ 69

01. 소유직영 방식 ······ 69
02. 프랜차이즈 방식 ······ 70
03. 위탁경영 방식 ······ 90

Section 03. 단체급식경영 ······ 93

01. 단체급식경영의 개념 ······ 93
02. 단체급식의 경영형태 ······ 94
03. 단체급식 시스템의 유형 ······ 97
04. 단체급식 고객유형 ······ 98

CHAPTER 04 | 외식사업 창업

❖ 도입사례 :: 외식업체 개인 창업에 대하여··· ······ 102

Section 01. 외식사업 창업의 개념, 핵심요소 및 최근 동향 ······ 104

01. 창업의 개념 ······ 104
02. 창업의 핵심요소 ······ 105
03. 창업의 최근 동향 ······ 106

Section 02. 외식사업의 창업환경과 고려사항 ······ 108

01. 외식사업 창업환경 ······ 108
02. 외식사업 창업 시 고려사항 ······ 110
03. 외식사업 예비창업자에게 필요한 자세 ······ 112

Section 03. 외식사업 창업유형 ···· 114
01. 외식사업 창업유형 ···· 114
02. 독립경영 창업과 프랜차이즈 창업에 대한 각 위험요인 ···· 117

Section 04. 외식사업 창업절차 ···· 121
01. 외식사업 창업 주요 절차 ···· 121
02. 사업계획서 작성 ···· 123

CHAPTER 05 | 외식사업 마케팅 전략

❖ 도입사례 :: Starbucks를 통해 본 외식산업 마케팅 ···· 132

Section 01. 마케팅의 이해 ···· 134
01. 마케팅의 개념 ···· 134
02. 마케팅의 특성 ···· 141

Section 02. 외식사업 경영환경 ···· 143
01. 외식사업의 거시적 환경 ···· 144
02. 외식사업의 미시적 환경 ···· 149

Section 03. 외식사업 경영환경 분석 ···· 152
01. 외식사업 경쟁의 개념 및 유형 ···· 152
02. SWOT 분석 ···· 155

Section 04. STP와 마케팅 믹스 ···· 156
01. 시장세분화 ···· 157
02. 목표시장 선정 ···· 162
03. 포지셔닝 ···· 165
04. 마케팅믹스 ···· 168

Section 05. 다브랜드 전략과 코브랜딩 전략 ···· 171
01. 다브랜드 전략 ···· 171
02. 코브랜딩 전략 ···· 173

CHAPTER 06 | 외식사업 인적자원관리 전략

❖ 도입사례 :: Starbucks 교육훈련 시스템 : 사람이 답이다. ········ 176

Section 01. 외식사업 인적자원관리 이해 ········ 178
01. 인적자원관리의 개념 ········ 178
02. 인적자원관리의 중요성과 특이성 ········ 179
03. 외식사업 인적자원관리의 중요성 ········ 181

Section 02. 외식사업 직무분석 ········ 183
01. 직무분석의 개념과 목적 ········ 183
02. 직무기술서와 직무명세서 ········ 185

Section 03. 외식사업 채용관리 ········ 188
01. 채용관리의 의의 ········ 188
02. 모집관리 ········ 189
03. 선발관리 ········ 191
04. 배치관리 ········ 193

Section 04. 외식사업 평가관리 ········ 195
01. 평가의 의의와 목적 ········ 195
02. 인사평가의 원칙 ········ 196
03. 인사평가의 형태 ········ 198
04. 인사평가 작성법 ········ 200

Section 05. 외식사업 교육훈련 및 경력개발관리 ········ 203
01. 교육훈련의 개념 및 목적 ········ 203
02. 교육훈련 대상에 따른 분류 ········ 204
03. 교육훈련의 향후 방향 ········ 207
04. 경력개발의 개념 및 과정 ········ 208
05. 경력개발의 향후 방향 ········ 211

CHAPTER 07 | 외식사업 메뉴관리

❖ 도입사례 :: 빅데이터로 본, '경제 허물어지는 130조 외식시장' ········ 216

Section 01. 메뉴의 개념, 중요성 및 역할 ········ 218

01. 메뉴의 개념 ········ 218
02. 메뉴의 중요성 ········ 219
03. 메뉴의 역할 ········ 221

Section 02. 메뉴계획 ········ 222

01. 메뉴계획의 의의 및 고려사항 ········ 222
02. 메뉴 형태 ········ 225
03. 메뉴 디자인 ········ 228

Section 03. 메뉴 가격전략 ········ 232

01. 원가지향적 가격전략 ········ 232
02. 경쟁지향적 가격전략 ········ 234
03. 수요지향적 가격전략 ········ 235

Section 04. 메뉴분석 ········ 236

01. 메뉴분석의 의의 ········ 236
02. 메뉴분석 방법 ········ 237

Section 05. 신메뉴 개발 ········ 246

01. 신메뉴 개발의 의의 ········ 246
02. 신메뉴 개발단계 ········ 249
03. 메뉴 수명주기 ········ 253

CHAPTER 08 | 외식사업 주방 및 위생관리

❖ 도입사례 :: 공유주방이 유독 한국에서 뜨는 이유? ········ 262

Section 01. 주방관리의 개념 ········ 262
01. 주방의 개념 ········ 262
02. 주방관리의 개요 ········ 263

Section 02. 주방의 형태 및 시스템 ········ 266
01. 주방형태에 따른 분류 ········ 266
02. 주방시스템에 따른 분류 ········ 267
03. 주방설계 ········ 273

Section 03. 주방관리의 기능적 계획 ········ 276

Section 04. 위생관리 ········ 281
01. 위생의 개념 ········ 281
02. 위생관리 ········ 282
03. 식중독 ········ 285
04. 주방 위생교육 ········ 292

CHAPTER 09 | 외식사업 구매관리

❖ 도입사례 :: 까다로운 식자재 쉽게 구하는 외식업체의 스마트한 노하우 ········ 294

Section 01. 구매관리 개요 ········ 296
01. 구매관리 개념 ········ 296
02. 구매관리 목적과 특성 ········ 297

Section 02. 구매형태와 가격, 계약 ········ 299
01. 식자재 구매형태 ········ 299
02. 구매시장조사 ········ 300

03. 식자재 구매방법 ···· 302
04. 계약유형 ···· 303

Section 03. 식자재 검수관리 ···· 307
01. 검수관리 개념 ···· 307
02. 검수직원의 역할 ···· 308
03. 검수기준 ···· 310
04. 검수법의 종류 ···· 316

Section 04. 재고관리 및 출고관리 ···· 319
01. 재고관리 개념 ···· 319
02. 출고관리 개념 ···· 323

CHAPTER 10 | 외식사업 고객관계관리

❖ 도입사례 :: 초면고객 응대관리의 실리적 접근 ···· 328

Section 01. 서비스 개요 ···· 330
01. 외식서비스 개념 ···· 330
02. 외식서비스 형태 ···· 332

Section 02. 고객관계 프로세스 ···· 336
01. 고객만족 개념 ···· 336
02. 고객만족 결정요인 ···· 337
03. 서비스 프로세스 관리 ···· 340
04. 고객접점 ···· 342

Section 03. 외식 판매프로세스 ···· 344
01. 생산과 소비가 동시에 일어나는 외식기업 On-premise 판매 ···· 344
02. 생산과 소비가 다른 장소인 외식기업 Off-premise 판매 ···· 347
03. 스마트 판매 ···· 348

CHAPTER 11 | 스마트 외식산업

❖ 도입사례 :: 4차 산업혁명과 푸드테크 ······ 352

Section 01. 외식산업 트렌드 ······ 354

01. 최근 외식산업 트렌드 ······ 354
02. 외식산업 변화의 주요 배경 및 이슈 ······ 355

Section 02. 식품안전관리 ······ 358

Section 03. 스마트팩토리 ······ 361

01. 4차 산업혁명과 스마트팩토리 ······ 361
02. RFID ······ 363
03. 콜드체인과 블록체인 ······ 364

Section 04. 메뉴주문 및 결제 시스템의 변화 ······ 366

01. 온디맨드(On-Demand) 방식 ······ 367
02. 키오스크 ······ 367
03. 디지털 메뉴판 ······ 368

Section 05. 외식과 IT 기술의 융합 푸드테크 ······ 370

01. 푸드테크 개념 ······ 370
02. 푸드테크 시스템 ······ 371

❖ 참고문헌 ······ 374

CHAPTER 01

외식산업 개요

학습목표

01. 외식산업의 일반적 정의, 법률적 정의, 내식·외식의 정의 및 중요성을 이해한다.
02. 외식산업의 특성을 확인한다.
03. 국내, 미국, 일본의 외식산업 분류체계를 이해한다.

도입 사례

로봇 바리스타

최근 카페업계에 로봇 바리스타 바람이 거세다. 바리스타는 커피에 대한 지식을 기반으로 즉석에서 커피를 전문적으로 만들어 주는 사람을 뜻한다. 전문적인 바리스타 영역에 인공지능 로봇이 사람을 대신해 주는 카페가 최근 주목받고 있다. 대표적인 곳이 라운지엑스, 카페봇, 달콤커피 등이다.

푸드와 기술이 결합한 '푸드테크'를 구현하고 있는 이들 카페에는 커피를 핸드드립해 주는 드립 봇, 디저트 위에 그림을 그려주는 디저트 봇, 칵테일을 최적의 맛으로 제조하는 드링크 봇, 홀 사이를 누비며 서빙을 해주는 서빙 봇 등이 활약하고 있다.

❖ 로봇과 블록체인 기술푸드에 본격접목

푸드테크놀로지 전문 기업 라운지엑스가 6월 강남 테헤란로에 선보인 '라운지엑스'는 국내 F&B 업계에 본격 푸드테크 바람을 일으킨 곳이다. 당시 이곳을 방문하는 상당수는 IT 관련 스타트업 종사자로 일상에 들어온 로봇과 블록체인 기술에 대한 소비자 패턴을 관찰하는 등 다양한 분야에서 관심이 뜨거웠다. 라운지엑스에는 두 종류의 로봇이 있다. 바리스타 로봇 '바리스'와 서빙로봇 '팡셔틀'이다.

바리스 로봇은 사람과의 협업을 기본으로 하는 이른바 '협동로봇'이다. 고객이 선택한 원두 분쇄와 추출이 끝난 커피를 전용 잔에 따라 고객에게 전달하는 것은 바리스타의 몫이다. 바리스 로봇이 내려주는 커피는 전용 로봇드립 메뉴 3 가지 종류 가운데 선택할 수 있다. 바리스 로봇에는 원두별 특징에 따른 최적의 추출법이 프로그래밍 되어 있어 원두의 종류에 따라 물줄기로 꽃 모양을 그리거나 달팽이 모양을 그려가며 일정한 속도로 커피를 추출해 최적의 맛을 구현한다. 이와 함께 고객들에게는 드립기법과 원두별 종류, 특성, 맛을 설명하는 카드를 만들어 제공해 준다.

서빙 로봇 '팡셔틀'은 자율운전기능, 장애물 회피, 자동 경로 탐색 등 기술을 탑재해 무료 시식빵을 싣고 돌아다니면서 고객에게 즐거움과 행복을 줌으로써 공간의 가치를 극대화 했다.

❖ 로봇이 커피와 케이크, 칵테일까지 만들어

한국의 브루클린으로 급부상한 성수동에 최근 푸드테크를 기반으로 한 감성문화공간이 등장해 눈길을 끌고 있다. 로봇 자동화 전문 기업 티로보틱스의 기술과 미디어 콘텐츠 회사 디스트릭트 홀딩스의 미디어 아트가 융합돼 탄생한 '카페봇(Café.Bot)'이 그곳이다.

사람과 기계가 단순한 것을 만드는 현재의 성수동에서 사람과 로봇이 함께 공간을 만드는 미래의 성수동을 지향하는 감성문화 공간 카페봇에는 총 세 가지 형태의 로봇이 있다. 첫 번째는 드립봇

(DripBot)이다. 일정한 물줄기 조절이 관건인 핸드드립 커피를 드립봇이 직접 내려줘 편차 없는 정량의 핸드드립 커피를 즐길 수 있다.

드링크봇(DrinkBot)은 다양한 칵테일 제조에 필요한 음료들을 천장에 매달아 각각의 위치를 매칭해 주면 입력된 주문에 따라 로봇이 직접 음료를 배합하고 흔들어서 칵테일도 제공하는 바텐더 역할을 한다. 이외에도 논알콜 음료, 맥주 등을 제공한다.

마지막 디저트봇(DessertBot)은 9가지 패턴 가운데 하나를 선택하면 즉석에서 케이크 위에 로봇이 똑같이 데커레이션해 준다. 향후 자신만의 커스터마이징 기능을 탑재해 특별한 날 의미를 담은 메시지를 넣을 수 있도록 한다는 계획이다.

카페 내 설치된 미디어 월에는 시즌별로 다양한 콘셉트의 미디어 아트를 선보여 볼거리도 다채롭다. 이번 시즌 테마는 상상 속에나 존재할 것 같은 핑크 빛 바다와 에머럴드 빛 하늘로 가득찬 핑크라군과 플라밍고다. 카페봇은 공장을 개조한 건물외관을 그대로 살려 과거를 표현하고, 바로 옆에 미래를 지향하는 입구를 꾸며 과거와 미래의 공존이라 메시지를 확실히 전하고 있다.

❖ 무인 로봇카페로 다양한 공간에 입점

4차 산업혁명으로 인간의 노동력을 대체할 수 있는 무인 서비스 기술이 빠르게 발달되면서 무인점포도 늘고 있는 추세다. 2018년 (주)달콤은 무인 로봇카페 비트(b:eat)를 선보여 로봇 바리스타의 손맛을 보여주고 있다.

비트의 장점은 좁은 공간에 설치할 수 있고, 무인으로 운영돼 인건비가 절감된다는 점이다. 무인카페로 운영되는 만큼 로드숍 카페의 로봇 바리스타가 내려주는 커피에 비해 가격도 절반정도로 저렴하다. 커피는 사용자가 키오스크를 통해 셀프로 주문과 결제를 할 수 있다. 주문을 완료하고 나면 픽업 가능 예상시각이 나타난다. 음료가 완성되면 영수증에 적혀있는 PIN 번호를 입력하고 음료를 픽업하면 된다. 뚜껑, 컵홀더, 빨대 등은 셀프 바에 마련되어 있다.

무인카페 비트는 현재 인천공항 제 2 터미널에 입점한 것을 시작으로 은행권, 기업의 사내카페, 복합몰 등에 입점하며 인기를 끌고 있다.

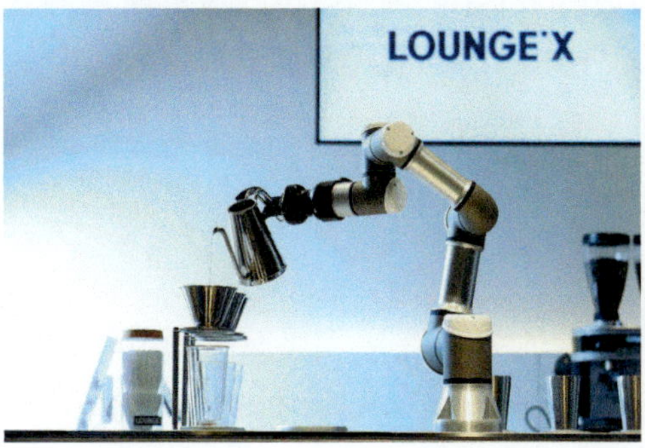

▲ 라운지엑스

▲ 무인로봇카페 비트

출처: 외식 트렌드 칼럼 & 리포트(2019). 인공지능 로봇이 사람을 대신하다.

01 S·E·C·T·I·O·N

외식산업 개념

01. 외식산업 정의

1) 외식산업의 일반적 정의

우리나라 외식산업은 1970년대 태동해서 '86아시안 게임, '88올림픽 등 대규모 국제 행사를 계기로 급성장하였으며, 1980년대 해외브랜드의 국내시장 진출로 국내 외식산업이 본격화 되었다. 1980년대 외식시장을 주도한 중소규모의 패스트푸드 업체는 1990년대 경기 침체와 더불어 구조조정을 거치게 되면서 기업형 패밀리 레스토랑과 단체급식 중심으로 재편되었다.

2000년대 이후에는 패밀리 레스토랑의 거대화, 다양한 브랜드화 등의 특징을 보이며 시장 확대가 지속되었다. 또한 급변하는 세계경제 속에서 해외브랜드의 국내 진출 또한 국내 외식산업 발전에 큰 기여를 하고 있다.

특히, 외식산업은 바쁜 생활에 쫓기는 현대인들에게 신속한 서비스로 신선하고 영양가 높은 음식을 제공하고 있다는 점에서 많은 호응을 얻고 있다. 식량자급도가 낮은 국내에서는 쌀 소비를 줄이고 보다 폭넓은 영양을 섭취한다는 점에서 외식산업은 유망한 신규사업으로 여겨지고 있다.

외식산업이란 '일정한 장소에서 식음료와 유·무형적 서비스로 이루어진 상품을 특정인 또는 불특정 다수를 대상으로 상업적 또는 비상업적 목적으로 생산 및 판매활동을 하는 사업군'이라 정의된다. 외식산업진흥법에서는 '외식상품의 기획·개발·생산·유통·소비·수출·수입·가맹사업 및 이에 관련된 서비스를 행하는 산업과 그 밖에 대통령령으로 정하는 산업'으로 정의하고 있다.

또한 외식산업은 가정이라는 공간을 벗어나 음식과 음료를 생산하고 제공하는 활동 외에 서비스를 중요하게 여기는 복합산업으로, 외식산업을 '외식서비스 산업'이라고도 한다.

오늘날 외식산업 역사의 시작은 1950~1960년대 미국에서 경제발전에 따른 식생활의 변화와 함께 '식품서비스 산업(foodservice industry)'이라는 용어가 정착되면서 시작되었다. 특히, 미국경제발전과 더불어 식생활의 변화와 함께 세계 최대 외식기업인 맥도날드의 출현이 시발점이라 할 수 있다. 일본은 1975년 매스컴에서 '외식산업(外食産業)'이라는 용어를 처음으로 사용하기 시작했다.

그림 1-1 맥도날드(Mcdonald's)

국내에서는 오래 전부터 음식의 생산 및 판매와 관련된 사업을 밥장사, 먹는장사, 요식업(料食業), 식당업(食堂業), 음식업(飮食業) 등으로 불렀다. 그러나, 1990년대부터 자본력, 과학적 생산시스템과 체계적 교육, 다양한 마케팅 활동을 갖춘 해외 브랜드의 패밀리레스토랑이 국내시장에 진출하면서 '외식산업'이라는 용어를 대중적으로 사용하기 시작했다.

과거 가정이외의 식생활을 줄여 '외식'이라 일컬으나, 현대에서는 완제품요리 전문점, 배달요리 전문점, 출장요리 전문점과 같은 식품산업의 발달로 인해 '가정 외의 식사와 가정 내 식사의 장소구분 없이 단지 먹는 음식물인 최후소비상품이 가정 안에서의 가공이라는 부가가치를 포함하지 않는 것, 일부 포함하더라도 기본적인 미각의 변용과 귀찮은 조리를 필요로 하지 않는 것'을 광의의 외식의 개념으로 규정하고 있다.

이러한 관점에서 외식산업의 사전적 정의 및 일반적 정의를 살펴볼 필요가 있다.

❶ 사전적 정의

가정이 아닌 밖에 나가서 음식을 사서 먹음, 또 그 음식으로 규정하고 있다.

다만 외식의 이 같은 사전적 정의는 어디서 식사를 하느냐에 의해 내·외식을 구별하는 것으로, 지금의 내·외식의 의미와는 차이가 있다. 음식이 어디서 만들어졌는가에 의해 구별하는 것으로, 식사를 어디서 하는지를 기준으로 내·외식을 판단하기는 어렵기 때문이다.

❷ 일반적 정의

외식은 가정 이외의 장소에서 음식을 구입하여 먹는 것으로 정의하고 있으며, 외식산업은 이러한 음식과 이에 수반된 서비스를 제공하는 사업체를 하나의 집단으로 구분하여 총칭하는 용어이다.

결론적으로 외식산업은 '음식을 만들어 제공하는 산업을 의미하며, 식사 및 인적 서비스 제고, 분위기 연출, 식사와 관련한 편익제공 등을 상품으로 하는 사업'이다. 또한 '가정 밖에서 식사 또는 이에 따른 서비스를 제공하는 시설사업'이라고 정의를 내릴 수 있다.

2) 외식산업의 법률적 정의

정부는 2011년 '외식산업진흥법' 제정을 통해 외식산업을 육성하고 진흥시키고자 하였다. 외식산업진흥법에서 제시하고 있는 법률적 정의를 살펴보면, 외식산업은 외식상품의 기획·개발·생산·유통·소비·수출·수입··가맹점 사업 및 이와 관련한 서비스를 행하는 산업과 그 이외에 전시장·체험관 등의 조성업 및 운영업, 유관행사의 기획··운영 등에 관한 산업, 외식산업 중 두 가지 이상이 혼합된 산업으로 정의를 내릴 수 있다.

외식산업의 법률적 정의는 일반적 정의 및 사전적 정의보다 광범위한 의미를 지니고 있으며, 여러 산업과 밀접하게 연관되어 있기 때문에 타 산업의 발전에도 중요한 영향을 미치는 경제활동의 중추적 산업이라 할 수 있다.

다음 <표 1-1>은 외식산업 진흥법과 관련하여 다양한 용어의 정의를 보여주고 있다.

표 1-1 외식산업의 법률적 정의

용 어	정 의
외식	· 가정에서 취사를 통하여 음식을 마련하지 않고, 음식점 등에서 음식을 사서 이루어지는 식사형태
외식상품	· 외식을 위하여 판매가 가능하도록 생산한 제품 및 외식과 관련한 서비스, 교육 훈련, 운영체계, 상표·서비스 표
외식산업	· 외식상품의 기획·개발·생산·유통·소비·수출·수입·가맹사업 및 이에 관련된 서비스를 행하는 산업과 그 밖에 대통령령으로 정하는 산업
외식사업	· 외식산업과 관련된 경제활동
외식사업자	· 외식사업을 영위하는 자

출처: 정유경(2018). 『외식산업경영』, 북넷. 저자 재구성.

3) 내식·외식의 정의

현대적 개념의 외식을 이해하기 위해서는 음식이 어디에서 만들어졌느냐에 따라 내식과 외식으로 구분할 수 있다.

도이토시오土井利雄는 내식을 외부에서 식자재를 구입, 가정 내에서 조리가공을 하여 먹는 음식을 말하는 내식적 내식과 외부에서 조리 가공된 식품 또는 반 조리식품을 가정 내에서 부분적으로 재조리하여 먹는 음식을 의미하는 외식적 내식을 정의하였다.

또한 외식을 집에서 만들던 가정 일상식을 가정 밖에서 식사하는 내식적 외식과 본래의 의미를 내포하고 있는 외식전문점에서 음식을 주문하여 식사하는 외식적 외식으로 정의를 내렸다.

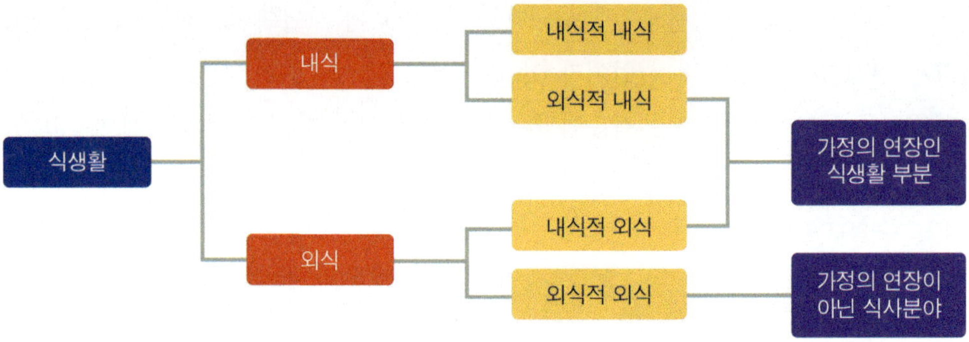

출처: 최학수 외 3명(2018). 실전외식사업경영론. 한올.

그림 1-2 외식산업의 정의

02. 외식산업의 특성

외식산업의 특성은 환대산업, 호텔 및 관광산업 등이 가지고 있는 특성을 동시에 지니고 있으며, 세부적인 내용은 다음과 같다.

- 서비스지향적 산업
- 점포의 위치를 중시함
- 인적자원의존도가 매우 높음
- 프랜차이즈가 용이함
- 소자본으로 접근성이 용이함
- 산업화가 매우 어렵고 느림
- 고객의 라이프스타일(lifestyle)에 영향을 많이 받음
- 식품제조 유통 서비스 산업의 성격을 지니고 있음
- 자금회전이 용이함
- 모방이 쉬워 차별화가 어려움
- 상품의 구성이 복잡함

- 식습관에 대한 고객의 기호가 보수적임. 따라서 상품의 라이프스타일이 비교적 긴 산업이라는 특징을 지니고 있음
- 생산과 판매가 동시에 이루어짐

그러나, 외식산업의 차별화된 특징을 보면 다음과 같다.

1) 제조업, 소매업 및 서비스업의 성격을 동시에 갖는 산업적 특성

외식산업은 식재료를 이용해 요리를 한다는 측면에서 식품제조업에 속하는 동시에 최종 소비자에게 직접 접촉하여 판매한다는 측면에서 소매업, 인적서비스와 분위기를 제공한다는 점에서 서비스 산업으로 분류될 수 있다. 이에 외식산업은 노동집약적, 다품목 소량 주문·생산, 매출시간 한정으로 인한 인력관리 및 공간 활용의 한계, 식재료의 부패 가능성, 입지 의존성 등 일반 제조업에서는 볼 수 없는 독특한 특성을 갖는다.

2) 생산·판매·소비의 동시성 존재

외식산업은 서비스산업으로서의 무형성, 생산·판매·소비의 동시성, 인적 서비스에 대한 의존성 등의 특성을 가지며, 상품의 시간적, 공간적 제약이 존재한다. 음식의 경우 시간이 지나면 부패하게 되는 특성 상 미리 조리할 수 없기 때문에 생산과 판매, 소비가 같은 장소에서 동시에 이루어진다. 이에 외식업은 경영자의 예측, 조정, 대응능력이 매우 중요한 산업이다. 정확한 수요예측을 기반으로 식재료를 준비하고 관리해야 하는 어려움이 있으며, 점포의 입지, 메뉴의 특성 및 계절적 요인, 사회적 환경변화 등에 따라 수요의 편차가 크게 나타나고 있어 수요예측 또한 불확실한 편이다.

3) 입지의존도가 높으며, 높은 수준의 초기 투자비용

외식업은 상품을 소비할 공간의 위치나 시설, 분위기 등이 외식매출에 큰 영향을 미치기 때문에 점포 출점에 있어 입지의존성이 높고, 인테리어 비용 투자 및 점포 보증금 등 초기 투자비용이 높은 수준이다. 따라서 상권과 입지분석을 통한 경제성에 대한 정확한 판단이 필요하며, 점포 개설 후 수익이 발생하기까지 투자로 인한 금융비용 부담 등으로 자금난이 발생하기 쉬운 특성을 갖는다.

4) 진입장벽이 낮아 경쟁강도가 높은 수준임

산업 특성에 따른 제약에도 불구하고 상대적으로 낮은 진입장벽과 메뉴 모방의 용이성으로 인해 외식업체 수는 지속적인 증가세를 보이고 있다. 타 산업에 비해 필요 자본 규모가 크지 않으며, 기술적 노하우를 보유하지 않아도 진출하기가 용이하기 때문이다.

전문성 및 운영기법, 브랜드관리의 노하우를 이용한 프랜차이즈 시스템이 확산됨에 따라 영세한 소규모 외식업체들이 도산하고, 기업형 및 대기업 중심의 외식업체를 중심으로 외식시장이 재편되어왔다. 그러나, 최근 공성거래위원회의 프랜차이즈 규제 등에 의거하여 대기업 외식업체들의 신규출점이 제한되고, 바이럴마케팅을 통해 검증된 소규모 음식점을 방문하는 것이 외식트렌드로 자리잡으면서 대기업 외식사업 진출은 주춤한 모습을 보이고 있다.

표 1-2 국내 대기업 외식업체 진출현황

용 어	기업명	브랜드명
롯데	롯데리아	· TGI 프라이데이스
아워홈	캘리스코	· 사보텐
아워홈	아워홈	· 싱카이, 오리옥스, 키사라 등
CJ	CJ 푸드빌	· VIPS, 비비고, 제일제면소 등
신세계	신세계푸드	· 보노보노, 자니로켓
한화	한화호텔앤드리조트	· 티원
농심	농심	· 코코이찌방야
매일유업	엔즈다이닝	· 크리스탈제이드, 만텐보시, 달 등
이랜드	이랜드	· 애슐리, 리미니, 피자몰 등

5) 내수경기와 외식비 지출의 높은 상관관계

외식산업 전반에 영향을 미치는 주요 환경요인으로는 내수경기, 가계소득, 창업수요, 식자재 가격변동 등이 있다. 상기 요인들은 음식료업을 중심으로 타 산업 전반에도 일정 수준 영향을 미치게 되나, 특히 가맹본부의 수수료수입(프랜차이즈의 경우), 외식에 대한 지출규모, 외식업체들의 원가구성 등과 밀접한 상관관계를 보이고 있다.

가계소득과 가계 소비지출은 외식비 지출에 대한 근간으로 작용하게 된다. 엥겔의 법칙에 따라 가계소득이나 소비지출 규모 대비 외식비 비중은 감소되는 모습을 나타내고 있으나, 외식비 절대규모는 가계소득, 소비지출과 상관관계를 나타내면서 증가하고 있다. 실제로 외식비증가율이 가계소득 증가율을 하회하는 수준에서 양자 간 뚜렷한 상관관계를 나타내고 있으며, 가계소득의 변동성 대비 외식비의 변동 폭이 보다 높게 나타나고 있어 경기변동(소득변동)에 대한 외식비 지출의 높은 민감도를 확인할 수 있다.

6) 식자재 가격변동이 수익성에 미치는 영향

외식업장의 주된 원가구성은 식재료비, 인건비, 점포 임차료 등이다. 고정적 성격의 비용인 인건비와 임차료의 경우 비교적 예측가능성이 높고 일정 수준 통제 가능한 변수이지만 식자재의 경우 기후변화, 투기세력 등에 따른 수급상황, 기타 천재지변, 환율변동 등에 따라 필요 원재료 확보의 안정성과 가격변동에 대한 불확실성이 내재하게 된다. 또한, 최근과 같이 업태별 경쟁강도가 심화된 상황에서는 재료비 상승의 판가전이가 원활하게 이루어지지 못할 가능성이 높기 때문에 식자재 가격변동은 외식업체들의 수익성 측면에 매우 중요한 영향을 미치게 된다.

영위업태의 특성과 개별업체의 브랜드력 등에 따라 식자재 가격변동에 따르는 영향은 차별적으로 나타나게 된다. 원재료비 비중이 상대적으로 낮은 업태를 영위하거나 우수한 브랜드력을 바탕으로 가격저항이 상대적으로 낮은 업체는 식자재 가격변동에 따른 실적가변성이 비교적 낮은 편이다. 반면 수입 원재료 비중이 높은 업태, 높은 경쟁강도 또는 미흡한 브랜드력으로 판가인상에 제약이 있는 업체는 환율이나 식자재 가격변동으로 인한 실적가변성을 부담하고 있다.

02 S·E·C·T·I·O·N

외식산업 분류

외식산업의 특성은 환대산업, 호텔 및 관광산업 등이 가지고 있는 특성을 동시에 지니고 있으며, 세부적인 내용은 다음과 같다.

01. 외식산업의 Private 섹터별 세부 분류

표 1-3 외식산업 Private 섹터별 세부 분류(1)

구분	Profit/Private/Commercial Sector	Cost/Public/Welfare/Institutional Sector
외식산업 (food service industry)	· Hotel guest house etc · Restaurant, Cafes etc · Fast food & Franchises · Take-aways/Take-outs · Public houses · Bar & Club · Transport & Travel	· Hospital & Other healthcare · Education & Schools · Universities · Employee feeding · Armed forces · Police & Fire · Public sector etc

출처: Edwards & Hartell(2013). The foodservice industry: Eating out is more than just a meal. Food Quality and Preference. 27. 229-233.

외식산업은 외식서비스 제공의 목적과 성격에 따라 Private 섹터와 Public 섹터로 구분할 수 있으며, Private 섹터는 사업 본연의 목적에서 외식 서비스의 비중에 따라 세부로 분류될 수 있다.

표 1-4 외식산업 Private 섹터별 세부분류(2)

Business Goal	업태(Type of Service)별 분류
The primary business goal	· Restaurant · Cafe etc · Fast food & Franchises · Take-aways/Take-outs · Other private
Part of the total experience	· Hotel · Guest house · Cruise lines · Theme park
An additional offering	· Railway stations/Bus stations · Airports · Trains/Airplanes/Ferries · Shops & Store

출처: Edwards & Hartell(2013). The foodservice industry: Eating out is more than just a meal. Food Quality and Preference. 27. 229-233.

02. 국내 외식산업 분류 기준

1) 식품위생법에 의한 분류

식품위생법 제 21조 및 시행령 제 7조 상 영업형태는 합리적으로 조정되어 현대에 이르러서는 매우 단순화되었다. 식품접객업의 형태는 생활수준의 향상, 외식산업의 국제화 추세, 국민 식생활 패턴의 변화에 따라 음식점영업과 주점 영업으로 대별된다. 세부적으로 살펴보면, 휴게음식점업, 일반음식점업, 단란주점, 유흥주점, 위탁급식, 제과점으로 구분할 수 있다. 다음 <표 1-5>는 식품위생법 상 분류체계를 보여주고 있다.

표 1-5 식품위생법 상 외식산업 분류체계

구분	영업내용	행정절차
휴게음식점	· 주로 다류, 아이스크림류 등을 판매하거나 패스트푸드점, 분식점 형태의 영업 등 음식류를 조리·판매하는 영업으로서 음주행위가 허용되지 아니하는 영업. 다만, 편의점, 마트, 휴게소, 기타 음식류를 판매하는 장소에서 컵라면, 일회용 음식류에 뜨거운 물을 부어주는 경우는 제외함	신고
일반음식점	· 음식류를 조리·판매하는 영업으로서 식사와 함께 부수적으로 음주행위가 허용되는 영업	신고
단란주점	· 주로 주류를 조리·판매하는 영업으로서 고객이 노래를 부르는 행위가 허용되는 영업	허가
유흥주점	· 주로 주류를 조리·판매하는 영업으로서 유흥종사자를 두거나 유흥시설을 설치할 수 있음. 또한 노래, 춤이 허용되는 영업	허가
위탁급식	· 집단 급식소를 설치·운영하는 자와의 계약에 의하여 그 집단 급식소 내에서 음식류를 조리하여 제공하는 영업	신고
제과점	· 주로 빵, 떡, 과자 등을 제조·판매하는 영업으로서 음주행위가 허용되지 아니하는 영업	신고

출처: 식품위생법 시행령 제 21조 제 8항, 2011

2) 한국표준산업에 의한 분류

한국표준산업분류는 유엔(UN) 통계처가 권고한 국제표준산업분류에 근거하여 통계작성 목적으로 작성·고시되었으며, 그 외 사업 인허가, 조세 및 자금지원 등 행정 및 산업정책 관련 법령에서 산업 영역을 규정하는 기준으로 준용되고 있다(약 110개의 법령, 시행령, 시행규칙, 2019년 기준).

분류구조는 대분류(알파벳 문자 사용/Sections), 중분류(2자리 숫자사용/Divisions), 소분류(3자리 숫자 사용/Groups), 세분류(4자리 숫자 사용/Classes), 세세분류(5자리 숫자 사용/Sub-Classes)의 5 단계로 구성되어 있으며, 각 단계 항목을 분할 또는 재그룹화하여 독자적으로 분류항목과 분류부호를 설정한다.

다음 <표 1-6>은 제 10차 한국표준산업분류에 따른 외식산업의 구분을 보여주고 있다.

표 1-6 제 10차 한국표준산업 분류에 따른 외식산업의 구분

대분류	중분류	소분류	세분류	세세분류
I. 숙박 및 음식점업	56 음식점 및 주점업	561 음식점업	5611 한식음식점업	56111 한식일반음식점업 56112 한식면요리 전문점 56113 한식육류요리전문점 56114 한식해산물요리 전문점
			5612 외국인 음식점업	56121 중식음식점업 56122 일식음식점업 56123 서양음식점업 56129 기타외국식음식점업
			5613 기관구내식당	56130 기관구내식당업
			5614 출장 및 이동음식점업	56141 출장음식서비스업 56142 이동음식점업
			5619 기타 간이음식점업	56191 제과점업 56192 피자, 햄버거, 샌드위치 및 유사음식점업 56193 치킨전문점 56194 김밥 및 기타 간이음식점업 56199 간이음식 포장판매전문점
		562 주점 및 비알콜 음료점업	5621 주점업	56211 일반유흥주점업 56212 무도유흥주점업 56213 생맥주전문점 56129 기타주점업
			5622 비알콜음료점업	56221 커피전문점 56229 기타 비알콜음료점업

출처: 통계청/ www. kostat.go.kr

3) 관광진흥법에 의한 분류

관광진흥법 상 외식산업의 분류체계는 크게 '관광객 이용시설업'과 '관광 편의시설업'의 두가지 형태로 구분할 수 있다. 관광객 이용시설업에는 휴게음식점, 일반음식점, 제과점 영업이 있으며, 관광 편의시설업에는 관광유흥, 음식점업, 외국인 전용, 유흥음식점업, 관광극장, 유흥업, 관광식당업이 있다.

다음 <표 1-7>은 관광진흥법 상 외식산업의 분류체계를 보여주고 있다.

표 1-7 관광진흥법 상 외식산업 분류체계

<table>
<tr><th>관광진흥법 상 분류</th><th>식품위생법 상 분류</th><th>구분</th><th>분류기준</th><th>관광진흥법 상 관리형태</th></tr>
<tr><td rowspan="3">관광객 이용시설업</td><td rowspan="3">음식점 시설</td><td>휴게음식점 영업</td><td>· 주로 다류, 아이스크림류 등을 조리·판매하거나 패스트푸드점, 분식점 형태의 영업 등 음식류를 조리·판매, 음주 불허</td><td rowspan="3">시·도지사·군수·구청장에게 등록</td></tr>
<tr><td>일반음식점 영업</td><td>· 음식류를 조리·판매하는 영업. 식사와 함께 부수적으로 음주행위 허용</td></tr>
<tr><td>제과점 영업</td><td>· 주로, 빵, 떡, 과자 등을 제조·판매하는 영업, 음주불허</td></tr>
<tr><td rowspan="4">관광 편의시설업</td><td rowspan="3">유흥주점</td><td>관광유흥
음식점업</td><td>· 유흥주점 허가를 받은 자가 관광객이 이용하기 적합한 한국 전통분위기의 시설을 갖추어 그 시설을 이용하는 자에게 음식을 제공하고 노래와 춤을 감상하게 하거나 춤을 추게 하는 업</td><td></td></tr>
<tr><td>외국인 전용
유흥 음식점업</td><td>· 유흥주점 허가를 받은 자가 외국인이 이용하기 적합한 시설을 갖추어 그 시설을 이용하는 자에게 주류 및 음식을 제공하고 노래와 춤을 감상하게 하거나 춤을 추게 하는 업</td><td rowspan="2">시·도지사·군수·구청장에게 등록</td></tr>
<tr><td>관광극장
유흥업</td><td>· 유흥주점 허가를 받은 자가 관광객이 이용하기 적합한 무도시설을 갖추어 그 시설을 이용하는 자에게 주류 및 음식을 제공하고 노래와 춤을 감상하게 하거나 춤을 추게 하는 업</td></tr>
<tr><td>일반음식점</td><td>관광식당업</td><td>· 일반음식점 영업의 허가를 받은 자가 음식제공시설을 갖추고 관광객에게 특정 국가의 음식을 전문적으로 제공하는 업</td><td>지역별 관광협회</td></tr>
</table>

출처: 문화체육관광부 관광진흥법 [일부개정 2007.12.27. 법률 제 8820호]

03. 미국 외식산업 분류 기준

표 1-8 미국 레스토랑 협회(NRA)에 의한 외식산업 분류체계

대분류	중분류	소분류
영리목적 외식업 (Commercial restaurants services)	일반외식업체 (Eating places)	· 일반음식점(Eating restaurant) · 전문음식점(Special restaurant) · 카페테리아(Cafeterias) · 출장음식(Catering) · 일반음식, 아이스크림 판매점 · 간식판매점 · 바, 선술집
	위탁경영 (Food contractors)	· 구내식당 : 공장, 사무실, 대학, 병원 등 · 기내식 · 공공시설(종합운동장 등) 구내식당
	숙박음식점업 (Lodging places)	· 호텔 레스토랑 · 모터호텔 레스토랑 · 모텔 레스토랑
	기타	· 편의점 · 모빌식당 · 자판기, 포장마차 등 · 일반오락 및 스포츠장 음식판매
비영리목적 외식업 (Non-commercial restaurants)		· 직원급식 · 초·중·고등학교 급식 · 대학교 급식 · 교통시설 급식 · 병원급식 · 양로원, 고아원, 기타 장기투숙기관 급식 · 클럽, 스포츠, 오락캠프 급식 · 커뮤니티 센터
군인을 위한 외식업 (Military restaurant services)		· 장교식당 및 장교클럽 · 일반군인급식

출처: 미국레스토랑협회

미국의 외식산업은 미국 레스토랑협회(NRA : National Restaurant Association)가 영리를 목적으로 하느냐에 따라 상업적 외식산업과 비상업적 외식산업으로 분류하고 있다. 상업적 외식산업은 영리를 목적으로 음식을 판매하는 모든 외식업체가 포함되고, 비상업적 외식산업은 학교, 회사, 군대 등과 같은 단체에 음식을 판매하는 외식업체를 말한다.

NRA의 분류기준을 살펴보면, 일반외식업의 규모뿐만 아니라 단체급식의 규모가 각각 외식서비스의 장소에 따라 파악될 수 있는 분류체계를 가지고 있으며, 특히, 숙박 외식사업과자동판매기 현황도 파악할 수 있는 특징을 지니고 있다.

<표 1-8>은 미국 레스토랑 협회에 의한 외식산업 분류체계를 보여주고 있다.

04. 일본 외식산업 분류 기준

1) 일본 표준산업에 따른 분류

일본 통산산업성 표준산업 분류에서는 일반은식점을 식당 및 레스토랑, 소바 및 우동점, 기사텐, 기타 일반점 등으로 '직접 일정한 장소에서 요리나 기타 식음료를 이용할 수 있는 사업소 및 알코올 음료를 포함하지 않는 사업소'로 부류하고 있다. 기타 음식점은 요정, 바, 캬바레, 나이트클럽, 주장, 비어홀 등으로 '직접 일정한 장소에서 음식을 제공하는 사업소 중 유흥음식을 제공하는 사업소나 주로 알코올음료를 제공하는 사업소'로 분류한다. 그리고 음료소매업은 '음식료품을 소매하는 사업소'로 분류하고 있다.

<표 1-9>은 일본 표준산업에 따른 외식산업 분류체계를 보여주고 있다.

2) 일본 외식산업 총합조사연구센터에 따른 분류

일본 외식산업 총합조사연구센터에서 분류하고 있는 외식산업은 크게 급식주체부분과 음료주체부분으로 구분할 수 있다. 또한 도시락 및 급식을 포함한 요리품소매업을 구분하고 있다.

<표 1-10>은 일본 외식산업 총합조사연구센터에서 구분하고 있는 외식산업 분류체계를 보여주고 있다.

표 1-9 일본 표준산업 분류에 따른 외식산업 분류체계

대분류	중분류	소분류	세분류
M 숙박음식 서비스업	76 음식점	· 460 식음료 관리업	· 7600 식음료관리 · 7609 식음료 기타관리업
		· 761 음식점 (전문음식점 제외)	· 7611 일반음식점
		· 762 전문음식점	· 7621 일본요리점 · 7622 요정(일정식) · 7623 라멘전문점 · 7624 라멘전문점 · 7625 야끼니쿠전문점 · 7629 기타 전문요리점
		· 763 소바 및 우동점	· 7631 소바 및 우동가게
		· 764 초밥점	· 7641 초밥점
		· 765 주점 및 호프집	· 7651 주점 및 호프집
		· 766 바, 캬바레, 나이트클럽	· 7661 바, 캬바레, 나이트클럽
		· 767 다방	· 7671 다방
		· 769 기타 음식점	· 7691 햄버거점 · 7692 오코노미야키, 야키소바, 타코야끼점 · 7699 기타 음식점
	77 테이크아웃 배달음식 서비스업	· 770 관리보조 경제활동을 하는 사업장	· 7700 식음료관리본사 · 7709 식음료 기타 관리업
		· 771 테이크아웃 서비스 업	· 7711 테이크아웃 서비스업
		· 772 음식배달업	· 7721 음식배달업

출처: 일본통계청(2012)

표 1-10 일본 외식산업 총합조사연구센터의 외식산업 분류체계

<table>
<tr><th>대분류</th><th>중분류</th><th colspan="2">소분류</th></tr>
<tr><td rowspan="4">급식주체 부분</td><td rowspan="3">영업급식</td><td>일반식당</td><td>· 레스토랑
· 메밀, 우동점
· 초밥집
· 기타음식점</td></tr>
<tr><td>특수형태음식점</td><td>· 열차식당
· 기내식
· 요리품소매업</td></tr>
<tr><td>숙박시설</td><td>· 호텔
· 여관</td></tr>
<tr><td>집단급식</td><td colspan="2">· 학교
· 사무실
· 병원
· 복지시설</td></tr>
<tr><td colspan="2">음료주체부분</td><td colspan="2">· 다방
· 술집, 비어홀
· 요정
· 바, 캬바레, 나이트클럽</td></tr>
<tr><td colspan="4">요리품소매업(도시락, 급식포함)</td></tr>
</table>

출처: 한국외식연감(2017)

CHAPTER 02

외식산업 성장과정

학습목표

01. 외식산업의 성장요인 사회적, 경제적, 문화적, 기술적 요인의 측면에서 확인한다.
02. 외식산업의 성장과정을 국내, 미국, 일본의 관점에서 확인한다.
03. 최근 국내 외식산업의 이슈 및 변화전망을 확인한다.

도입 사례

외식 인기메뉴 및 트렌드 변천사

어떤 메뉴는 한 때 번창하다 사라지는 것도 있지만, 또 다시 되살아나기도 하고, 기존의 메뉴 아이템이 새로운 모습으로 선보이기도 한다. '창업시장에서 새로운 아이템이란 없다. 콘셉트와 재구성이 중요하다'는 말이 있다. 연도별로 주목받았던 메뉴 및 트렌드를 살펴보고자 한다.

❖ 2010~2011년

- 수제버거 : 유기농 밀가루로 빵을 직 접 만들고, 패티를 구워 다양하게 제공하는 버거에 열광하는 고객들이 점차 늘어나면서 수제버거의 대명사인 크라제 버거는 당시 국내 80여 개 매장을 오픈, 해외에도 진출하는 등 성장을 가속화 함.
- 막걸리 : K-Drama, K-Pop, K-Food 등을 필두로 한류열풍이 불면서 막걸리가 주목받기 시작함.
- 주먹밥 및 밥버거 : 냉장고에 진열된 차가운 주먹밥이 아닌 즉석에서 지은 밥 한 주먹 속에 감칠맛 도는 속 재료를 넣은 주먹밥은 빠른 메뉴제공과 건강한 한 끼를 충족시켜 한국형 패스트푸드로 주목받음. 컵밥 브랜드로는 더컵, 오컵스, 통밥, 조이컵스 등이 있었으며, 주먹밥은 공씨네 주먹밥, 오니하나, 카모메가 대표적임.
- 수제 고로케 : 대표 브랜드로는 오군 수제고로케, 압구정 고로케, 함무바라 고로케, 바바 고로케 등이 있음.

❖ 2012~2013년

- 샤브샤브 : 건강, 웰빙에 대한 관심이 높아지면서 다양한 채소를 맑은 육수에 데쳐먹는 샤브샤브는 합리적인 가격에 건강식으로 즐길 수 있음.
- 샐러드 바 : 수많은 외식업체의 필수 사이드 메뉴로 등장함. 가성비를 추구하는 고객들의 니즈를 충족시켜줌.
- 포차주점 : 서민적 분위기에 다양한 요리를 저렴한 가격에 제공. 한신포차, 수상한 포차, 칠성포차, 청춘포차, 새벽을 여는 시장 등이 존재.
- 프리미엄 김밥 : 프리미엄 김밥은 다양한 재료를 활용한 메뉴로, 골라 먹는 재미를 제공하였음.

❖ 2014년

- 빙수 및 아이스크림 전성시대 : 빙삭기 개발로 인한 빙수가 사계절 내내 사랑받는 메뉴로 거듭남.
- 한식뷔페 : 2013년 CJ 푸드빌에서 오픈한 계절밥상과 풀잎채가 관심을 받으면서 한식뷔페 열풍이 생김. 농가와의 상생을 바탕으로 로컬푸드를 지향함.
- 프리미엄 어묵베이커리 : 밀가루 함량을 줄이고 생선살 함량을 70~90% 이상까지 높여 고급화시킴.
- 1인 상차림 : 1인 가구와 쿡방의 영향으로 집밥 컨셉의 상차림이 인기를 얻음.

❖ 2015년

- 저가커피 열풍 : 이디야 커피는 2,000원대의 가격으로 저가커피 시장에서 독보적인 위치를 선점함.
- 허니열풍 : 2014년 제과업계에서 시작된 허니버터 칩의 열풍이 2015년에는 치킨업계, 커피전문점, 패스트푸드업계로 이어짐.
- 대만 대왕카스테라 : 낮은 진입장벽으로 대왕카스테라 아이템이 소개된지 불과 6개월여 만에 30여 곳이 넘는 프랜차이즈 본사가 생겨날 만큼 광풍을 몰고 왔지만 사라진 것도 한 순간이었음.

❖ 2016년

- 평리수와 누가크래커
- 푸드트럭 : 푸드 트럭은 2014년 3월 규제개혁 장관회의에서 청년 창업과 일자리 창출 수단으로 거론되며 관심을 모았으며, 서울시의 경우, '서울 밤도깨비 야시장'이 큰 성공을 거두었음.
- 핫도그 : 2016년 부산에서 시작한 명랑시대 쌀 핫도그 열풍이 전국으로 퍼지면서 아리랑 수제핫도그, 또봉이 핫도그 등 14개 브랜드가 생겨남. 저렴한 길거리 음식에서 가성비 높은 간식으로 탈바꿈함.

❖ 2017년

- 베트남 및 태국음식 열풍 : 2000년대 들어 꾸준히 인기를 끌어왔던 베트남 쌀국수의 인기가 폭발하면서 제 2의 전성기를 맞이함.
- 냉동삼겹살 : 뉴트로 열풍의 영향으로 은박지를 깐 묵직한 불판에 얇게 썬 돼지고기를 바싹 익혀 먹던 추억의 맛을 재해석한 냉동 삼겹살(냉삼)이 30년 만에 재조명됨.

❖ 2018년

- 꼬막비빔밥 : 강릉 엄지네 포장마차 에서 시작된 꼬막비빔밥은 (주)디딤에서 연안식당이라는 브랜드를 통해 꼬막비빔밥을 선보이면서 자타공인 히트메뉴가 되었고, 수많은 미투 브랜드의 탄생으로 이어짐.

- 소곱창 : 2018년 6월초 공중파 방송을 통해 걸그룹 마마무의 화사가 소곱창을 유난히 맛있게 먹는 모습이 방송된 후, 동네 골목식당 곱창집까지 고객이 밀려들고 있었음. 이번 곱창열풍이 특이한 점은 특정 맛 집이 아닌 아이템 자체가 주목받은 것임.
- 흑당버블티 : 흑당버블티 붐을 일으킨 일등공신은 SNS임. 인증 샷이 SNS에 빠르게 퍼지면서 흑당버블티 한 잔을 맛보기 위해 1시간 이상씩 줄을 서는 진풍경이 펼쳐지기도 했음.

❖ 2019년

- 마라 : '불황에는 매운 맛이 유행한다.'는 속설처럼 경기침체 속에서도 2017년부터 불기 시작한 마라 열풍이 지속되고 있음. 마라는 중국 사천지방의 향신료로 혀가 마비될 정도로 얼얼하면서도 매운 맛을 의미함.
- 스페셜티 커피 : 커피계의 애플이라 불리는 블루보틀이 지난 5월 성수동에 오픈을 하면서 스페셜티에 대한 관심이 더욱 뜨거움. 스페셜티 커피란 고품질의 상위 7% 원두를 사용해 깊고 풍부한 맛을 자랑하며 미국 스페셜티 커피협회(SCAA: Secial Coffee Association of America)에서 지정된 커피의 최상위 등급을 말함.
- 외식산업과 IT 기술의 융합 : 최저임금 인상과 근로시간 단축에 따른 원가절감을 위해 키오스크를 설치하고 자동화 기기로 인력을 대처하는 등 신속하게 적응하고 있음. 또한 카페에서는 로봇이 바리스타를 대신하는 등 푸드 테크놀로지의 발달이 가속화되고 있음.

출처: The 외식 www.atfis.or.kr

01 S·E·C·T·I·O·N

외식산업 성장요인

현대 산업사회의 식생활 구조는 다양화 및 세분화의 특성을 지니고 있다. 식생활의 글로벌화, 가공식품화, 외식기회의 증대, 고객의 변화의 경향으로 상호보완적으로 작용하면서 외식의 새로운 개념을 형성하여 외식산업을 본격적으로 성장시키는 요인이 되고 있다.

외식산업의 성장요인은 사회적 요인, 경제적 요인, 문화적 요인, 기술적 요인으로 구분할 수 있다.

1) 사회적 요인

여성의 사회진출 및 맞벌이 부부의 증가, 핵가족화 및 독신세대의 증가로 인해 택배음식, 간편식 선호가 발달하는 계기가 된다. 또한 주 5일 근무제는 외식시장의 급격한 변화를 가져왔다. 자가용 보급의 확대로 원거리 외식이 가능하게 되었다.

즉, 대량소비사회, 가치관의 변화, 신세대 출현, 레저패턴의 다양화, 가정개념의 변화, 건강식 음식욕구의 증대, 가처분 소득의 증가로 인해 외식동기 유발을 촉진하게 되었다.

2) 경제적 요인

소득증가에 따른 가처분의 소득증가로 소비재뿐만 아니라 외식이 급속도로 증가하게 되고, 시장경제의 글로벌화로 인해 대기업의 외식산업 진출이 적극적으로 이루어지게 되었다. 또한 노동시간의 감소로 인한 여가시간의 확대, 소비시장의 세분화 및 다양화로 인해 점심 및 저녁 위주에서 새벽, 야식, 평일에도 외식이 다양화되고 세분화되고 있다.

3) 문화적 요인

식생활의 변화로 쌀, 고기, 빵 등으로 서구화되고 있지만, 동시에 건강식인 한식의 중요도가 높아지고 있다. 또한 글로벌 음식문화의 전파로 인해 전통음식을 인식하게 되는 계기가 되기도 한다. 또한 신세대와 X세대의 인구비율 증대, 노령인구 증가, 외식산업 구성원들의 직업의식 개선, 레스토랑 이미지 개선 등으로 외식 동기유발 요인이 되고 있다.

4) 기술적 요인

정보통신기술(ICT)의 발달로 인해 스마트 폰 및 인터넷을 통해 맛집을 검색하고 있으며, 장비자동화, 첨단산업 기술도입, 저장 및 포장기술의 발전, 중앙조리장시스템(CK : Central Kitchen System), HACCP 도입, POS 및 KIOSK 시스템에 의한 관리 등으로 인한 외식산업의 급속한 발전을 가져오고 있다.

다음 <표 2-1>은 외식산업의 성장요인을 보여주고 있다.

표 2-1 외식산업 성장요인

사회적 요인	경제적 요인	문화적 요인	기술적 요인
· 여성의 사회진출 · 대량생산·대량판매 · 대량소비사회 · 생활관·가치관 변화 · 신세대 출현 · 레저패턴의 다양화 · 가정개념의 변화 · 건강식 욕구 증대 · 소득증가로 인한 식생활 패턴 변화	· 국민소득 증가 · 여가시간 증대 · 국제화·세계화 · 시장개방 · 대기업 외식산업 · 시장의 세분화 · 경영기술 개선 · 자가용 보급 확대 · 주 5일 근무제 · 대형국제행사 유치	· 고객욕구 변화 · 식생활 패턴 변화 · 전통음식 상품화 · 가치관 변화 · 노령인구증가 · 외식종사자 직업의식 개선 · 식당의 이미지 개선	· 기기의 현대화 (스마트 폰, 앱) · 해외 브랜드 도입 · 첨단기술 도입 · 저장·포장기술 발달 · 주변환경의 변화 · HACCP 도입 · CK System · Manual System · POS 및 KIOSK

출처: 임현철. 외식창업 실무지침서

02 SECTION

외식산업 성장과정

01. 한국 외식산업 성장과정

1) 한국 외식산업 성장개요

현대는 고도의 경제성장과 산업화로 인해 급격한 변화를 겪고 있으며, 이에 따른 생활수준의 향상과 타 국가 문화의 수용은 식생활 문화의 커다란 혁신과 외식산업의 발전을 가져왔다.

외식산업은 조리의 집중화, 고객서비스의 균일화, 경영조직의 연쇄화로 대규모 경영기법을 도입한 근대화된 식품서비스 산업으로 경제발전과 더불어 국민경제 비중이 증가하는 성장산업이라 할 수 있다.

외식산업의 근간이며 정착은 1980년대라 할 수 있다. 1979년 롯데리아가 외식기업 중 첫선을 보였고, 84년 케이에프씨(KFC)가 국내기업과 손을 잡고 국내 체인점을 개설하면서 브랜드 전입 혹은 기술제휴 등의 합작투자형태로 해외 브랜드가 국내시장을 점유하기 시작하였다. 이와 같은 다국적 패스트푸드 업체들은 자영업 형태의 소규모 외식업소에 의해 명맥을 유지하였던 외식산업의 대형화 기반의 틀을 마련하였다는 점에서 의미가 있다.

표 2-2 국내 외식산업 발전과정

연대별	내용
1960년대	· 식생활의 궁핍기, 밀가루 위주의 식생활 유입(미국의 원조물자) · 식생활 개선문제 대두, 일부 서구음식문화 침투(우유 등) · 뉴욕제과(1967)
1970년대	· 음식업의 태동기(음식업의 발전기) · 영세요식업의 대량출현, 경제개발발전계획에 따른 식생활 개선 · 해외 브랜드 및 프랜차이즈(franchise) 태동 · 난다랑(1979) : 국내프랜차이즈의 효시, 롯데리아(1979) : 서구식 외식의 효시
1980년대	· 외식산업 도입 및 적응 성장기 · 프랜차이즈 확대 및 다점포 위주, 한식체인 출현 · 해외브랜드 도입 러시 및 서구식 식문화 유입, 확산 · 패스트푸드 및 프랜차이즈 업체가 시장선도 · 버거킹(1982), 웬디스(1984), 피자헛(1984), 신라명과(1984), 맥도날드(1986), 코코스(1988), 놀부보쌈(1988), 도미노 피자(1989)
1990년대	· 외식산업의 성장 및 전환기 : IMF 이후 회복기로 돌아섬 · 중소 및 대기업 신규진출러시 및 유명브랜드 도입 · 프랜차이즈 급성장 및 도태, 외식업의 해외진출 · 패밀리레스토랑 및 집단 급식업의 성장 · 1992년 최고 히트 아이템 : 쇠고기 뷔페(카르네스테이션) · 하디스(1990), T.G.I.F(1991), 하겐다즈(1991), 서브웨이(1992), 미스터 피자(1993), 파파이스(1994), 베니건스(1995), 토니로마스(1995), 마르쉐(1996), 아웃벡스테이크 하우스(1997)
2000년대	· 외식산업의 성장기 · 외식업체 간 경쟁심화 및 이로 인한 브랜드화 · 주 5일 근무제 확산과 여가생활 증진 및 외식 활성화 · 다양한 소비자 욕구 확대 · 퓨전음식, 외국 전통음식 레스토랑 출현 · 일회용품 사용제한 등 환경문제에 대한 관심증가 · 이탈리안 음식(파스타, 스파게티) 전성시대 · 생돈까스, 요리주점 참치 등 일본식과 에스프레소 커피 등의 발전 · DHA와 같은 기능성 식품 및 건강지향식 다이어트 음식 가속화 · 매운맛 열풍(불닭, 떡볶이, 낚지복음 등) · 패스트 푸드의 쇠퇴, 웰빙트렌드와 함께 슬로푸드 급성장 · 가격파괴, 트레이딩업 현상 등 양극화 심화(가격, 규모, 매출 등) · 동남아 및 제 3세계 음식 등장, 약선, 사찰음식

출처: 외식산업 길라잡이(blog.daum.net/ykk720/15851416. 저자 재구성.

특히, 1988년 서울 올림픽을 기점으로, 외식산업은 단순히 먹는 장사의 개념에서 벗어나 하나의 시스템화된 산업으로 변화를 가져온 계기가 되었다. 즉, 외식시장에 대기업이 진출하면서 법인위주의 경영을 지향하게 되었으며, 이것은 곧 체인화로 발전하였다. 즉, 1986년 아시안 게임과 1988년 서울 올림픽을 계기로 비약적 발전을 가져온 것이라 할 수 있다.

1900년~2000년대에 들어오면서, 외식산업은 웰빙(Well-Being) 바람과 다양한 소비패턴은로 다양한 업종을 유발시켰으며, 경제적 환경 및 문화생활의 변화로 인해 외식산업의 발전에 직접적인 영향을 주었다. 특히, 경제적 환경의 변화인 국민소득 증가는 가처분 소득 증가를 통하여 소비유형의 변화를 가져왔으며, 패밀리레스토랑 발전의 토대가 되었다.

2010년대 이후에는 패스트캐주얼 레스토랑, 베이커리 카페, 푸드트럭, 민족음식과 같은 새로운 업종과 업태(Type of Service)의 개념이 등장하였으며, 베이커리, 커피음료, 아이스크림과 같은 고급화되고 전문화된 디저트 시장이 활성화되고 있다. 미래에는 정보통신기술과 융합된 외식서비스의 변화를 가져올 것이다. 또한 외식산업이 음식을 서비스하는 전통적인 측면에서 벗어나 간편식과 배달대행의 발달로 식품을 제조하는 소매업으로서의 특징이 커질 것이라고 예측하고 있다. 실제로, 최근 유명 레스토랑 등은 직접 간편식을 제조하여 판매하고 있으며 이와 같은 변화에 적극적으로 대응하고 있다.

<표 2-2>는 국내 외식산업의 연대별 발전과정을 보여주고 있다.

2) 한국 외식산업의 시대별 변천과 특징

❶ 1960년대: UN 원조 및 분식장려운동

1960년대는 외식업계의 침체기와 여명기로 볼 수 있다. 미국 원조품이라 할 수 있는 밀가루가 국내식단에서 사용되어 밀가루 위주의 식생활이 시작되었다. 특히, 미국에서 원조받은 제분 및 제당을 이용하여 소자본으로 시작할 수 있는 영세한 빵, 과자, 국수 등을 판매하는 외식업체가 생겨나기 시작하였다.

1960년대 초까지 극심했던 식량난은 1차 경제개발 5개년계획(1962~1966)이 성공적으로 수행되면서 어느 정도 해소되었다. 그러나 흉작으로 쌀부족 현상이 계속되자 당시 정부가 내놓은 것이 '혼분식장려정책'이다. 모든 음식점에서는 보리쌀 등 잡곡이나 분식류를 25% 이상 혼합해 팔아야 했고, 학생들은 점심시간마다 도시락에 잡곡이 '제대로' 섞여 있는지 검사를 받아야만 했다. 이때 라면의 등장은 국민 식생활에 충격적인 변화를 가져다주었다. 1963년 일본에서 기술을 도입해 개발한 '삼양라면'이 라면 제품 1호라 할 수 있다. 처음엔 낯선 맛과 이름 때문에 외면을 받았으나 혼분식장려정책과 개당 10원이라는 싼값에 힘입어 대중식품으로 인식되기 시작하였다. 1960년대 중반부터 경제발전이 가속화하면서 우리나라는 그 지긋지긋한 '보릿고개'를 벗어나 1971년 다수확 품종인 통일벼가 개발되어 쌀의 자급시대가 열렸다. 그러나, 한동안 계속된 혼분식장려정책의 영향으로 라면과 국수 및 빵이 밥상에 일상적으로 등장하면서 주식인 밥의 비율이 줄어들기 시작하였다.

출처 : 조선일보

❷ 1970년대: 외식산업의 태동기

1970년대에는 자립경제와 고도성장을 실현하면서 통일벼의 개발로 쌀 자급을 이뤘고, 가공식품의 수출까지 이어지며 식품산업이 급격히 발전하였다. 1970년대 후반 해외 원료농산물 수입이 용이해지며 고급화, 다양화를 추구하는 소비자의 기호에 따라 치즈, 마가린, 소시지, 햄, 통조림 등 육가공품이 생산되었다. 또한 한상차림이 번거로운 전통식품 대신 편리한 인스턴트 가공식품과 패스트푸드의 선호도가 높아졌다.

한편, 국내 브랜드를 갖춘 외식업체가 등장하였는데, 삼겹살, 갈비, 등심과 같은 고기를 구워먹는 문화가 확산되기 시작하여, 'OO가든', 'OO갈비' 등의 갈비전문점과 신포우리만두(1971), 림스치킨(1977)과 같은 국내 외식브랜드가 도입되기 시작하였다.

또한 기업형 프랜차이즈 도입으로, 1979년 롯데리아를 통해 선진화된 시스템을 기반으로 한 기업형 프랜차이즈가 처음으로 도입되기 시작하였다. 일본의 롯데리아로부터 기술지원을 받은 햄버거 전문점인 롯데리아를 기업형 프랜차이즈 시스템의 효시로 보고 있다.

출처 : 매일경제. 한국프랜차이즈의 역사(1979년 롯데리아)

❸ 1980년대: 외식산업 전환기(글로벌 해외 브랜드 외식기업 진출)

1980년대는 개인소득과 생활향상, 버블시대로 특징지어지는 시대로, 외식산업 전환기로 볼 수 있다. 특히, 음식의 서구화로 인해 외식산업이 발전하는 기틀을 마련하였으며, 글로벌 외식기업도 이 시기에 등장하였다.

특히, 1986년 서울 아시안 게임과 1988년 서울 올림픽과 같은 메가 이벤트는 해외 패스트푸드체인 및 패밀리레스토랑이 국내에 진출하는 시기라 할 수 있다. 대표적인 업체로, 버거킹, 웬디스, KFC, 피자헛 등을 들 수 있다. 1986년 세계적인 패스트푸드체인인 맥도날드가 입점하여 1988년 맥도날드 1호점이 탄생하였다. 이는 국내 식생활 패턴에 많은 변화를 주었고, 국내 외식기업의 국제화를 가속시키는 계기가 되었다.

또한 다양한 패스트푸드체인의 도입은 한식당 국내 외식문하에 프랜차이즈 시스템을 도입하는 계기가 되었다. 이외에 중앙조리장시스템(CK : Central Kitchen), 간편조리시스템, 전화주문음식 배달시스템 등이 도입되면서 기업의 효율성, 생산성 증대 및 외식산업 성장에 크게 기여를 하였다.

출처 : 조선일보(맥도널드 한국진출 1호점)

❹ 1990년대: 외식산업의 성장기

1990년대는 국내 외식산업의 본격적인 성장기에 해당한다. 외식산업이 하나의 산업으로 정착되면서 중·대기업의 진출러시가 이어지고 유명 브랜드가 빠른 속도로 입점을 하였다. 즉, 영세업체보다는 브랜드 위주의 안정성과 신뢰성을 선호하며, 패밀리레스토랑의 호황기를 맞이하였다. 구체적으로, '코코스'의 도입으로 국내 패밀리레스토랑이 정착기를 가졌으며, 1992년 T.G.I.F는 좀 더 넓은 개별매장과 높은 객단가로 패밀리레스토랑을 발전시키는 계기가 되었다. 이 외에 1993년 시즐러, 1993년 데니스 및 스카이락, 1995년 토니로마스, 베니건스, 블루노트, 1996년 마르쉐, 1997년 칠리스, 우노, 아웃백스테이크 하우스가 대표적인 패밀리레스토랑이라 할 수 있다.

그러나, 1997년 IMF 사태 이후 실직자가 늘어나게 되고 생계마련대책으로 소자본의 점포가 증가하게 되었으며, 프랜차이즈 점포의 확장을 가져오게 되었다.

❺ 2000년대: 외식업체 간 경쟁심화 및 웰빙음식의 등장

2000년대 이후 외식프랜차이즈 동향을 살펴보면, 한치 앞도 내다볼 수 없는 예측불허의 시기라고 표현할 수 있을 정도로 사회적 상황의 변동이 외식프랜차이즈 시장에 큰 영향을 주었다. 대표적인 사건이 2003년부터 터진 광우병, 조류인플엔자(AI), 구제역, 노로바이러스 등이다. 이러한 식품사고는 외식프랜차이즈 시장의 성장을 저해하는 가장 큰 요소로 작용했다.

2000년대 초반 외식업계의 최대 화두는 단연 광우병이었다. 2003년 불어 닥친 광우병과 조류 인플엔자, 2004년 불량만두소 사건은 당시 언론에 집중 보도되면서 외식을 외면하는 현상까지 발생, 외식업계는 심각한 매출부진을 겪어야만 했다. 그러나, 당시 광우병으로 삼겹살 전문점 시장이 급부상하는 등 반사이익을 얻는 프랜차이즈 업종이 생겼고, 외식시장에 '웰빙'이 급부상, 하나의 트렌드로 인식되었다.

2005년 중반, 창업시장은 중저가를 표방한 브랜드들이 큰 인기를 얻었는데, 특히, 2008년 금융위기 전후로 경기 침체가 이어지면서 떡볶이 전문점들이 개업하는 등 소자본 창업열풍을 지속시켰다.

2008년 이후 가장 눈에 띄는 외식프랜차이즈 시장 동향으로는 해외진출 가속화를 들 수 있다. 내수시장의 특성상 성장에 한계가 있다고 판단, 외식프랜차이즈 기업들이 해외로 눈을 돌리면서 2008년 이후 국내 외식프랜차이즈 기업들은 해외진출 봇물을 이루었다. 여기에 2009년 정부의 한식세계화 사업이 맞물리면서 탄력을 받아 국내 외식기업의 해외진출이 증가하였다.

출처 : 식품외식경제.

출처 : 조선일보(음식으로 본 70년)

02. 미국 외식산업 발전과정 및 주요 특징

1) 미국 외식산업 발전배경

미국의 외식산업 발전은 패스트푸드를 중심으로 발전해 왔으며, 미국 외식산업의 견인차 역할을 하였다. 특히, 이러한 패스트푸드의 발전배경은 다음과 같다.

첫째, 다양한 인종으로 구성된 미국은 통제와 규범을 통해 발전할 수 있었는데, 이러한 통제와 규범을 레스토랑 경영에 도입 및 개발을 한 것이다.

둘째, 미국인들의 식습관 및 음식문화가 즐기는 식사, 관용성이 중시되어 패스트푸드의 기본 요소인 저가주의에 적합한 환경을 제공하였다.

셋째, 쇠고기, 돼지고기, 빵 등의 음식은 패스트푸드화하기 적합한 식품소재라는 것이다.

마지막으로, 여성의 사회참여와 사회적 현상으로 핵가족과 전후의 젊은 세대 증가가 외식을 요구하는 배경이 되었다

2) 외식산업 초기

○ 초기 외식산업

- 마차를 타고 여행을 했던 여행자들을 위해 잠자리를 제공했던 인(Inn)에서 식사를 제공하는 형태를 갖추었다.
- 시민전쟁(Civil War) 이후 철도가 전국적으로 확산되면서 작은 호텔들이 역 주변에 건설되었고, 또한 다양한 레스토랑이 만들어졌다.

○ 1670년 보스턴 최초의 커피하우스 등장

- 이후에 뉴욕, 필라델피아 등의 대규모 도시에 다양한 커피하우스가 만들어졌다.
- 1827년 델모니코(Del-Monico) 사는 메뉴를 품목별로 영어와 프랑스어로 표기하였으며, 피로연이나 파티를 개최하는 방식으로 국제적 명성을 얻었다.
- 1876년 영국에서 이민 온 프레드 하베이(Fred Harvey)가 캔자스의 토페카(Topeka) 역, 애치슨(Atchison) 역, 산타페(SantaFe) 역에 레스토랑을 오픈하였으며, 현대 다점포 레스토랑의 효시가 되었다.

○ 최초의 프랜차이징 및 중앙조리(Central Kitchen) 방식 도입

- 1919년 로이 알렌(Roy Allen)과 프랭크 라이트(Frank Wright)는 캘리포니아에 루트비어(Root Beer)를 판매하면서 최초의 프랜차이징 사업을 시작하였다.
- 1921년, 달라스에서는 최초의 드라이브 인(Drive-In) 레스토랑과 피그 스탠드(Pig Stand)가 만들어졌다.
- 1926년 톰슨(Thomson)이 중서부와 남부를 중심으로 126개의 레스토랑을 셀프서비스 방식으로 운영을 하였고, 인건비 절감 및 저가 메뉴를 위해 중앙조리장 방식을 도입하였다.

○ 외식산업의 본격적인 산업화

- 대도시 교외의 도로 주변에 커피하우스와 레스토랑이 급격히 증가하였다.
- 1948년 맥도날드 형제(Tom & Maurice Mcdonald)가 캘리포니아에 드라이브 인 햄버거음식점을 오픈하였으며, 이는 패스트푸드 등장의 계기가 되었다.

3) 패스트푸드의 등장

○ 1950년대 이후 외식은 여가생활 수단이 되기 시작함

- 패스트푸드가 저렴한 가격, 퀵서비스, 포장판매 등의 새로운 서비스 방식으로 인기를 얻었다.
- KFC(1952), 피자헛(1953), 버거킹(1954), 웬디스(1959)를 잇달아 오픈하면서 본격적인 패스트푸드 시대의 막을 올렸다.

○ 세계 최대 햄버거 전문업체인 McDonald's

- 맥도날드는 패스트푸드뿐만 아니라 외식산업 전반에 많은 영향을 미쳤다.

4) 세계 외식산업의 중심

○ 1960년대 프랜차이즈 시스템 도입으로 다점포경영 확립

- 타코벨, 아비스, 레드랍스터 등이 탄생하였다.

1970년대 외식산업의 최대호황기

- 프랜차이즈 가맹점이 많아지면서 가맹사업자(Franchisor)와 가맹계약자(Franchisee) 간 분쟁이 증가함에 따라 1979년 미연방통상위원회(Federal Trade Commission)에서 승인된 프랜차이즈 관련법이 시행되었다.

1980년대 외식산업 포화상태로 인하 경쟁의 심화

- 외식기업의 자본집약화 및 선진화된 경영시스템을 토대로 세계시장으로의 활발한 진출을 도모하였다.

1990년대 외식산업에 대한 요구가 다양해짐

- 외식산업은 음식 및 서비스 품질의 중시, 편리성의 추구, 기술향상 등으로 인해 지속적인 발전을 거듭하였다.
- 해외진출의 확대 : 각 국가에 적합한 제품을 개발하여 판매지역(localization) 전략으로 미국 외식산업은 지속적으로 발전하였다.

다음 <표 2-3>은 미국 외식산업의 연대별 발전과정을 보여주고 있다.

표 2-3 미국 외식산업 발전과정

연대별	내용
1800~1900 년대	· 외식산업의 태동 · 셀프서비스 제도, 중앙조리장시스템 도입(1893) · 실질적 외식산업 태동(1920) · 급식사업 개시
1930~1940 년대	· 외식산업 비즈니스 제 2기(요식업-외식산업) · 생산자 지향 및 외식산업 시스템 출현 · 외식의 기내식 : 군대식 개시 · 개인적 판매지향 및 부분적 합리화
1950년대	· 외식산업 비즈니스 제 3기(도약기) · 대량판매지향 · 외식산업 공업화, Take-Out 태동, 퀵서비스(QSC) 등장 · KFC(1952), 데니스(1953), 버거킹(1954), 맥도날드(1955), 피자헛(1958)
1960년대	· 외식산업 비즈니스 제 4기(성장기) · 프랜차이즈 급성장 및 시스템화 · 상장기업 증가, 외식시업의 대기업화 · 1969년 외식산업 매출 430억 달러 달성 · 미스터스테이크(1962), 아비스(1964), 소니(1968), 웬디스(1969)
1970년대	· 외식산업 비즈니스 제 5기(성숙기) · 신컨셉, 신업태 발생, 리조트, 해외진출 · 두차례 오일쇼크로 인한 대변혁, 건강, 미용, 저칼로리 추구 · 프랜차이지의 직영화, 드라이브 쓰루(Drive Through) 유형, 다운타운 진출 · 1977년 외식산업 매출 950억 달러 달성
1980년대	· 외식산업 비즈니스 제 6기(저성장, 성숙기) · 신업태, 신감각형 외식 가속화 · 고객대응의 소프트화 및 고감도화 추세 · 내식과 외식의 경쟁가열 및 동남아 진출 · 외식의 국제화, 다양화, 기업인수 및 합병 · 1986년 외식산업 매출 2,500억 달러 달성
1990년대	· 가치 및 자기만족적 성향 · 창의적인 아이디어 가미한 고감성 외식출현
2000년대	· 웰빙의 전세계화 및 안티 패스트푸드 세력성장 · 외식산업의 디지털화 및 초다변화

출처: 한경수 외 2인. 외식경영학. 교문사

TIP | 미국 외식산업 트렌드 분석

'가성비 넘어 프리미엄, 주목 받는 채소요리, 지속가능성 새로운 맛과 다양한 형태의 조합'

▪ Fast Premium Food(패스트프리미엄 푸드)

미국 파인다이닝 시장에서는 저렴해 보이는 음식을 고급스러운 시각으로 재해석하는 움직임이 활발하다. 최고급 와규를 활용한 햄버거 등 고급식재료를 활용하여 대중적인 음식을 재해석하고 있다. 'Fast Premium'이라는 단어는 SNS가 중요한 역할을 하였다.

업스케일(up-scale) 재료들과 빵, 치즈 등을 이용한 파인다이닝 레스토랑과 샌드위치 바에서 선보여지면서 점차 그 수요가 증가하고 있는 추세이다.

▪ Leaf-to-Root, Head-to-Tail(재료의 모든 부분 활용)

환경오염 문제에 대한 문제가 사회적인 이슈가 될수록 음식물 쓰레기 줄이기에 대한 Chef들의 고민은 커지고 있다. 최근, 뉴욕 Graffiti Earth의 Jehangir Mehta Chef는 버려지는 커피가루를 활용하여 커피 아이스크림을 만들기도 하였다. 이처럼 버려질 법한 자투리의 재료로 Chef의 창의성을 더해 탄생한 가치 있는 메뉴들이 소비자들을 사로잡을 것으로 예측된다.

▪ Good Fat(건강한 지방)

환경, 미국에서는 저탄고지(낮은 탄수화물에 높은 지방을 섭취하는) 식이요법이 미국을 비롯한 타 국가에서 선풍적인 인기를 끌고 있다. 예를 들면, 미국 브랜드인 '치폴레'에서는 라이프스타일 볼을 통해 케토제닉 식단 전용 메뉴를 개발하기도 하였다. 즉, 지방의 뛰어난 풍미와 높은 활용도는 미식가와 건강을 챙기는 사람들의 주목을 받고 있으며, 특히, 건강한 지방을 가지고 연어와 견과류 식재료를 활용한 음식들이 사랑을 받고 있다.

▪ Jam for Meat(고기와 잼의 조화)

Savory Jam과의 결합으로, 샬롯, 베이컨, 피망 등 야채 및 육류로 만드는 잼들이 현재 미국에서 대량으로 유통되고 있다. 이처럼 Savory Jam은 수많은 미국 푸드트렌드 중 Hot Trend 50위권 내에 들며 대중의 선풍적인 지지를 받고 있다. 전 세계적으로 Jam 마켓이 고성장을 지속하고 있기 때문에 미국의 한 매체는 2024년까지 지속적 성장을 예측하기도 하였다.

▪ Natural Wine(내추럴 와인)

최근, 자연친화적 음료, 와인 등이 새로운 막을 열고 있는데 내추럴 와인도 그 중에 하나라 할 수 있다. 자연적 방식을 만든 내추럴 와인은 일반적 와인이 가질 수 없는 색과 풍미를 내는 것이 특징이다. 독특한 맛과 개성을 가진 내추럴 와인은 현재 뉴욕에서 미쉐린 원스타를 차지하고 있는 'Uncle Boons' 등 강한 향신료를 사용하는 인도나 태국음식을 제공하는 레스토랑에서 적극적으로 소개하고 있다.

▪ **Vegetable is Main!(메인의 자리에 올라선 채소들)**

다양한 채소요리를 선보이는 Chef들의 노력이 더해지면서 건강과 환경에 대한 우려가 적은 소비자들에게도 채소요리에 대한 관심이 높아질 것으로 예상된다. 메인요리를 대체할 만한 채소 앙뜨레가 메뉴판에서 적지 않은 비중을 차지하고 있다. 예를 들면, 고기패티가 사용되는 버거에 육즙이 아닌 '채즙'이 가득한 브로콜리 스테이크 버거로 아이디어를 제시하기도 하였다.

▪ **Good Gut Feeling(프로바이오틱스 식재료 열풍)**

건강에 대한 관심이 높아지면서 장에 좋은 재료나 음식을 상품화시켜 고객들의 편리성을 제고하는 등, 장에 좋은 제품들이 인기를 얻고 있다. 김치, 사워크라우트, 키피르 같은 발효식품들은 이미 전 세계에서 인정을 받아 제품개발에 활용되고 있으며 푸룬주스나 콤부차 등의 단순한 음료가 아닌 드레싱이나 소스로 확장될 것으로 보인다.

▪ **Veganism 2.0(진화하는 완전 채식주의)**

채식주의 열풍으로 인해 미국에서는 다양한 식품이 개발되고 있는데, 대표적인 사례로 'Beyond Meat'과 'Impossible Food'를 꼽을 수 있다. 오로지 식물성 재료만을 이용하여 실제 고기 맛을 완벽하게 재현하였다는 평가를 받고 있다. 실제로 Impossible Food의 식물성 단백질 고기는 버거킹과 협력하여 30여개의 지점에서 Impossible Burger를 판매하고 있다.

▪ **Prepared Ingredients 2.0(반조리 식재료의 진화)**

식품가공기술의 획기적인 발전과 HMR 식품에 대한 소비자 인식의 변화를 바탕으로 외식시장에 제공되는 반조리 식재료의 다양성과 품질수준은 비약적으로 상승하고 있다. 미국은 우리나라보다 HMR 식품시장의 출발과 확장이 훨씬 빨랐던 만큼 외식시장에서 반조리 식재료의 사용도 빠른 흐름을 보이고 있다. 특히, 산지와 소비시장의 거리가 멀어 장기유통이 가능한 반조리 식재료의 장점이 부각되고 있다.

출처 : Great American Culinary Camp 2019 자료집 / 호텔 레스토랑 매거진(2019)

03. 일본 외식산업 발전과정 및 주요 특징

1) 외식산업 발전배경

일본의 외식산업은 우리나라와 마찬가지로 소규모의 산업적 직업으로써 하나의 불안정한 직업이었다. 그러나 산업구조변화와 경제성장에 따라 변화하였다.

일본 외식산업의 발전배경은 다음과 같다.

첫째, 개인소비의 호조와 소득증대의 향상은 기초적인 '먹을 것' 보다는 고급스럽고 개성적인 사람을 유도하였다.

둘째, 도시화와 주 2일 휴무제가 외출기회를 증대시켰고, 레저나 쇼핑과 함께 외식인구의 수요를 급증시켰다.

셋째, 독신자 증가로 외식기회가 증가하였으며, 욕구의 다변화로 새로운 형태의 음식점을 탄생시켰다.

넷째, 맞벌이 부부의 증가, 일하는 주부의 증가는 식사준비시간을 단축시켰고, 식사의 외식화, 즉 외식기회를 증대시켰다.

다섯째, 고객의 식생활이 서구화, 고급화, 간편화, 개성화로 변화되었다. 즉, 생활 스타일의 변화를 가져왔다.

2) 외식산업의 역사

일본의 외식산업 역사는 제 2차 세계대전 이후 1945~1955년대의 헝그리 시대에서 1975년대의 만국박람회나 외식산업의 자유화 등에 의해 급성장기를 거쳐 1985년과 1990년대 성숙기의 3단계 과정으로 구분할 수 있다.

○ 도입기(1960년~1970년대)

일본 경제의 고성장과 함께 외식시장도 고도의 성장을 거듭하였다. 1969년 제 2차 자본 자유화의 계기로 인해 외식산업이 본격적으로 발전하기 시작하였다. 특히, 미국의 외식기업과의 제휴 및 합작기업의 설립이 주를 이루었다. 1970년은 일본의 외식산업 원년이라 할 수 있다.

○ 성장전기(1970년대~1980년대 초반)

외식경영 시스템 확립, 다점포화 패스트푸드, 패밀리레스토랑과 같은 외식기업이 등장하여 각 지역마다 프랜차이즈 점포전개를 시작하였다.

1973년의 제 1차 석유파동이후, 일본경제는 저성장을 유지하면서 외식산업도 연 10%의 저성장을 기록하였지만 외식시장의 폭은 점차 확대되었다. 외식산업 성장의 배경에는 경제성장에 의한 소득수준 향상, 식문화 향상, 자동차 보급, 여가시장 증가 및 이동인구 수가 많아짐으로서 경제의 다방면에 견인하는 역할을 해왔다.

○ 성장후기(1980년대 후반)

1980년대 후반에 들어와서는 외식산업 시장규모가 20조 엔을 넘어섰으며, 백화점 매출을 초과하기도 하였다. 또한, 고객의 다양화, 폭넓은 업태 및 업종이 생겨났으며, 외식소비는 신장되었다. 또한 건강지향적이며, 지금까지의 양식위주에서 일식레스토랑의 출점이 두드러지게 나타났다.

또한 정보시스템화는 패스트푸드의 POS 도입에서 시작되었지만, 1980년대 후반 거품경제화에 따른 원가상승에 의한 경영약화를 개선해야만 했으며, 수많은 레스토랑 체인의 각 회사가 잇달아 도입에 들어섰고, Speed-up과 효율화가 활용되기 시작하였다.

○ 성숙기(1990년대 전반)

거품경제 붕괴와 경기가 저조함으로써 개인소비가 떨어졌으며, 외식산업의 고객수, 객단가 감소, 특히, 객단가가 높은 레스토랑 매출의 저조가 두드러졌다.

예를 들면, 일본 맥도날드의 100엔으로 대표되는 메뉴단가가 낮아짐으로써 저단가 점포가 계속적으로 증가하기 시작하였으며, 패밀리레스토랑에서는 각 회사가 일식메뉴에 주안을 두며 경쟁이 치열해졌다. 또한 테이크아웃의 도시락, 초밥, 피자 등의 중간식 시장이 확대되었고, 수입 식자재의 이용이 활발해졌다.

○ 전환기(1990년대 후반)

1990년대 후반은 거품경제로 인해 고객들이 자금에 대한 의식이 강해졌다. 따라서 외식에 대한 고객의 요구는 품질이 높고 가격은 낮은 제품이었다.

외식기업들은 고객의 건강, 안전, 맛에 주안을 두면서, 유기농산물을 이용한 메뉴전략을 수행하였다.

부동산 가치하락에 따른 신규점포 확장이 용이하였으며, 테이크아웃, 배달시장으로 인해 시장의 구조적 변화가 진행되었다. 그리고 정보화에 맞추어 인터넷을 점포소개, 전자상거래, 인재정보의 활용이 본격적으로 시작되었다.

<표 2-4>는 일본 외식산업의 연대별 발전과정을 보여주고 있다.

표 2-4 일본 외식산업 발전과정

연대별	내용
1940년대	· 요식업으로 전개(국수, 우동, 덴뿌라 등) · 백화점 내 식당가 등장 · 레스토랑 출현 · 급식사업 개시
1960년대	· 요식업에서 외식산업으로의 전환(외식산업 태동기) · 음식업자유화(제 2차 자본국유화)를 근간으로 발전(1969) · 1965년 외식산업 매출 5조엔
1970년대	· 서구식외식의 도입(도약기) · 중장조리장시스템 및 매뉴얼 확립 · 현대산업으로의 성장가능성 시사 · 1976년 외식산업 매출 10조엔 · 스카이락(1970), KFC(1970), 맥도날드(1971), 롯데리아(1972), 웬디스(1978)
1980년대 초	· 외식산업 전환기(고도 성장기) · 고도성장 및 활성화(대기업 참여) · 프랜차이즈 가속화 · 스카이락, 데니스 제팬 등 상장회사 속출 · 1982년 외식산업 매출 17.3조엔
1980년대 말	· 외식산업 성장기(안정 성장기) · 종합네트워크 및 정보 종합관리시스템 구축 · 중앙조리장 물류센터 건립(자동화) · 1989년 외식산업 매출 430억 달러 달성 · 고감도 외식산업으로의 진입 · 외식그룹의 등장: 스카이락, 로얄, 다이에이 등
1990년대	· 외식산업의 중성장기 및 침체회복기 · 민속음식 요리점 출현 및 해외진출 · 복합점포, 공동출점 · 종합 생활기업 추구 및 경량적 경영혁신 · 외식산업의 TPS 경영방식 도입
2000년대	· 주부들의 소규모 점포창업 활발 · 한류열풍으로 한식당의 일시적 포화현상

출처: 한경수 외 2인. 외식경영학. 교문사

TIP | 일본 외식산업 트렌드 분석

최근 일본은 원핸드 밀과 대두과자, 식물성 식품, 어른 입맛이 트렌드화 되면서 크게 주목받고 있다.

▪ 한 손으로 다 해결하는 원핸드 밀

최근 등장한 '원핸드밀(One-Hand Meal)'은 포장 채로 한 손으로 들고 먹을 수 있다는 의미로, 제품 자체의 패키지를 마치 일회용 그릇처럼 사용할 수 있는 편리성 때문에 소비자들의 이목을 끌고 있다. 원핸드 밀은 피자, 주먹밥, 닭 가슴살처럼 주로 식사대용으로 먹을 수 있는 제품이 많으며 덜어먹는 그릇은 물론 숟가락이나 젓가락이 필요 없는 만든 제품도 존재한다.

출처 : 코트라 나고야 무역관

출처 : 코트라 나고야 무역관

■ 건강식도 편리하게

최근, 간편하게 필요한 영양소를 섭취할 수 있도록 한 기능성 제품이 많아지고 있다. 예를 들면, 아사히는 유산균이 면역력, 위장에 좋을 뿐만 아니라 두뇌의 활성화에도 도움이 된다는 사실에 기반하여 '일하고 있는 머리에'라는 이름의 유산균음료 시리즈를 출시하였다. 이 시리즈는 캔커피, 페트병 주스 등 다양한 제품 라인업을 갖추고 있기 때문에 일상생활 중에 자연스럽게 유산균을 보충할 수 있다는 점에서 소비자들에게 호평을 받고 있다.

■ 이제는 '어른 맛'이 대세

최근 일본에서는 복잡하면서도 고급스러운 '어른의 맛'이 부상하고 있다.

특히 아이스크림의 경우 일본액세스가 주최한 '2020 바이어스 그랑프리'에서 1~3위를 차지한 제품이 모두 아동보다는 성인을 타깃으로 한 맛으로 볼 수 있는데, 1위는 하겐다즈 재팬에서 출시한 흑설탕 콩가루 찹쌀떡 아이스크림이 차지했으며 2, 3위는 모두 카카오 함유량이 높은 다크 초콜릿맛 아이스크림이었다. 이를 통해 바닐라, 딸기, 초코 등 평범한 맛으로는 쏟아지는 신제품 속에서 경쟁력을 유지하기가 어렵다는 점을 파악할 수 있다.

또한 도시락용 냉동 반찬 분야에서도 흑초 탕수육, 생선구이, 마파두부, 오곡 죽 등 성인의 입맛에 눈높이를 맞춘 신제품이 출시되고 있다. 타깃 소비자가 어른이다 보니 재료 본연의 형태와 식감을 유지하는 것이 더욱 중요해진 것이 변화의 포인트다

출처 : 코트라 나고야 무역관

출처 : 식품음료신문. 2020 일본 핫 트렌드

03 S·E·C·T·I·O·N

최근 국내 외식산업 이슈 및 변화 전망

01. 국내 외식산업 최근 동향

1) 경기침체, 소비위축, 신규업체들의 경영노하우 부족

장기적인 경기침체로 인해 소비가 위축되고, 경영 노하우가 없는 신규 외식업체들이 대거 등장함에 따라 매출이 급격하게 감소하고 있는 반면, 세계적인 환경기후변화에 따른 식자재 폭등으로 인한 원재료비, 인건비, 제경비 등의 원가는 상승하여도 정부의 음식가격 특별관 정책에 일정한 수익을 내기가 점점 힘들어지고 있는 상황이다.

출처 : 한경닷컴(2020), 산업일보(2020)

2) 규모·시설·가격·매출의 양극화

중산층이 사라지고 소득의 격차가 커지면서 사회 전반에 거쳐 양극화 현상이 심각하게 나타나고 있다. 외식업의 경우, 규모·시설의 양극화, 가격 및 매출 양극화가 더 심화되고 있다. 그 중에서도 메뉴는 대중적인 저가메뉴를 지향하면서 시설이나 규모, 서비스 등은 고급식당의 형태를 띠는 경우가 늘고 있다.

표 2-5 2016~2019년 외식시장 연평균 성장률

외식시장	연평균 성장률(%)
커피 및 음료	21.8
분식	15.2
중식	14.3
제과·제빵·떡·케이크	11.7
간이주점	11.2
배달음식	10.1
패스트푸드	9.9
한식	8.2
고기요리	8.0
일식·수산물	7.7

출처: 한양사이버대, 나이스지니센터.

3) 트렌드의 급격한 변화

외식업 트렌드가 급변함에 따라 아이템의 라이프사이클이 점점 짧아지고 일부 유행아이템에 의해 시장이 좌우되기도 한다. 경기침체 속 각종 식품사고와 악재들이 공존하는 변화무쌍한 환경 속에서 창업자들이 외식시장의 흐름을 가늠하기란 점점 더 쉽지 않게 되었다.

최근, 고객 소비성향은 그 변화속도가 매우 빠르며 외식업계는 이러한 고객들의 니즈파악에 총력을 기울어야 한다. 이제는 불황이라고 해서 무조건 소비를 줄이는 것이 아니라 반드시 필요하고 가치가 있다고 생각되는 것에 대해서는 적극 투자하는 시대라 할 수 있다.

출처 : 한국영농신문(2020). 2020년 뜰 외식 트렌드. 그린오션.

4) 소상권의 진행

주 5일 근무제의 시행과 여성의 사회진출, 배달 및 테이크아웃 확대 등의 영향으로 번화가 및 오피스 상권에서 주택가 상권으로 소상권화가 진행되고 있다.

출처 : 픽사베이 / 홈앤쇼핑

5) 젊고 유능한 고급 인적자원의 대거 유입

평생직장의 개념이 무너지고 청년창업, 투잡스 족이 증가함에 따라 젊고 유능한 고급 인력이 대거 유입되고 있다.

6) 양질의 저렴한 먹거리 선호

양과 질은 좋으면서 가격은 싼 것을 선호하는 추세로, 이제 웰빙은 세계적인 트렌드가 된지 오래이며 안전한 먹거리의 선호도는 날로 증가하고 있다. 우리나라 역시 웰빙과 힐링음식을 선호하고 있으며, 장기적인 불황 속에서 익숙하고 편한 음식을 선호하게 되면서 전통·토속음식 등의 인기가 지속되고 있다. 특히 채소류, 장류 등의 발효식품 중심의 토속음식이 각광을 받고 있다.

출처 : 식품외식경제(2020). 가잼비: 나만의 레시피, 프래그십 스토어, 웰빙푸드 주목

7) 자영업 위기고조

최근 '장사해 봤자 적자' 라는 말이 심심치 않게 나올 정도로 자영업의 위기가 심각하다. 가장 큰 원인으로는 30%대인 자영업자들의 공급초과 현상을 들 수 있으며 내수부진(경기침체, 교육비·노후자금 등으로 소비지출확대), 유통채널의 변화(백화점, 직구, 홈쇼핑, 인터넷쇼핑 등), 경쟁력 약화(다양하고 까다로워진 고객의 욕구에 비해 자영업자들은 여전히 예전수준) 등의 원인도 존재한다.

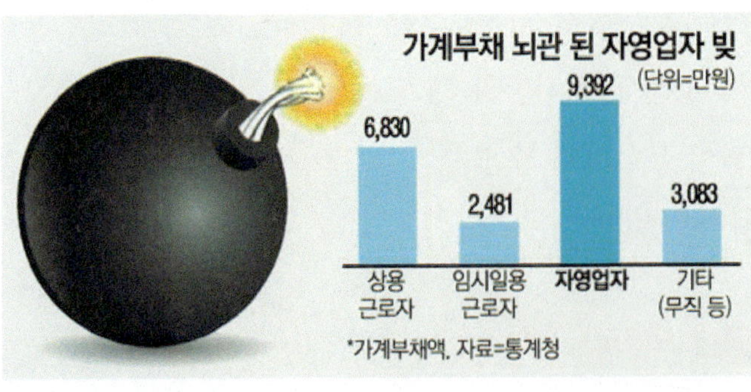

출처 : 통계청(2018)

02. 국내 외식산업 변화 전망

이제는 외식산업이 주변 환경의 변화에 발 빠르게 대처하기 위해서 기존의 경영전략의 근본적 재검토가 필요한 시점이 되었다. 지금까지의 기본적인 규칙이나 질서가 붕괴되어 불확실성의 시대로 접어들면서 선택의 다양화, 자기만의 맞춤 상품 등을 선호하는 경향이 더욱 증가될 전망이다.

또한 라이프사이클의 단축과 함께 이업종 간의 경쟁처럼 경쟁상대도 수시로 바뀌는 등 경쟁의 규칙이 없어지는 시대를 맞이하게 될 것이다.

다음 <표 2-6>은 국내 외식산업의 주요 변화 및 전망을 보여주고 있다.

표 2-6 국내 외식산업의 주요 변화 및 전망

변화와 전망
· 업종·업태가 더욱 더 세분화, 영역별 경쟁 치열
· 전통적 외식업과 신규 외식업의 경쟁적 발전의 가속화
· 체계적인 고객관리 및 기업화·아웃소싱의 가속화
· 검증된 가맹본부의 성장, 프랜차이즈사업의 대기업화, 계열화
· 센트럴 키친(Central Kitchen)화
· 다양한 업태의 등장(복합화, 퓨전화, 택배화)
· R&D 투자, 인재육성, 전문성 제고를 위한 교육훈련 강화
· 이업종 간 전략적 제휴 및 경쟁치열

출처: 임현철(2018). 외식창업 실무지침서.

다음은 최근 국내 외식산업의 주요 트렌드를 4차 산업혁명의 관점에서 살펴보고자 한다.

1) 가성비 전쟁

지불에 대한 가격대비 맛, 음식의 양, 접객 서비스, 분위기에서 소비자의 만족도를 지향하게 되며, 편의점의 강세가 지속될 것이다.

출처 : 사단법인 한국외식산업경영연구원(2017)

2) 혼밥 및 혼술

1인 가구 및 소형가구가 증가함에 따라 '혼자 먹는 밥'을 의미하는 혼밥이 보편화되고, 1인 세트, 간편식 포장(HMR), 다양한 테이크아웃 전문점이 강세를 보일 것이다.

출처 : 사단법인 한국외식산업경영연구원(2017)

3) 음식점 추천·검색·주문·배달 플랫폼

요리 레시피와 식재료 및 음식주문, 배달 플랫폼을 갖춘 음식점이 점차 증가할 것이다. 대표적으로 배달의 민족, 요기요 등을 들 수 있다. 이는 스마트 폰(APP)을 활용한 서비스, 빅데이터를 활용한 고객관리가 대표적이다.

스마트 폰(APP)을 활용한 서비스는 모바일 어플리케이션(APPlication: APP, 앱)을 판매채널로 활용하여 그 영역을 넓혀 O2O(Online to Offline, 온라인, 오프라인 연계) 사업과 같이 모바일로 주문하고 매장에 방문해서 음식을 픽업하는 서비스를 제공 〔스타벅스의 사이렌 오더(Siren Order), 베스킨라빈스의 해피포인트앱, SK 프래닛의 시럽오더(Syrup Order)〕 하는 방식과 스마트 폰 주문서비스의 배달주문 중개앱 〔배달의 민족, 배달통, 요기요〕 방식을 들 수 있다.

출처 : 사단법인 한국외식산업경영연구원(2017)

4) 주문·결제 키오스크 활용 무인형 매장

각 외식업체의 포인트나 혜택을 통합 및 보관할 수 있는 포인트 어플리케이션(시럽페이, 카카오 페이)과 같은 서비스를 통해 셀프결제가 이루어지고 있으며, 전자메뉴판, 쉽고 간단한 무인주문시스템인 키오스크(Kiosk), 주문과 결제가 가능한 어플리케이션의 도입으로 무인형 매장이 증가하고 있다.

출처 : 사단법인 한국외식산업경영연구원(2017)

CHAPTER 03

외식산업 경영형태

학습목표

01. 외식산업의 업종 및 업태를 이해한다.
02. 외식산업 경영형태(소유직영, 프랜차이즈 및 위탁경영 방식)를 확인한다.
03. 단체급식 경영의 개념, 경영형태, 시스템 및 고객유형을 이해한다.

도입 사례

불황 속 10년 이상 장수하는 외식 브랜드 주목

'경기불황 속에서도 장수 프랜차이즈는 증가하고 있다.'

불황기에는 프랜차이즈 업계 전체가 위축되고 가맹점 실적이 급락하는 등 어려움을 겪지만, 오랜 기간 사업을 지속하면서 대중성과 안정성을 확보, 여기에 최신 트렌드를 반영한 혁신과 노하우로 경쟁력을 갖춘 장수 프랜차이즈들의 경우 탄탄한 성장세를 보이고 있다.

이들은 현실에 안주하지 않고 새로운 아이디어를 끊임없이 생산해 경쟁우위를 확보해 왔으며 위기관리 시스템 등 가맹본부의 체계적인 가맹관리시스템 아래 지속적인 투자를 해 오고 있다.

❖ 김가네

김가네는 '즉석김밥'이라는 획기적인 방법으로 분식업계를 선도한 대표적인 장수브랜드라 할 수 있다. 즉석김밥을 제공하는 시스템으로 위생 및 청결 부분에서 소비자 만족도를 높였다. 슈퍼바이저를 통한 체계적인 가맹점 관리로 평균 9년 이상 가맹점 운영 기간을 기록, 상생정신을 실현하는 기업으로도 알려져 있다.

(주)김家네

출처 : 김가네 공식 홈페이지

이러한 강점을 바탕으로 김가네는 야채튀김우동, 소고기김밥 등 신메뉴 7종을 출시하였으며, 이는 출시 한 달 만에 판매량이 전체 매출액의 40% 이상을 차지하였다.

❖ 이바돔 감자탕

프랜차이즈 사업의 가장 큰 단점은 변화에 약하다는 것이다.. 개인 독립점포들의 경우, 시장환경변화에 빠르게 적응할 수 있지만, 대형 프랜차이즈의 경우, 트렌드와 소비패턴에 대한 가맹본부의 빠른 대응이 없다면 가맹점들은 속수무책으로 변화의 채찍을 맨몸으로 맞아야 한다. 따라서 장수하는 브랜드가 되기 위해서 가장 중요한 것은 변화대응 능력을 키우는 것이 중요하다.

이바돔은 감자탕을 가족외식이 가능한 일품요리로 재탄생시켜 장기간 사랑을 받아왔다. 감자탕 외에 등뼈 찜·꼬막비빔밥 등의 메뉴를 개발해 다양한 소비자 입맛을 사로잡았다. 정글짐 등 전문 키즈랜드 부럽지 않은 시설을 갖췄다. 가족석·모니터를 통해 아이들이 노는 모습을 확인할 수 있도록 꾸려 30대 젊은 부모를 중심으로 호평을 받고 있다.

출처 : 이바돔 공식 홈페이지

❖ 놀부

놀부 부대찌개는 1세대 외식 프랜차이즈라는 이미지를 굳건히 하고 시장변화에 빠르게 발맞춰 인기를 끈 장수 브랜드다. 2015년에는 고급스럽고 모던한 이미지로 인테리어를 리모델링하여 젊은 세대와 적극적으로 소통하는 모습을 보이고 있다. 최근, 영등포 타임스퀘어점에 뉴트로 인테리어의 플래그십 스토어를 오픈, 인스타그램에 올릴 만한 요소를 자극하기도 하였다.

출처 : 놀부 공식 홈페이지

출처: 식품외식경영(2020). 트렌드 인사이트

01 S·E·C·T·I·O·N

외식산업 업종과 업태의 이해

국내의 식당 및 레스토랑이 드물었던 시기에는 모두가 식사를 위한 레스토랑이었다. 단지 어떤 종류의 음식을 파는지에 따라 한식당, 중식당, 양식당, 일식당으로 불렸으며, 이는 업종으로 구분되었다. 이러한 구분은 산업적인 분류나 학문적 개념에 의한 구분이라기보다는 고객과의 소통의 편리함에 따른 것이라 할 수 있다.

이후 경제성장과 더불어 해외 외식기업과 같은 다국적 기업들의 국내진출로 인해 여러 형태의 레스토랑들이 국내에 유입되면서 새로운 업태의 개념이 등장하였다.

업종과 업태는 레스토랑의 컨셉을 이해하는 중요한 개념으로 업종과 업태의 결정에 따라 사업계획에서부터 영업방침에 이르기까지 레스토랑의 모든 전략이 달라질 수 있다. 즉, 업종과 업태를 어떻게 조합하는 가에 따라 외식사업의 성패는 크게 달라질 수밖에 없다. 이러한 개념적 구조를 이해하지 못한다면 아무리 열심히 일해도 사업성과는 기대하는 것만큼 나오기 어려울 것이다.

01. 업종

외식산업에서의 업종(Type of Business)은 한식, 양식, 일식 등의 판매하는 음식의 종류를 말한다. 즉, 무엇을 먹을 것인가? 혹은 무엇을 팔 것인가에 주안을 둔다. 업종은 과거부터 한식, 중식, 일식, 양식으로 구분하는 것에 주안을 두었으나, 최근엔 민족음식 및 퓨전음식과 같은 국적이 혼합된 음식으로 점차 확대되고 있다.

▲ 한식

▲ 중식

▲ 일식

▲ 서양식

02. 업태

업태(Type of Service)는 업종에서 제공되고 있는 주력상품을 어떠한 형태의 서비스로 판매할지에 대한 것이다. 업태를 구성하는 핵심요소는 메뉴, 이용동기, 주고객층, 영업시간, 입지, 서비스 수준, 가격 등이 있으며, 레스토랑 경쟁력은 목표시장(Target Market)에 적합한 업태의 수준을 결정하고 차별화시키는 것에 주안을 둔다.

업태는 풀서비스(Full Service)에서 셀프서비스와 같은 제한적 서비스(Limited Service)에 이르기까지 서비스 수준에 따라 구분을 하고 있다.

표 3-1 업태의 구성요소

구분	구성요소
언제(When)	영업시간
어디서(Where)	입지
무엇을(What)	업종주력메뉴
어떻게(How)	서비스 수준
누구에게(Who)	주요 고객
왜(Why)	고객의 이용동기
얼마에(How much)	가격

다음 <그림 3-1>은 업태에 따른 외식업의 형태를 보여주고 있다. 먼저, 고급레스토랑에서 패밀리 레스토랑, 커피숍, 패스트푸드 레스토랑의 제한적 서비스로 진행될수록 좌석회전율, 음식제공 속도, 음식 먹는 속도가 증가하며, 자동판매기, 커피숍, 패스트캐주얼, 캐주얼다이닝 레스토랑의 풀서비스로 진행될수록 서비스 정도, 인적서비스 비중, 메뉴가격, 고객 식사공간이 증가하는 것을 알 수 있다.

출처 : 정유경(2018). 외식산업경영. 북넷. 저자 재수정

그림 3-1 업태에 따른 레스토랑 서비스 형태

02 S·E·C·T·I·O·N

외식산업 경영형태

외식산업 경영형태는 크게 소유직영식, 프랜차이즈, 위탁경영 방식으로 구분되며, 가장 활발한 경영형태는 프랜차이즈 경영형태이다. 일반적으로 업종과 업태가 다양한 대부분의 레스토랑은 규모가 작고 영세하여 조직이나 경영형태를 언급하는 것 자체가 무의미하다.

한편, 외식기업이 대형화되면서 다수의 직원을 고용하거나, 다점포 운영, 법인화, 소유자가 직접 경영하지 않고 전문경영인에게 경영을 위탁하는 경우, 외식산업 경영형태는 복잡해진다.

01. 소유직영 방식

소유직영은 개인이 직접 투자하여 직영점을 개설하고 직원을 배속하여 영업하는 형태를 말한다. 따라서 프랜차이즈 방식과 같이 경영기법 및 상호의 일치성이 독자적 경영형태 및 상호로 영업을 함으로써 독특한 경영기법을 개발한다. 또한 소유직영은 상대적으로 창업이 용이하다. 창업자에게 요구되는 것은 많은 자금, 외식산업에 대한 지식, 그리고 성공에 대한 욕구이다.

소유직영의 장점과 단점을 살펴보면 다음과 같다.

1) 장점

- 상표이미지 유지가 가능하다.
- 컨셉개발, 메뉴, 실내장식 등에 대해 그들 자신의 것을 만들 수 있다.
- 수익성이 높으며, 통제가 용이하다.
- 판매전략의 변화로 잠재시장을 경험할 수 있다.
- 어떠한 방향으로든지 정책변화가 가능하며, 피드백이 용이하다.
- 직영점 운영 시 시장조사, 전산화, 중앙회계가 수월하다.
- 경영자에게 재량권을 부여한다.
- 법적 문제에 용이하다.

2) 단점

- 재무적 위험이 높다.
- 자본력과 필요한 인력을 구하거나 운영하기 어렵다.
- 효율성이 낮다.

02. 프랜차이즈 방식

1) 프랜차이즈의 유래

프랜차이즈(Franchise)는 프랑스어로 '권리' 또는 '자유'를 뜻하는 말 프랜처(Francher)에서 파생한 영어이다. 중세 유럽에서 가톨릭교회는 세금을 징수하는 관리에게 일정한 몫은 자신이 갖고 나머지는 교회에 납부하도록 했는데, 어느 정도의 권리가 주어지는 이 제도를 프랑스어로는 프랜처, 영어로는 프랜차이즈라고 하였다.

프랜차이즈를 맨 처음 비지니스 개념으로 도입한 회사는 1860년 미국의 싱거 재봉틀 회사이다. 그 후 1898년에 제너널모터스 자동차회사가 이 제도를 도입하면서 그 효율성을 인정받았고, 다른 직종 및 서비스 분야에까지 급속히 확산되었다.

▲ Singer 사의 재봉틀

상법상에서의 프랜차이즈는 타인의 상호·상표 등이나 경영 노하우를 자기 사업에 이용하기 위해 수수료(또는 '로열티'라고도 함) 등의 대가를 그 소유권자에게 지급하는 형태의 사용허가계약을 말한다. 가맹업이라고도 한다. 상법은 프랜차이즈를 상호·상표·서비스 표 등을 사용하도록 허가하는 프랜차이즈 제공자와 이러한 특권을 사용하여 지점을 개설하려는 프랜차이즈 이용자이다. 이들은 각기 독립된 상인으로서 각자의 명의와 계산으로 영업행위를 한다.

우리나라에서는 1979년 롯데리아가 햄버거 전문 체인점을 가맹점 형태로 개설하기 시작한 것이 프랜차이즈의 시초이다.

출처 : 서울시티. 가맹점, 지역사회와의 상생을 위해 노력하는 착한 프랜차이즈

2) 프랜차이즈의 개념

프랜차이즈 시스템은 외식산업의 표준화, 시스템화 및 산업화에 큰 기여를 하였다. 외식업 프랜차이즈는 전체 프랜차이즈의 70% 수준을 차지하고 있는 것으로 추산되며, 이는 국내 프랜차이즈 비즈니스가 외식업 중심의 틀을 벗어나지 못하고 있는 점과 외식산업에 있어 프랜차이즈 시스템에 대한 이해가 매우 중요함을 시사한다.

프랜차이즈(Franchise)란 가맹계약을 통해 가맹본부가 가맹점사업자에게 ① 프랜차이즈 브랜드의 사용 및 영업권리를 부여하고 ② 일정한 통제와 영업방법의 지원 등 노하우를 제공하며, 그 대가로 가맹점사업자가 가맹본부에게 ③ 가맹금과 로열티, 원부재료 매입 등 일정한 대가를 지급하는 계속적 관계를 의미한다.

다음 <그림 3-2>와 <그림 3-3>은 프랜차이즈의 본사와 가맹점 간 상호계약관계 및 프랜차이즈 시스템을 보여주고 있다.

프랜차이즈는 본사가 판매점을 직접 운영하는 수직통합 형태의 유통구조와 독립소매상으로 이루어진 유통구조의 중간적 형태로서 가맹본부를 중심으로 다수의 가맹점이 브랜드 관리, 구매, 사업시스템 개선 등을 함께 수행한다.

도소매 서비스업을 영위하는 개별 사업자의 경우, 그 규모가 영세하고 전문성이 미흡하여 생산성이 취약한 수준에 머무르는 경우가 많아, 가맹본부의 브랜드 등 사업패키지를 활용하는 것이 이점으로 작용할 수 있다. 또한 가맹본부의 입장에서도 대규모 투자가 필요한 영업망 구축에 가맹점사업자의 자본을 활용하고, 가맹점사업자가 개별 영업점의 영업을 책임지게 함으로써 사업효율성을 제고할 수 있다.

프랜차이즈는 본부 혹은 본사의 브랜드를 빌어 관련 제품이나 서비스의 영업을 수행한다는 점에서 대리점과 매우 유사하다. 다만, 프랜차이즈는 가맹본부가 브랜드, 영업권 이외에 영업방법 등의 노하우를 포함하는 사업 패키지를 제공한다는 점에서 차별성을 가진다.

가맹본부는 어떠한 상권에서 어떠한 규모의 매장을 출점하고, 지정된 영업방법을 사용할 때 가맹점사업자 입장에서 발생하는 평균 매출규모와 이익창출규모를 추정하여 제시하는 등 이미 만들어진 사업 패키지를 제공한다. 대리점의 경우 운영자의 역량에 따라 영업성과가 크게 달라지는 경우가 많지만, 프랜차이즈의 경우에는 가맹본부가 제공하는 사업 패키지의 비중이 상대적으로 높다는 점이 프랜차이즈와 대리점의 구별되는 점이다.

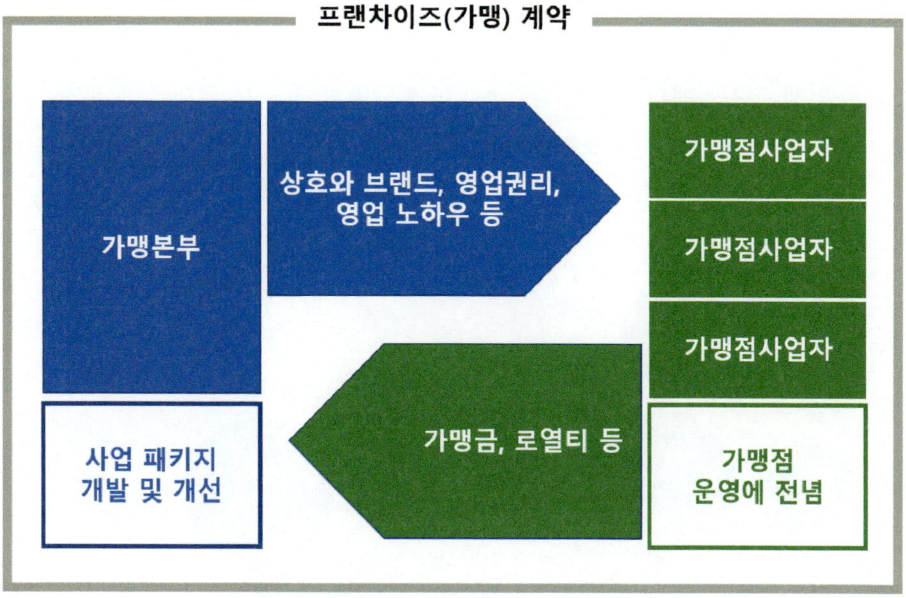

그림 3-2 프랜차이즈 본부와 가맹점 간 상호관계

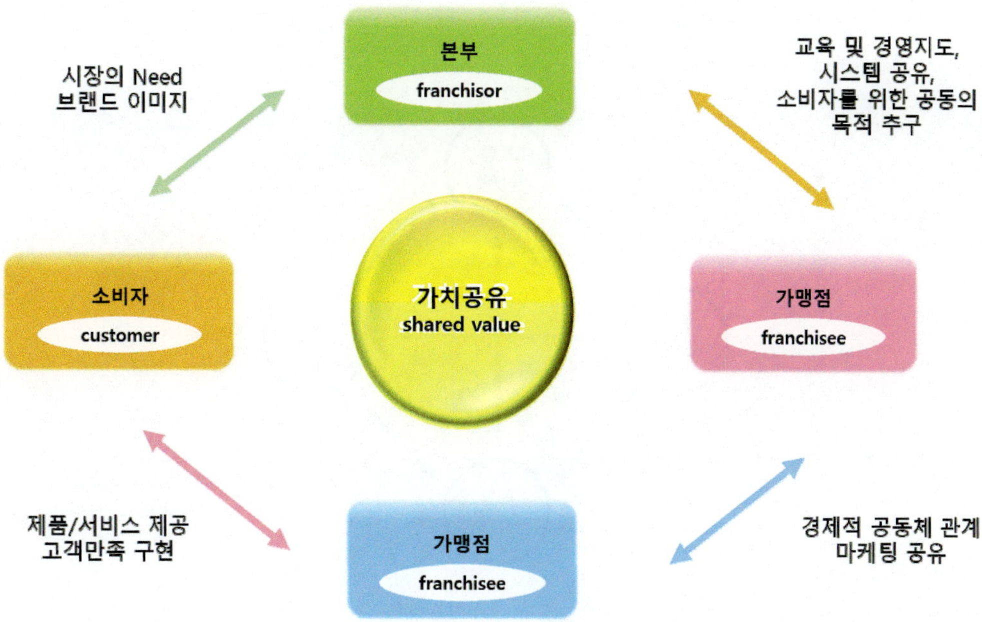

출처 : 이뉴스투데이(2020)

그림 3-3 프랜차이즈 시스템개념도 – 가맹본부와 가맹사업자 간 관계

일부 대리점 형태의 사업은 프랜차이즈 시스템과 크게 구별이 되지 않아 혼용해서 사용하고 있으나, 업태 특성상 가맹본부가 제공하는 사업 패키지에 의존하는 가맹점사업자 보호를 위해 공정거래위원회에서는 아래의 5가지 요건을 모두 만족하는 경우를 프랜차이즈로 분류하고 있으며, 가맹본부 등에 가맹사업에 대한 정보공개 및 가맹금예치 등 일정한 의무를 부여하고 있다.

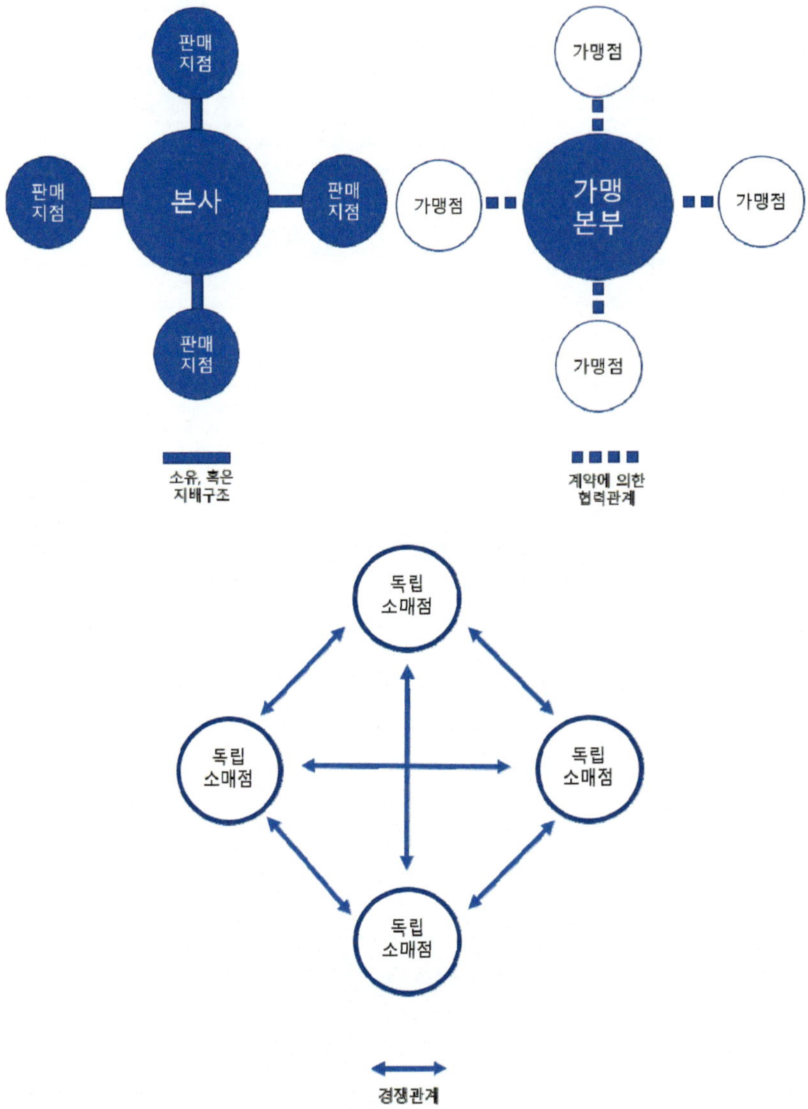

그림 3-4 프랜차이즈 구조 개념도

다음 <표 3-2>는 프랜차이즈의 요건을 보여주고 있다.

표 3-2 프랜차이즈(가맹사업) 요건

프랜차이즈 요건
· 가맹본부가 가맹점 사업자에게 영업표지 사용 허락
· 가맹점 사업자는 일정한 품질기준이나 영업방식에 따라 상품 및 용역을 판매함
· 가맹본부는 경영 및 영업활동 등에 대한 지원·교육·통제를 수행함
· 영업표지 사용 및 경영활동 등에 대한 지원 및 교육의 대가로 가맹금 지급
· 계속적인 거래관계

출처: 공정거래위원회

3) 프랜차이즈관련 기본 용어

프랜차이즈 본사선택과 성공적인 프랜차이즈 가맹점 운영을 위해서는 프랜차이즈가 무엇이고 가맹본부와 가맹사업자 그리고 시스템, 운영매뉴얼, 계약 등에 있어 충분한 용어의 이해가 있어야 불리한 계약이나 의사전달로 성공창업을 이끌 수 있다.

❶ 프랜차이즈(Franchise)

프랜차이즈는 가맹본부(Franchisor, 프랜차이저)와 가맹점사업자(Franchisee, 프랜차이지)간의 합의 또는 지속적인 관계를 의미한다. 가맹본부는 가맹점 사업가에게 자기와 동일한 브랜드 및 이미지의 사용과 본부에서 개발한 상품이나 서비스를 독점 판매할 권리부여 그리고 영업을 위하여 각종 교육 및 경영지도, 중제를 하는 대신에 가입비(Franchise fee), 로열티(Royalty) 등을 수령하여 판매시장을 개척해 나가는 사업방식을 말한다.

❷ 가맹본부(Franchisor, 프랜차이저)

가맹사업과 관련하여 가맹점사업자에게 가맹점운영권을 부여하는 사업자를 말한다. 가맹본부는 가맹점사업자에게 자기의 상호, 상표, 서비스 표, 휘장 등을 사용하여 자기와 동일한 이미지로 상품판매의 영업활동을 하도록 허용하고 그 영업을 위하여 교육, 지원, 통제를 하며, 이에 대가로 가입비, 로열티 등을 수령하는 사업체를 말한다.

❸ 가맹점 사업자(Franchisee, 프랜차이지)

가맹사업과 관련하여 가맹본부로부터 가맹점운영권을 부여받은 사업자를 말한다. 가맹본부로부터 그의 상호, 상표, 서비스 표, 휘장 등을 사용하여 그와 동일한 이미지로 상품판매의 영업활동을 하도록 허용 받고, 그 영업을 위하여 교육, 지원, 통제를 받지만 자신의 자금과 노동으로 가맹점을 운영하는 사업체를 말한다.

❹ 가맹금(Fee)

명칭이나 지급형태 여하에 불구하고 가맹점 사업자가 가맹본부에게 지불하는 가입비, 보증금, 로열티를 말한다.

❺ 가맹(입)비

가맹계약 체결 시 가맹계약자가 가맹점사업자에게 지급하는 비용으로 점포개설에 따른 최초 훈련비, 장소선정 지원비, 가맹사업 운영매뉴얼 제공비, 부가가치세 등에 대한 지불비용이다.

❻ 로열티

가맹계약자가 가맹점사업자에게 상호, 상표, 서비스 표, 휘장 등의 사용권한 및 경영지원에 대한 대가로서 정기적으로 지불하는 비용을 말한다. 지급방법은 매출 또는 이익의 일정비율이나 일정금액으로 지급하며 이에 대해서는 가맹계약자와 가맹점사업자간의 협의된 계약에 따라 설정될 수 있다.

❼ 프랜차이즈 패키지

가맹본부가 가맹점사업자에게 제공하는 사업조건들과 포괄적인 일련의 서비스들을 말한다.

❽ 프랜차이즈 시스템

프랜차이즈 패키지와 비슷한 말이다. 그러나 프랜차이즈시스템은 프랜차이즈 된 사업 전체를 일컫는데 여기에는 지적재산권, 가맹계약서에 의해 인정된 모든 권리, 프랜차이즈 프로그램에서 제공하는 모든 서비스를 포함하고 있다.

⑨ 총판 프랜차이즈(Master Franchising)

하부 프랜차이징(Subfranchising)과 같은 말로 총판 프랜차이즈 계약을 통하여 한정된 지역에서 가맹본부의 권리와 역할을 할 수 있는 권리를 허용하는 것을 말한다. 이 개념은 해외 진출을 할 때 일반적으로 많이 사용하는 방법이다.

4) 프랜차이즈의 특성

프랜차이즈 시스템은 가맹본부와 가맹점사업자가 가맹계약을 바탕으로 공동의 이익을 추구하는 형태로서, 가맹계약의 범위 내에서 협력하고 상호의무를 수행하는 것이며, 다음과 같은 특성을 가지고 있다.

다음 <표 3-3>은 프랜차이즈 시스템의 장점 및 단점을 보여주고 있다.

표 3-3 프랜차이즈 시스템의 장·단점

구분	장점	단점
가맹본부	· 사업확장을 위한 자본조달 용이 · 대량구매를 통한 규모의 경제 달성 · 공동마케팅을 통한 효과 극대화 · 직접운영보다는 사업패키지 개발에 전념	· 가맹점 수가 확대되는 경우, 관리 및 통제의 어려움 · 가맹점 관리 및 지원에 비용지출 · 투자대비 수익률을 상대적으로 높지만 절대 이익규모(매출대비)는 제한적임
가맹점	· 검증된 사업패키지 활용: 사업실패 낮음 · 소자본, 무경험 창업가능 · 프랜차이즈 브랜드 지명도 활용 · 원재료를 안정적으로 공급받을 수 있음	· 자율적인 방식의 영업활동 제한 · 로열티 납부 및 원재료 매입에 따른 비용부담 · 본사에 대한 의존도가 높아져 자체 능력개발에 등한시 할 수 있음 · 타 가맹점의 실패가 전체 프랜차이즈의 신인도에 영향을 미칠 수 있음

❶ 타인자본을 활용한 사업확대 및 역할분담

가맹본부는 가맹점 유치를 통해 타인의 자본으로 사업을 확대할 수 있다. 가맹점사업자는 자기의 이익창출을 목적으로 자기자본을 투입하여 가맹점을 개점하고 영업을 통해 발생한 이익의 일부를 사업패키지를 제공한 가맹본부에 지급한다.

결과적으로, 가맹본부는 가맹점 유치를 통해 ⓐ 브랜드 조기구축 및 브랜드 활용도 확대, ⓑ 핵심기능이라 할 수 있는 사업패키지 개발에 전념, ⓒ 원재료 대량구매에 따른 원가절감 효과를 누릴 수 있다.

가맹점사업자는 개별 점포의 영업에 전념하고, 가맹본부는 사업패키지 개발 및 개선에 집중함으로써 역할 분담을 통한 수익구조를 구축할 수 있다.

가맹본부는 개발한 브랜드와 사업패키지를 가맹점사업자에게 제공하고 일정한 관리와 통제를 통해 프랜차이즈에 속한 모든 가맹점들이 동일한 브랜드로서 같은 품질의 제품과 서비스를 제공하도록 함으로써 전체 프랜차이즈의 가치 상승을 추구한다.

❷ 가맹본부의 주요 수익원은 로열티와 원부자재 납품에 따른 수익

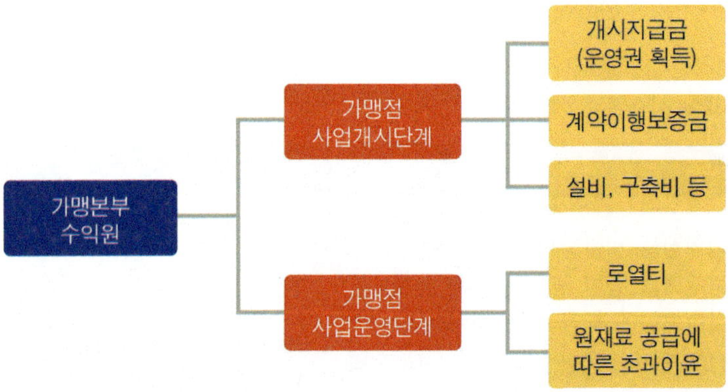

그림 3-5 가맹본부의 수익원 구성

가맹본부의 수익은 첫째, 가맹점의 사업개시 단계에 발생하는 개시지급금과 계약이행보증금, 설비구축비용 등과 둘째, 가맹점의 사업운영 단계에 발생하는 로열티와 원부자재 공급에 따른 초과이윤 등으로 구성되어 있다. 개시지급금(가맹금)이란 가맹점 사업자가 프랜차이즈 권리를 확보하기 위하여 가맹본부에 지급하는 비용이며, 계약 이행보증금은 가맹점사업자가 가맹본부에서 원부자재 등을 납품 받기 위해 선지급하는 보증금이다. 최근에는 개시지급금과 계약이행 보증금 이외에 인테리어 및 설비 구축을 가맹본부가 제공하고 이에 대한 구축비용을 가맹점사업자가 가맹본부에 지급하는 것이 일반적이다.

중소규모 가맹본부의 경우에는 개시지급금이나 설비 구축비 등을 주요한 수익원으로 하는 경우도 있으나, 프랜차이즈 시스템이 지속적으로 운영되기 위해서는 가맹점 사업

운영단계에서 발생하는 수익이 가맹본부의 주요 수익원으로 기여해야 한다. 개시지급금과 설비 구축비 등은 프랜차이즈 홍보를 통한 가맹점 유치로 창출할 수 있으나 이는 단기적인 수익창출로 제한될 수 있기 때문이다.

❸ 유행에 민감하며 모방이 유리

유행 아이템을 대상으로 하는 프랜차이즈의 경우 가맹점 유치가 원활히 이루어지면 모방 프랜차이즈가 설립되는 경우가 많아 동일업종 내에 경쟁이 격화되고 가맹점 및 가맹본부가 동반 부실화되는 사례가 발생하고 있다.

가맹본부가 제공하는 사업 패키지 중 브랜드는 외부에서 쉽게 확인이 가능한 자산이지만, 사업 노하우 등은 쉽게 확인 할 수 없는 무형자산이므로 예비 가맹점사업자가 그 실질을 확인하기 어려운 경우가 대부분이다. 또한, 잘 구축된 프랜차이즈 시스템의 노하우를 모방하거나 차용하는 경우 일견 수익성을 가진 사업 패키지로 평가될 수 있지만 실질적인 운영경험을 통해 창출한 노하우가 아닌 경우에는 실제 활용도는 매우 낮은 수준에 머무를 수 있다.

5) 외식사업 프랜차이즈 경영

❶ 운영방식에 따른 프랜차이즈의 형태

프랜차이즈 기업의 상품이나, 서비스 형태, 소유권 허용범위, 프랜차이즈 운영방식에 따라 제품-등록상표 프랜차이즈(Product-Tradename Franchise), 사업형 프랜차이즈(Business Format Franchise), 전환 프랜차이즈(Conversion Franchise)로 구분할 수 있다.

○ 제품-등록상표 프랜차이즈

제품-등록상표 프랜차이즈는 가맹점이 본부의 제품을 본부의 등록상표에 의해 판매하는 형태를 말한다.

코카콜라는 이러한 유형의 대표적 기업이다. 제조업자는 음료수 원액을 생산하여 프랜차이즈 계약을 맺은 도매상들에게 판매하여 도매업자들은 원액에 물을 섞어서 병에 담은 후 완제품을 소매상에게 유통시킨다.

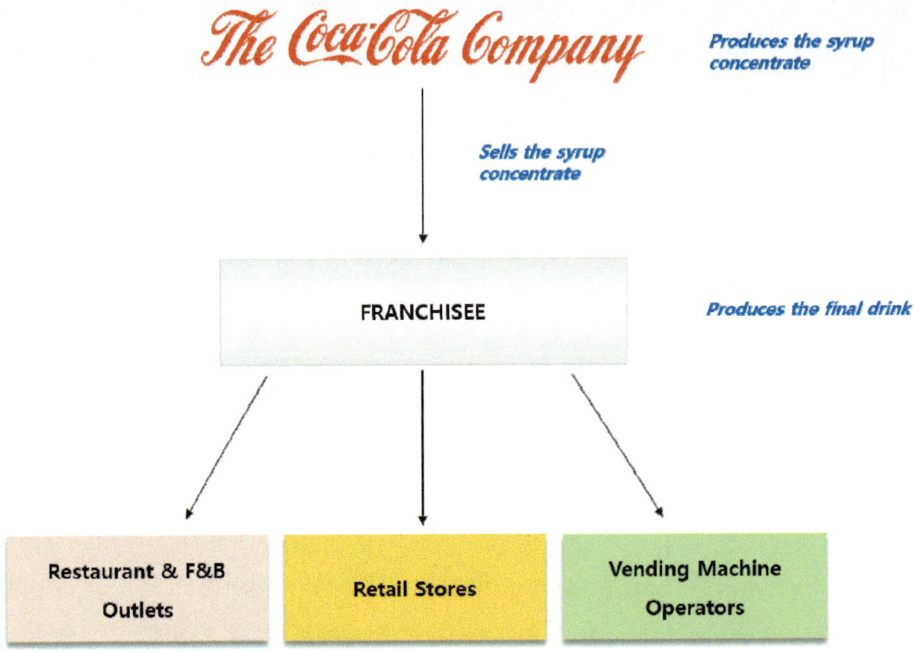

그림 3-6 제조 프랜차이즈 시스템

○ 사업형 프랜차이즈

신유통 방식의 21세기 유통의 꽃 이라고 불리는 사업형 프랜차이즈는 1950년대 이후 프랜차이즈 가맹점의 성장을 주도하고 있는 프랜차이즈 형태이며 일반적인 프랜차이즈를 말한다. 사업형 프랜차이즈는 본부가 제품·서비스, 등록상표, 운영방식, 지속적인 경영지도 등 사업에 필요한 모든 요소를 가맹점에게 제공하는 형태를 말하며, 패키지 프랜차이즈(Package Franchise)라 불리기도 한다.

사업형 프랜차이즈는 매출액 증가율, 고용인 수, 점포수 등 어떤 기준을 적용하더라도 세계적으로 급속하게 성장하고 있는 형태의 소매산업이며, 미래 소매업계를 좌우할 성장시스템으로 전망되고 있다. 또한 사업형 프랜차이즈는 레스토랑 산업, 소매업, 개인 서비스 산업 등의 부문에서 활발히 적용되어 운영되고 있지만 그 외의 많은 산업에 확산되고 있는 실정이고, 모든 업종과 영역에서 적용 가능한 비즈니스 모델이다.

○ 전환 프랜차이즈

전환 프랜차이즈(Conversion Franchise)는 독립적으로 운영되던 점포를 프랜차이즈 가맹점으로 전환시키며 형성되는 프랜차이즈 형태를 말한다. 대체로 시장이 성숙하고 경쟁이 치열한 경우 독립점포들은 프랜차이즈 본부의 상표가 지니고 있는 명성이나 고객확보능력, 강력한 구매력이나 고도의 운영기술에 의한 비용절감 등의 장점을 활용하길 원하게 된다. 본부의 입장에서는 이들 독립점포를 자신의 프랜차이즈 가맹점으로 전환시킴으로써 단기간에 성장할 수 있는 기회를 가지게 된다.

❷ 운영점포 수에 따른 프랜차이즈 형태

프랜차이즈의 운영점포 수에 따라 점포 하나만을 운영하는 단일점포 프랜차이즈(Single-unit Franchise)와 점포를 여러 개 운영하는 다점포 프랜차이즈(Multi-unit Franchise)로 구분할 수 있다.

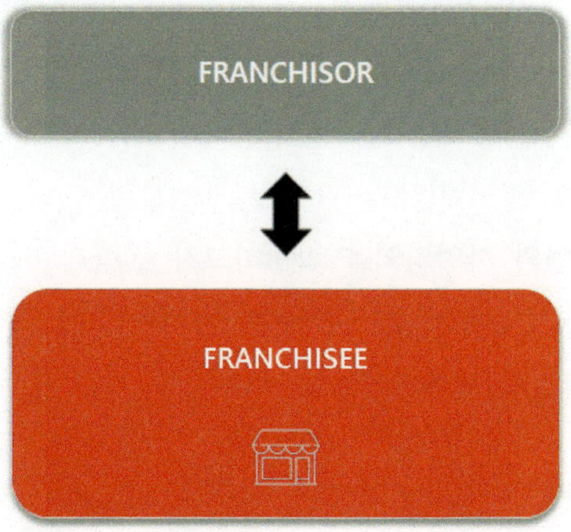

▲ 단일점포 프랜차이즈

단일점포 프랜차이즈

단일점포 프랜차이즈는 역사적으로 가장 오래된 프랜차이즈의 일반적 형태이다. 본사는 가맹점에게 프랜차이즈를 계획하고 운영할 수 있는 권한 및 의무를 부여한다. 가맹점은 자신의 자본을 투자하고 가맹본사의 경영노하우를 전수받을 수 있다.

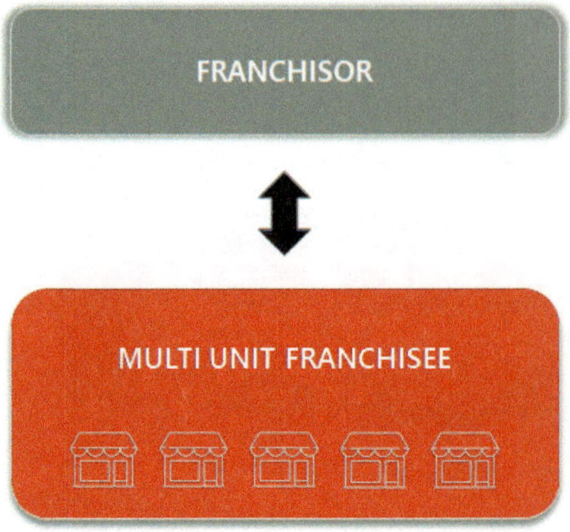

▲ 다점포 프랜차이즈

다점포 프랜차이즈

가맹본사는 한 개 이상의 가맹점을 수립하고 운영할 수 있는 권한과 의무를 부여한다. 다점포 프랜차이즈는 크게 두 가지로 구분할 수 있다.

첫째, 가맹본사가 한 개 이상의 가맹점을 수립하고 운영할 권리와 의무를 한 기업이나 사업자에게 부여하는 경우이다. 몇 년 동안 하나의 프랜차이즈 점포를 성공적으로 운영해 온 영업능력이 우수한 가맹점주에게 본사와 직접 계약하여 다른 지점에 동일한 프랜차이즈를 더 운영하도록 한 것이다.

둘째, 프랜차이즈 기업의 사업영역을 확장하고자 전략적 다점포 프랜차이즈 계약을 체결하여 특정기간, 특정지역에서 계약된 개수만큼의 점포를 개설하는 경우이다. 다점포 프랜차이즈 가맹점은 다점포 프랜차이즈를 개발할 수 있는 재무적·관리적 역량을 갖추고 있어야 한다.

❸ 다점포 프랜차이즈의 형태

다점포 프랜차이즈 형태는 크게 지역 프랜차이즈(Regional Franchise)와 마스터 프랜차이즈(Master Franchise)로 구분할 수 있다.

○ 지역 프랜차이즈

지역 프랜차이즈는 다점포 프랜차이즈와 유사하다. 가맹본사는 사업자와 같은 지역개발자(Area Developer)에게 특정 지역 내에서 한 개 이상의 가맹점을 수립하고 운영할 수 있는 권한과 의무를 부여한다.

지역개발자는 본사로부터 교육훈련을 받고 지원을 받은 후에 계약기간 내에 그 지역에서 계약된 수만큼의 가맹점을 오픈하는 것에 동의하고 계약을 한다. 통상적으로 가맹본사는 시스템 내에서 전반적인 통제와 관리는 유지하되 가맹점주를 모집하지는 않는다.

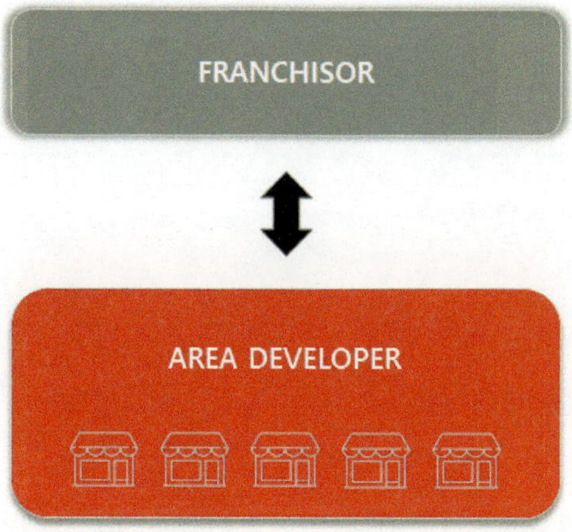

▲ 지역 프랜차이즈

○ 마스터 프랜차이즈

마스터 프랜차이즈는 가맹 사업자인 본사가 해외에 직접 진출하는 대신 진출 국가의 파트너와 계약해 가맹 희망자에게 일정 지역 내에서 가맹 사업 운영권을 판매하는 방식을 의미한다. 특별한 투자비용을 들이지 않고 지속적인 로열티 수입을 기대할 수 있다. 현지 법률, 시장동향, 상권분석 등에 대한 의사결정 부담도 적어 다국적 프랜차이즈 기업 확장의 주요 방법으로 사용되고 있다.

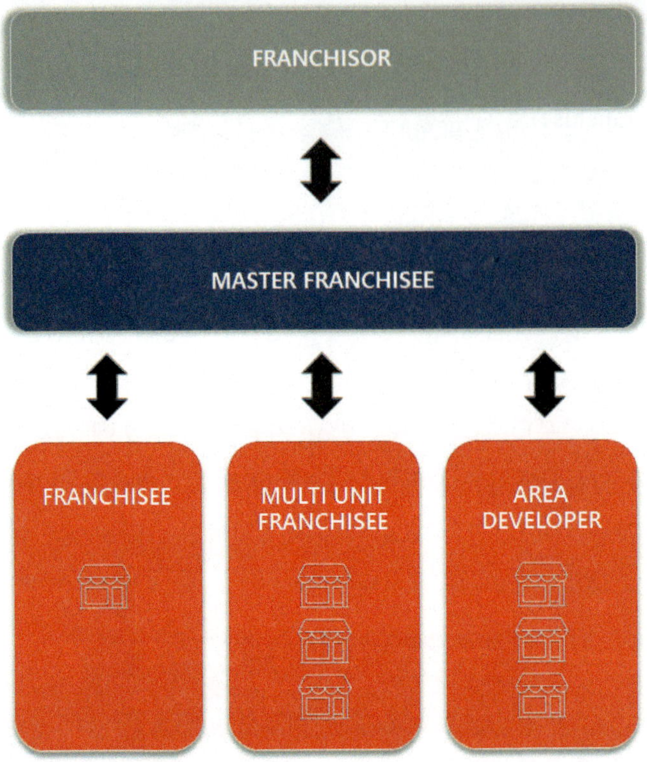

▲ 마스터 프랜차이즈

마스터 프랜차이즈로 진출하는 해외 매장의 고객 서비스, 상품의 품질 및 브랜드 이미지 등은 파트너사의 역량에 달려있다. 따라서 본사 입장에서는 마스터 프랜차이즈가 절대적으로 유리한 해외진출 전략이라고는 할 수 없다. 따라서 초기에는 해당 국가에 본사가 직접 진출하고 이후 사업 안정기에 접어들어 마스터 프랜차이즈 방식으로 전환하기도 한다.

예를 들면, 치킨 브랜드 BBQ를 운영하는 제너시스 BBQ 그룹이 마스터 프랜차이즈의 대표적 성공사례이다. BBQ는 2003년 중국을 시작으로 현재 57개국의 현지기업과 마스터 프랜차이즈 계약을 통해 500여 매장을 운영하고 있다.

6) 프랜차이즈 사업을 위한 시스템 구축 프로세스

프랜차이즈 사업을 위한 시스템 구축은 프랜차이즈 사전준비와 시스템 구축, 프랜차이즈 본부 구축, 매뉴얼 작성 및 가맹점 개발의 순서로 이루어지며, 각 단계를 살펴보면 다음과 같다.

❶ 프랜차이즈 사전준비와 시스템 구축

프랜차이즈 사업 사전준비로는 프랜차이즈 성공요인 점검, 가맹점 개설을 위한 핵심 포인트 점검, 준비 책임자 선발, 프랜차이즈 사업의 비즈니스 컨셉개발 등이 있다. 다음 <표 3-4>는 프랜차이즈 사전준비 내용을 보여주고 있다.

표 3-4 프랜차이즈 사업 사전준비 체크리스트

구분	내용
프랜차이즈 성공요인 점검	· 프랜차이즈 성공요인(수익성, 점포개설의 용이성, 브랜드 인지도와 노하우, 인적자원 의존도, 사회적 유용성, 환경적 위험·비전·계약내용의 수준) · 지원체계의 확립 정도 · 고객위주의 의사결정체계와 신속한 의사결정 및 실행능력 · 핵심업무를 제외한 업무의 아웃소싱 체계
가맹점 개설 성공요인 점검	· 표준 상권과 입지에 위치한 모델점의 목표수익률 달성 · 명확한 컨셉의 수립과 성공가능성의 검증 · 가맹희망자에 대한 신속한 응대와 체계적인 계약프로세스 · 자금조달을 포함한 다양한 지원방법 · 목표 가맹점 사업자 프로파일 설정과 구체적인 개척방법
프랜차이즈 시스템 개발 책임자 선발	· 프랜차이즈 시스템과 관련 이론의 지식 및 경험을 갖춘 자 · CEO 및 조직원과 원활한 커뮤니케이션이 가능한 자 · 가맹본부, 가맹점, 고객을 모두 고려한 공정한 경영이념을 갖춘 자

프랜차이즈 사업을 하기 위해서는 업종과 점포의 비즈니스 컨셉이 명확하고 높은 가치를 지니고 있어야 한다. 즉, 판매가치가 있는지, 시스템이 가맹점에 적용가능한지, 가맹점을 희망하는 잠재사업자는 충분한지에 대한 검토가 필요하다.

다음 <표 3-5>는 프랜차이즈 컨셉개발을 보여주고 있다.

표 3-5 프랜차이즈 사업을 위한 컨셉개발

구 분	내 용
판매가치가 있는 시스템인가?	· 독립창업자가 개발할 수 있는 시스템보다 우월해야 함 · 경쟁자가 제공할 수 있는 차별화된 노하우가 있어야 함 · 브랜드 가치가 높아서 고객에게 호소할 수 있어야 함
시스템이 전달가능한가?	· 사업운영을 위한 절차와 규칙을 문서화 할 수 있어야 함 · 다양한 매장에서 상품과 서비스가 동일하게 판매될 수 있어야 함 · 경험이 없는 사람에게 단기간 가르칠 수 있어야 함
잠재 가맹점 사업자가 많은가?	· 투자비가 적고, 배우기 쉬우며, 잠재가맹점 수요가 커야 함 · 사업을 하기 위한 자금과 기술을 가진 사람이 많아야 함

출처 : Scott(2011)

❷ 프랜차이즈 시스템 구축

프랜차이즈 시스템은 가맹본부의 브랜드 정체성, 상품과 서비스의 판매방법, 가격, 가맹점 개점 및 운영, 마케팅, 직원교육과 관리, 사업과 관련된 모든 지식과 정보 등이 유기적으로 결합되어 성공적인 비즈니스를 할 수 있도록 만들어진 프로그램을 말한다.

프랜차이즈 시스템을 구축하기 위해서는 시범점포(Model Shop)을 개설하고 장기간에 걸친 운영을 통하여 단순화·표준화·전문화가 이루어져야 한다. 결과적으로, '특정 상권에서 특정 경영자가 운영하더라도 성공가능성이 높다'라는 확신을 가지고 있어야 한다.

<표 3-6>은 프랜차이즈 시스템의 구축 프로세스를 보여주고 있다.

❸ 프랜차이즈 가맹본부 구축

프랜차이즈 가맹사업을 본부를 구축해야 한다. 가맹본부의 구축은 일반적으로 사업계획, 기능과 조직검토, 물류체계 구축, 정보시스템 구축, 오픈지원 시스템 구축, 교육훈련체계 구축, 관리자 업무규정 순으로 이루어져야 한다.

<표 3-7>은 프랜차이즈 사업을 위한 가맹본부 구축 프로세스를 보여주고 있다.

표 3-6 프랜차이즈 시스템 구축 프로세스

구분	내용
시범점포의 자료분석과 점포 시스템의 표준화	· 시범점포 프랜차이즈 적합성 검토 · 운영체계 표준화(매출액기준) · 점포컨셉 설정 및 3S(전문화표준화단순화)
가맹사업의 경영이념 체계 수립	· 기존 경영이념의 적합성과 수정검토 · 가맹본부와 가맹점, 고객을 고려한 공동경영이념으로서의 적합성
목표고객과 상품, 서비스의 표준화	· STP 전략수립 및 목표고객에게 적합한 메뉴 및 가격대 설정 · 표준메뉴 및 상권별 특화메뉴 도입, 식재료 안정적 수급관리 방법 검토
마케팅전략의 표준화	· 7p 전략, 판매촉진 기법의 효용성, 표준화, 체계화 · 고객관계관리 시스템 구축 및 활용방안 검토
업종 노하우 준비	· 브랜드 노하우 명확화 및 표준화, 정착화 방안 검토 · 서비스 프로세스 정리 및 MOT 관계 체계수립 · 경쟁전략을 위한 노하우 정리
브랜드 정체성 구축	· 현재 사용 중인 상표, 로고, 슬로건 등의 디자인 관련 규정 정비 · 디자인 기본규정 검토와 설정 · 디자인 매뉴얼화 및 체계화
점포설계 및 인테리어 디자인 표준화	· 각종 인테리어 유형 설정과 조달경로 파악 · 점포 레이아웃과 간판의 표준화 검토 · 설계와 시공을 위한 매뉴얼 작성
상권과 입지선정 기준 수립 및 표준화	· 직영점포의 상권과 입지평가항목과 매출분석 · 상권과 입지평가항목을 설정하고 평가기준 작성 · 평가기준과 매출예측시스템 구축 · 평가항목과 조사방법 결정
시뮬레이션을 통한 사업타당성 분석	· 표준투자액 및 표준비용 설정 · 손익 및 투자수익률 시뮬레이션 · 표준자금조달방법 설정

표 3-7 프랜차이즈 사업을 위한 가맹본부 구축 프로세스

구분	내용	
가맹본부 사업계획	· 사업목표의 검토 및 설정 · 단기·중기·장기 경영계획수립	
가맹본부의 기능과 조직검토	· 필요한 기능 열거와 정리 · 기능에 대응한 조직 검토 및 정리	
물류체계 검토	· 원재료공급시스템 구축과 도입을 위한 조정 · 자재공급시스템 구축과 도입을 위한 조정 · 발주시스템 구축과 도입을 위한 조정	
정보시스템 구축	· 개념 및 용도 설계(POS, 경영지원 및 관리, CRM 등) · 시스템 개발 및 도입방법 선택(자체개발, 아웃소싱, ASP 중 택일) · 테스트 및 정식도입	
오픈지원 시스템 구축	· 점포개업업무 현황파악 및 흐름도 작성 · 점포개발업무 표준화와 담당자 설정 · 오프닝 시스템 작성	
교육훈련체계 구축	· 개업 전 연수 커리큘럼 작성 · 교육 대상자 검토와 실시요령 작성 · 테스트 실시	
슈퍼바이저 업무규정	일반	· 슈퍼바이저 부분 조직관련 규정 검토 · 점포지도규정 및 업무표준규정 검토
	가맹점	· 본부이념 및 본부운영지원 업무 · 경영관리 데이터 수집과 작성지원 · 계약의 엄수와 체크, 불만처리 업무
	가맹본부	· 업무연락, 보고의 방법과 회수 등의 규정 · 고객관련정보 수집과 보고 규정 · 경쟁점 정보수집업무 규정 · 대상자 가격의 검토와 규정 · 본부와 가맹점 업무분담 정리 · 슈퍼바이저 매뉴얼 작성

④ 양식·매뉴얼 작성 및 가맹점 개발

○ 양식·매뉴얼 작성

프랜차이즈 사업은 매뉴얼 사업이라 할 수 있다. 예를 들면, 가맹계약서, 정보공개서, 매뉴얼, 회사양식 등이 대표적이다.

다음 <표 3-8>은 각종양식 및 매뉴얼 개발 프로세스를 보여주고 있다.

표 3-8 각종 양식 · 매뉴얼 개발 프로세스

구분	내용
프랜차이즈 의무와 기능	· 보고관련업무의 내용과 방법 규정 · 비용관련 대 본부시스템 운영방법 규정 · 기타 운영에 관한 의무와 기능 정의 규정
계약서 및 정보 공개서 작성	· 가맹금, 보증금, 로열티 등의 비용관련 기준 설정 · 계약서 시안, 계약서 항목 검토 및 확인 · 계약서 및 정보공개서 작성
각종 매뉴얼 작성 (가맹본부용)	· 경영매뉴얼 · 정보시스템관리 매뉴얼 · 마케팅 매뉴얼(경쟁사 파악) · 점포개발 및 계약직원 매뉴얼 · 슈퍼바이징, 교육훈련 매뉴얼 · 구매 · 물류 매뉴얼 · 부진점포 매뉴얼
각종 매뉴얼 작성 (가맹점용)	· 경영이념, 가맹점 사업자의 역할 · 점장업무 매뉴얼 · 인사·근무 매뉴얼 · 마케팅 매뉴얼 · 직원 및 아르바이트 매뉴얼(주방, 홀) · 사무처리 매뉴얼

○ 가맹점 개발

가맹점을 개발한다는 것은 가맹점 개발용 도구(회사안내서, 팜플릿, 비디오, 인사문서 등)를 준비한 후, 가맹점 개발방법을 검토하여 계획서를 작성하는 과정을 의미한다. 가맹점 개발 순서는 첫째, 가맹점 개발용 도구의 준비, 둘째, 가맹점 개발방법의 검토와 계획의 순으로 구성된다.

다음 <표 3-9>는 가맹점 개발 프로세스를 보여주고 있다.

표 3-9 가맹점 개발 프로세스

구분	내용
가맹점 개발용 도구준비	· 각종 도구 기재내용 검토 · 각종 도구 작성(회사 안내서, 팜플릿, 비디오, 인사문서 등)
가맹점 개발방법 검토와 계획준비	· 지역별 개발계획 검토, 입안 · 개발방법 검토, 결정 · 설명회 개최요령의 검토 · 개발 매뉴얼 작성 · 활동계획 수립

03. 위탁경영 방식

위탁경영 방식은 소유주와 본사가 일정 퍼센트를 투자하고, 모든 경영은 본사에서 직영으로 관리하되 수익 역시 일정 퍼센트대로 창업주와 나누어 갖는 방식이다.

소유와 경영이 분리된 경영방식의 하나로 소유주는 외식업체에 필요한 건물, 시설, 집기, 운영자금을 제공하고, 외식체인 본부는 업소경영에 필요한 권한을 소유주로부터 위임을 받아 경영을 한다.

법적으로는 외식 체인본부에서 파견된 직원이 소유주에게 고용되어 레스토랑을 위탁경영하는 대리인의 입장이기 때문에 경영 시 발생하는 문제 중 고의성이 있는 것을 제외하고는 소유주가 모든 것을 책임진다.

위탁경영의 장점은 경험이 부족하거나 자질 준비가 되지 않은 창업주가 받는 리스크가 현저히 줄어들면서 경영 수업이 가능하다는 점이 있으며, 직영점 형식이기 때문에 본사 입장에서도 해당 매장에 더욱 신경을 쓴다는 것이다. 또한 위탁경영을 통해 일정기간 자금을 확보한 점주가 충분한 경영수업 후 자신의 매장으로 전환이 가능하다는 점 등이 예비창업자 분들에게 크나큰 장점이 될 수 있다.

1) 외식체인기업에 유리한 측면

❶ 높은 수익발생과 재무위험 회피

위탁경영에서 발생하는 수익은 프랜차이즈 계약조건 하에서 발생하는 수익보다 일반적으로 높은 편이다. 위탁경영과 관련한 비용은 총매출액의 일정비율이며, 경영성과급 등이 있다. 대부분의 경우, 직접투자를 하지 않고 있으며, 투자를 하는 경우도 적은 비율이기 때문에 재무적으로 문제발생이 적은 편이다.

❷ 경영권 장악

외식체인기업은 직접 지사에 직원을 파견하여 영업부문, 인사, 구매, 판매 등에 이르기까지 모든 권한을 가지고 자기소유의 레스토랑처럼 운영하기 때문에 자사의 경영방침을 그대로 적용함으로써 일정수준의 경영권을 유지할 수 있다.

2) 외식체인기업에 불리한 측면

❶ 소유주와의 분쟁

경영권이 없는 소유주는 경영실태를 하나하나 감시하며 외식체인본부가 실책을 범하였을 때 그 책임에 대하여 법적분쟁이 유발될 수 있다.

❷ 소유주의 운영자금 의존도 높음

외식체인기업의 경영자금이 부족할 때 소유주로부터 운영자금을 지원받아야 하기 때문에 소신 있고 과감한 경영을 할 수 없다.

3) 소유주에게 유리한 측면

❶ 경영노하우의 전수용이

외식체인본부가 가지고 있는 모든 경영노하우와 기존 시스템을 외식체인기업 소유자는 쉽게 얻을 수 있다.

❷ 유능한 인력활용 가능

외식체인본부에서 파견한 직원의 전문성과 경험 있고 유능한 직원들이 직접 경영에 참여시킴으로써 경영성과를 극대화시킬 수 있다.

3) 소유주에게 불리한 측면

❶ 직접 경영참여 불가능

소유주는 계약에 의해 외식체인기업의 모든 경영권을 외식체인본부에 위임하였기 때문에 계약만료 시까지 직접 참여를 할 수가 없으며, 일정기간 단위로 재무에 대해서만 보고를 받는다.

❷ 위탁경영비용 과다지불

영업부진으로 인한 손해를 볼 때라도 총매출액의 일정비율을 지불해야 하고 외식체인기업 경영진 대부분이 외식체인본부 소속 직원이기 때문에 많은 인건비 지출이 수반된다.

다음 <표 3-10>은 외식업체가 위탁경영을 체결할 시 확인해야 할 체크포인트를 보여주고 있다.

표 3-10 외식업 위탁경영 시 체크포인트

위탁경영 시 확인사항
· 가맹본부의 재무건전성을 확인해야 함
· 기존 위탁경영 매장의 성공사례를 확인해야 함
· 아이템 자체가 성장가능성이 있는 업종·업태를 선정해야 함
· 본사로부터 운영전략 기획서를 받아야 함
· 경영에 대한 커뮤니케이션 방식이 투명한지를 점검해야 함
· 분쟁상황 예방을 위해 모든 일에 서면 등의 근거를 남겨야 함

출처: 프랜차이즈 위탁경영(2011)

03 SECTION

단체급식경영

01. 단체급식경영의 개념

단체급식경영은 표준산업분류에서 기관 내 구내식당업으로 분류되는 외식시장이라고 할 수 있다. 즉, 단체급식의 일반적 정의를 살펴보면, 학교, 병원, 사업체, 사회복지시설, 군대 등의 조직에서 영리를 목적으로 하지 않고, 특정 다수인을 대상으로 지속적으로 음식을 공급하는 것을 말한다.

일반적으로, 외식기업이 고객만족을 통한 영리추구를 기업의 경영목표라고 가정할 때, 단체급식 사업체를 운영하는 학교, 기업, 병원 등은 해당기관들에서 일하는 구성원 및 방문객들에게 편의를 제공하기 위한 목적으로 식사공간을 마련하여 음식을 판매하는 것을 목표로 한다.

<표 3-11>은 단체급식과 일반외식기업 간 차이를 보여주고 있다.

표 3-11 단체급식과 일반외식

구분	단체급식 (Institutional Foodservice)	일반외식 (Commercial Foodservice)
장소	· 조직 내 건물 내부	· 일반 시중
분류	· 학교, 병원, 사업체, 사회복지시설 등	· 일반 및 패밀리레스토랑, 연회장
서비스 형태	· 셀프서비스, 트레이(Tray) 서비스	· 셀프서비스, 테이블서비스
조직	· 점장(영양사 또는 조리사), 조리직원	· 점장(지배인), 조리 및 서비스 직원
메뉴형태	· 주기메뉴 및 변동메뉴	· 고정메뉴
메뉴구성	· 영양기준을 중요시 함	· 원가감소나 판매증진을 중요시 함
고객	· 조직 내 종사원, 환자, 학생, 군인 등	· 일반고객
재정	· 조직이나 정부의 보조를 받기도 함	· 경영주 조달, 음식판매 이익금

02. 단체급식의 경영형태

단체급식은 운영주체에 따라 직영급식경영과 위탁급식경영으로 구분할 수 있다.

1) 직영급식경영과 위탁급식경영

❶ 직영급식경영

직영급식경영은 동일한 목표달성을 위해 구성되어 있는 조직에 속한 하위체계, 시설과, 장소 및 운영자금 지원과 인적자원 채용에 이르기까지 특정 조직의 규정과 절차를 준수한다. 즉, 급식업체에 필요한 기기 및 식자재 등의 모든 구매절차는 특정 조직의 구매팀을 통하여 이루어진다.

급식책임자는 대부분이 영양사이며, 수익성에 대한 부담감이 없다. 즉, 수익성을 추구하지 않기 때문에 정해진 예산에 따라 식단을 운영하는 예산경영을 하게 된다.

예를 들면, 초등학교와 같은 기관에서 학생들의 특성을 알고 기호에 맞는 메뉴를 계획하며, 이에 적합한 식사와 서비스를 제공하게 된다면 학생들은 편안한 식사를 할 수 있다.

❷ 위탁급식경영

위탁급식경영은 기관 내의 급식운영 및 관리업무 전체 또는 일부를 외부 위탁급식업체에 의뢰하는 형태를 말한다.

위탁급식업체는(Contracted Foodservice)는 일반적으로 기업형으로 운영되는 조직이다. 위탁급식경영을 통한 기대효과는 다음과 같다.

○ 재정적 측면

급식예산을 보장받을 수 있고, 원가절감을 가져올 수 있으며, 자본투자유치가 가능하다.

○ 인적자원관리 측면

유능한 관리자를 활용하고, 인건비를 절감할 수 있으며, 직원들의 교육훈련 및 개발과 관련하여 프로그램의 선진화를 기대할 수 있다.

○ 급식운영 측면

서비스 불만을 상쇄시킬 수 있으며, 위생관리통제를 강화할 수 있다.

○ 감독 측면 및 설비 측면

경영진의 급식업무 관리 부담을 감소시킬 수 있고, 급식관리자의 업무수행을 개선시킬 수 있다. 또한 낙후된 시설 및 설비를 개선할 수 있으며, 보수 및 수리를 위한 자본금 부족을 해결할 수 있다.

다음 <그림 3-7>은 국내 위탁급식업체 Top 6를 보여주고 있다. 삼성 웰스토리가 22%로 점유율 1위를 차지하고 있다. 시장규모가 약 5조원으로 추정했을 때, 유일하게 매출이 1조원대를 기록하고 있다는 것을 알 수 있다. 다음으로, 아워홈 16%, 현대그린푸드 14%, 한화호텔&리조트 7%, CJ 프레시웨이 6%, 신세계푸드 5% 순으로 대기업 6곳이 전체 점유율의 70%을 차지하고 있음을 알 수 있다. 그리고 나머지 30%는 5개의 중견기업과 4,500여개의 군소기업이 나누어 가지고 있다.

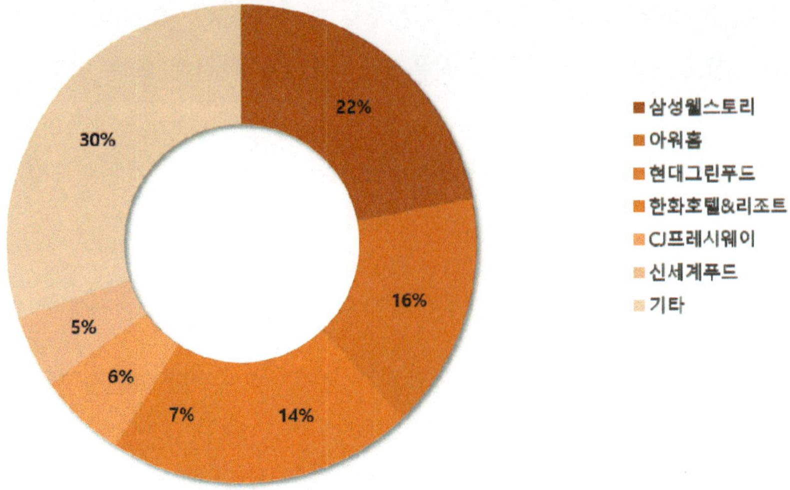

출처 : ㈜한국콘텐츠미디어 블로그(2019)

그림 3-7 위탁급식 시장점유율(단위: %)

표 3-12 직영급식경영과 위탁급식경영

구분	직영급식경영	위탁급식경영
경제성	· 소량구매로 식재료비 구매단가 상승 · 메뉴제공 단순 · 노동생산성 및 기기효율성이 낮음 · 단위식당 운영으로 비용 상승	· 대량계획구매, 식자재구입비용 절감 · 다양한 메뉴관리, 집중관리로 비용절감 · 탄력적 경영가능 · 가격의 계절변동이 적음
노무관리	· 노무비가 높아 안정성은 있으나, 신규기술 습득이 어려워 효율성 저하 · 특수기능자인 조리인 관리에 어려움	· 주기적 교육으로 인해 위탁급식 전문인 양성 지점 간 정기적 전환배치 가능 · 지점 간 전환배치로 기술향상 가능
운 영	· 외부단절로 급식관련 정보수집 늦음 · 전문성과 계획성 결여 · 동일조직체로서 고객서비스 정신 부족	· 정보수집능력 탁월 · 인재, 노하우, 시설 등 완비 · 고객과의 신뢰관계에서도 적극 대처 · HACCP 상시 구축 · 기업경영으로서 적극추진
건 강	· 메뉴편성 및 이용자별 영양진단 식단 구성을 위한 자료의 한계성	· 영양균형을 위한 메뉴관리 · 수탁사 메뉴개선팀의 영양진단
서비스	· 전문요리의 경험자가 적어 서비스 제공의 어려움 · 고정설비로 서비스 대응능력 부족	· 전문요리 및 서비스 제공가능 · 동설비보유로 서비스 대응능력 높음

03. 단체급식 시스템의 유형

단체급식경영은 급식체계를 생산과정의 흐름에 따라 전통적 급식체계, 중앙공급식 급식체계, 예비저장식 급식체계, 조합식 급식체계로 구분할 수 있다.

1) 전통적 급식체계

전통적 급식체계(Conventional Foodservice System)는 가장 오래된 형태로, 재료식품을 구입, 조리, 배식에 이르기까지 모든 음식준비가 한 주방에서 이루어진다. 즉, 같은 장소에서 동일한 피급식자에게 배식을 하는 것이다.

전통적 급식체계의 장점은 음식재료를 구입한 후, 조리 직후 배식하는 형태로, 생산과 배식이 한 곳에서 이루어지므로 배달비용을 최소화시킬 수 있다. 그러나, 식품구입에서 배식이 한 곳에서 이루어지기 때문에 이에 필요한 급식시설, 설비가 필요하므로 시설투자비가 많이 소요된다는 단점이 있다.

2) 중앙공급식 급식체계

중앙공급식 급식체계(Commissary Foodservice System)는 음식의 생산과정과 시설을 중앙집중화시킴으로써, 노동력과 경비의 절감을 가져올 수 있다. 또한 지역적으로 인접한 여러개의 급식소에서 소비되는 음식을 공동조리장에서 준비하고 각 위성 급식체로 운반하는 형태를 띠고 있다.

장점은 식품구입에서부터 생산이 중앙집중적으로 이루어진다. 즉, 노동력, 식재료의 대량구입으로 인한 식재료비의 절감을 가져올 수 있다. 그러나, 음식이 조리되고 운반과정을 거친 후에 배식이 이루어지기 때문에 운반에 따른 음식의 안정성에 관한 위험이 높다는 단점을 지니고 있다.

3) 예비저장식 급식체계

예비저장식 급식체계(Ready Prepared Foodservice System)는 인건비 상승 및 숙련된 조리사의 부족으로 인해 발전된 형태이다. 생산된 음식은 추후에 배식이 이루어지기 때문에 냉장 혹은 냉동으로 일단 저장을 한다.

예비저장식 급식체계는 크게 냉동저장식 급식시스템, 냉장저장 급식시스템, 수-비(Sous-Vide)의 세 가지 형태로 구분할 수 있다.

전통적 급식제도와의 차이점은 음식의 조리과정과 소비가 시간적으로 연속적이지 않다는 것이다.

장점은 인건비 감소를 들 수 있으며, 보온보관 단계 없이 배식 직전에 재가열되므로 장시간 고온에서 음식을 보관하는 것 보다 음식의 질이 향상된다. 그러나, 냉장, 냉동 및 재가열 과정에서 발생할 수 있는 질의 변화에 관한 연구를 통해 우수한 질의 급식을 위한 관리기준이 마련되어야 한다는 단점이 있다.

4) 조합식 급식체계

조합식 급식체계(Assembly/Serve Foodservice System)는 식품제조 업체나 가공업체로부터 완전히 조리되어 상품화된 음식을 구입하여 제공하는 형태를 말한다. 조합식 급식제도는 노동비용을 절감하기 위해 식품을 조리하는 것과 식사를 위한 분배과정을 완전히 분리시킴으로써 관리에 요하는 노동력을 최소한으로 줄이는데 목적을 두고 있다.

장점은 노동과 시간절약 관리비가 적게 들고, 음식의 분량통제가 철저하여 낭비가 거의 없다. 단점은 상품화된 편의식품 구입으로 타 급식제도에 비해 식재료비가 증가한다는 것이다.

04. 단체급식 고객유형

1) 산업체 급식

산업체 급식위탁률은 63% 정도로 대규모 공장, 유통업체, 기업체 사무실 등의 구성원들이 주요 고객층이며, 건강한 성인들로 구성된다. 단체급식시장 중 산업체 급식 시장이 가장 크다고 할 수 있다. 그러나, 대부분이 성인이기 때문에 고급화된 음식을 선호하는 경향이 있어 전문성 있는 메뉴개발과 다양한 이벤트가 요구되고 있는 실정이다.

최근 이미지, 급식품질개선을 위해 고객만족경영, HACCP 도입, ISO 품질인증 등의 다양한 방법을 모색하고 있다.

- 시장포화로 업체 간 경쟁이 치열
- 비교적 고단가로 구성되며, 위생안전 환경이 양호함

소득증가에 따른 가처분의 소득증가로 소비재뿐만 아니라 외식이 급속도로 증가하게 되고, 시장경제의 글로벌화로 인해 대기업의 외식산업 진출이 적극적으로 이루어지게 되었다. 또한 노동시간의 감소로 인한 여가시간의 확대, 소비시장의 세분화 및 다양화로 인해 점심 및 저녁 위주에서 새벽, 야식, 평일에도 외식이 다양화되고 세분화되고 있다.

2) 병원 급식

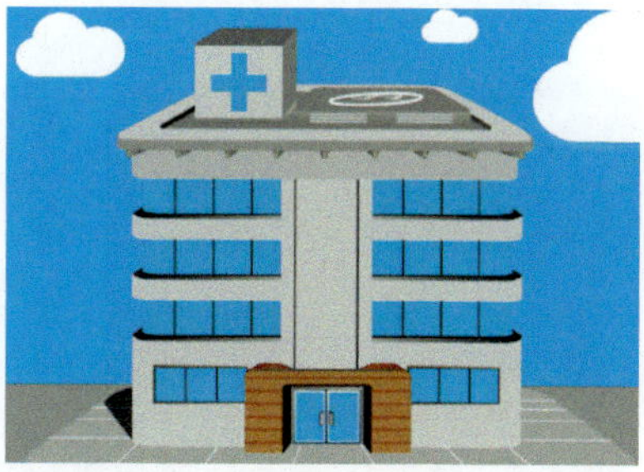

병원급식은 연령대, 환자별 질병종류와 상태를 고려하여 맞춤식 치료식을 제공한다. 즉, 치료식을 위한 전문인력이 필요하고 환자의 질병을 고려해야 하기 때문에 상당히 까다로운 시장일 수 있다. 병원급식은 직영보다는 위탁급식으로 운영하는 곳이 대부분이다.

- 병원도산율, 직종 간 갈등심화, 노동조합 갈등문제
- 생산성 낮음, 인건비부담, 기기, 작업관리의 세심한 주의, 안전한 식사

3) 학교 급식

학교급식은 가장 까다로운 고객이라 할 수 있다. 학생들의 면역력 및 저항력을 고려해야 하기 때문에 위생관리에 철저한 관리감독이 필요하다. 초·중·고 학생들을 위한 학교급식은 영양을 고려한 식사를 제공해주며, 학생들의 건강을 증진시키고, 편식하지 않는 올바른 식사습관과 영양교육, 식생활관리 등을 위해 운영이 되고 있다.

한편, 대학교는 대학생, 교직원 및 방문자가 주 고객이 되며, 방학이 장기간이라 적자 운영을 겪기도 한다. 또한 대학교 내부에 있는 타 프랜차이즈 기업, 대학교 주변의 일반 외식업체들로 인해 대학교 급식업체의 경쟁은 치열하다 할 수 있다.

초등학교

- 법규상 직영체제, 사립초등학교 위주로 일부 위탁운영
- 학부모 요구사항이 많으며, 면역력이 약한 학생들로 인해 위생사고에 민감함

중고등학교

- 학생 수 감소, 직영화가 대부분임
- 저단가 고투자
- 학부모 운영위원회의 고품질 식사요구

대학교

- 매출은 높으나, 저 단가 및 영업일수 부족, 식수미달 등의 어려움
- 학교 및 학생들의 요구조건이 많음

CHAPTER 04

외식사업 창업

학습목표

01. 외식사업 창업의 개념, 핵심요소 및 최근 동향을 확인한다.

02. 외식사업 창업환경과 고려요인을 이해한다.

03. 외식사업 창업유형(신축, 매입, 프랜차이즈, 전문관리자)과 독립경영과 프랜차이즈 창업의 위험요인을 확인한다.

04. 외식사업 창업 주요절차 및 사업계획서를 이해한다.

도입 사례

외식업체 개인 창업에 대하여...

매년 19만 여개의 새로운 식당들이 문을 연다. 매년 새로운 반짝 아이템들이 창업 시장을 휩쓸고 지나가고 그 자리엔 폐업의 흔적들이 남는데도 조금만 인기가 있으면 너도나도 유행 아이템을 좇아 창업한다. 2019년엔 '마라탕' 전문점이 전국을 강타하더니 지금은 또 짙은 폐업의 그림자가 드리우고 있다.

어떤 업종을 선택해 문을 열 것인가를 치밀하게 예측하기 위해서는 지난 몇 년간의 소비자 데이터 즉, 외식소비 행태에 대한 수치를 파악해 보는 것이 중요하다. 향후 어떤 트렌드로 외식업이 전개될 것인가를 알려주는 전문가들의 진단도 눈여겨봐야 한다.

2015년부터 2019년까지 지난 5년간 국내 외식소비 형태를 살펴보자. 고객이 방문해서 식사할 때는 한식이 60%, 중식과 패스트푸드가 각각 6%를 차지하고 있다. 따라서 대다수의 고객이 이용하는 한식 업종이 그나마 덜 위험하다는 것을 가늠해 볼 수 있다.

지난 5년간 국내 외식시장의 주요 트렌드는 혼밥·혼술족의 증가, 고급스러운 음식을 신속하게 즐기고자 하는 패스트프리미엄 시장 등장, 가정에서 편리하게 요리해 먹을 수 있는 가정대용식(HMR) 식품 급증, 앱을 통해 다양한 메뉴를 선택해 편리하게 먹을 수 있는 푸드플랫폼 시장의 급성장, 빵 순례를 하며 전국을 유랑하는 등 미각을 찾아 나만의 경험을 즐기고자 하는 미각 노마드 족의 급성장 등을 들 수 있다.

이처럼 소비자의 외식 트렌드는 시시각각 변하고, 변화에 맞게 신메뉴가 개발되고 신사업이 떴다가 사라지는 현상은 반복된다. 소비자의 외식소비형태의 데이터 못지않게 향후 어떤 트렌드로 소비자가 외식을 선택해 나갈 것인가를 예측하지 않고서는 치열한 정글의 늪에서 살아남을 수 없다.

농림축산식품부 주관으로 양재동 서울 AT 센터에서는 2020년 떠오르는 외식경향 발표가 있었다. 2020년 외식경향 핵심 키워드로 그린 오션(Green Ocean) 시장의 부각, 바이 미 포 미(Buy me-For me) 소비경향, 멀티 스트리밍(Multi Streaming) 소비, 편리미엄 외식의 확대를 선정했다.

그린오션은 채식전문 식당인 비건(Vegan)레스토랑, 식물성 고기메뉴, 일회용 플라스틱 제품의 근절 등 친환경 요소로 가치를 부여해 새로운 부가가치를 창출하고자 하는 시장을 의미한다.

Buy me-For me는 나만의 개성 있는 만족과 즐거운 경험을 중요시하는 밀레니얼 세대를 중심으로 퍼지고 있는 나를 위한 소비 경향을 말한다. 이 세대는 내가 사고자 하는 제품 혹은 식당이 다소 비싸더라도 자신의 감성적인 욕구를 충족시켜 줄 수 있다면 과감히 선택하는 속성을 가지고 있기 때문에 이들을 겨냥한 한정 메뉴의 개발 등을 접목해 볼 수 있다.

멀티 스트리밍 소비형태는 유튜브, 인스타그램, 페이스북 등 다양한 사회관계망 채널을 통해 외식소비 감성을 자극하고 유도하는 콘텐츠 중심 마케팅 활동을 의미한다. 스마트폰이 대중화된 이후 매년 급신장하고 있고, 외식업계에서도 이를 적극적으로 활용해 젊은 층 고객 확보에 주력하고 있다.

편리미엄은 현재 27%를 넘어서고 있는 1인 가구를 겨냥한 편리함과 프리미엄을 함께 추구하는 현대 사회의 소비성향을 말한다. 가정대용식 상품의 고급화, 프리미엄 음식 포장과 배달메뉴의 개발, 집에서 와인과 함께 고급 레스토랑의 분위기를 느끼며 한 끼 식사를 즐길 수 있는 프리미엄 밀 키트(Meal kit) 제품의 등장 등이 예상된다.

이제까지 고객의 접근성이 높은 좋은 입지에 제대로 된 투자를 해 고객을 유치하던 외식시장은 편리함과 가치를 추구하는 밀레니얼 세대의 등장으로 점차 사라지고, 적은 투자로 가심비 높은 메뉴를 개성 있게 제공하는 외식공간이 그 자리를 차지하게 될 것이다.

출처: Pixabay

출처: 중앙일보. '편리미엄'이 대세…2020 외식업 창업자가 주목할 키워드

01 S·E·C·T·I·O·N

외식사업 창업의 개념, 핵심요소 및 최근 동향

다수의 사람들은 외식사업 창업을 위해 미래를 설계하기도 하고, 또 실제로 많은 사람들이 창업과 폐업을 동시에 경험하기도 한다. 외식사업은 일반적으로 진입장벽이 낮은 것으로 인지되어 소자본으로 철저한 계획 없이 시도한다.

외식사업 창업을 한다는 것은 돈을 벌 수 있는 구조를 만들어가는 것이다. 따라서 수익을 창출할 수 있는 아이템 선정이 매우 중요하다고 할 수 있다. 한 번 선정된 창업 아이템은 쉽게 되돌릴 수 없기 때문에 창업자 및 구성원들의 생존을 좌우하는 요인이 될 수 있으므로 신중을 기해야 한다. 또한 외식사업은 트렌드 사업으로 고객에 대한 변화와 욕구를 충분히 반영해야 한다.

01. 창업의 개념

창업은 새로운 아이디어를 가진 창업자가 영리를 목적으로 개인이나 법인회사를 만들어 사업활동을 시작하는 일이라고 정의를 내릴 수 있다. 예를 들면, 기술기반의 벤처기업, 지식과 전문성을 기반으로 하는 1인 창조기업, 주로 생계를 위해 시작하는 외식업,

소매업, 유통업 등이 전형적인 창업의 유형이라 할 수 있다.

창업은 창업자 개인뿐만 아니라 사회적, 국가적 차원에서 다음과 같은 의미를 지니고 있다.

1) 개인적 차원

창업은 창업자에게 생활수단의 근원이 되고, 성공할 경우 경제적 부를 가져다 줄 수 있다. 그러나, 실패할 경우, 많은 경제적 손실뿐만 아니라 심할 경우 가정파탄까지 이어지므로 창업 시 신중한 결정이 요구된다.

2) 사회적 차원

창업을 통해서 다양한 제품과 서비스가 개발되기 때문에 사회가 풍족해지고 고용창출, 생산활동이 증가되어 사회적 안정에 기여할 수 있다.

반면, 창업자들이 창업에 실패할 경우, 개인 및 가정경제의 파산과 같은 사회적 문제들이 발생하기도 한다.

3) 국가적 차원

창업이 활성화되면 일자리 창출 및 세수 증가로 국가발전과 안정에 기여하고 신기술 기반의 기업들로 인해 국가 경쟁력이 크게 향상된다. 삼성, 현대와 같은 세계적인 기업들도 창업기업들로 시작해서 현재 국가경제 발전에 크게 기여하고 있다.

반면, 창업에 실패할 경우, 실업률이 증가하고 국가 경쟁력이 약화될 수 있다.

02. 창업의 핵심요소

많은 사람들이 사업을 시작하는 것이 어렵다고 생각한다. 왜냐하면, 많은 기업가들이 특정 유형의 사람만 비즈니스를 성공하는 것처럼 인식하기 때문이다. 그러나, 현실적으로는 창업자의 능력, 창업 아이템, 창업전략과 계획, 창업자금이 있기 때문에 창업에 도전하는 것이 가능하다.

1) 창업자의 능력

창업에 성공하기 위해서는 새로운 사업 기회를 찾아내고, 창업을 추진하는 주체인 창업자의 능력이 절대적으로 중요하다. 따라서 창업자는 창업하고자 열정과 노력, 전문성과 지식, 경험 등을 갖추어야 한다.

2) 창업 아이템

창업의 성공을 위해서는 우수하고 매력적인 창업 아이템이 매우 중요하다. 창업 아이템은 시장성, 기술성 및 독창성을 모두 갖추고 있어야 한다.

3) 창업전략과 계획

창업하고자 하는 창업아이템을 구체화하고, 사업화하는데 필요한 구체적이고 합리적인 창업전략과 사업계획이 필요하다. 또한 제품과 서비스의 개발, 생산 및 판매, 자금조달, 직원관리와 같은 창업계획을 수립해야 한다.

4) 창업자금

창업을 시작하고, 기업을 운영하기 위한 자금이 필요하다. 자기자본, 정부지원자금, 투자유치, 외부차입자금과 같은 다양한 형태로 자금을 조달해야 한다.

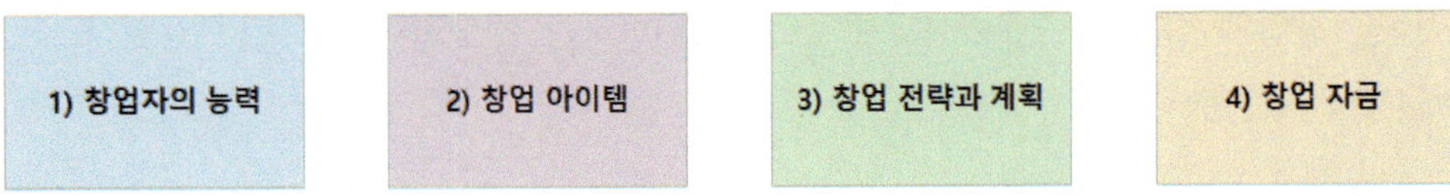

그림 4-1 창업의 핵심요소

03. 창업의 최근 동향

최근, 창업은 경제 및 사회발전의 견인차 역할을 할 뿐만 아니라 취업난 해소 등의 측면에서 더욱 더 중요해지고 있다.

1) 청년 실업난 해소의 대안

2009년 이후 경제 위기, 일자리 감소 등의 이유로 인해 취업난이 가중됨에 따라 창업이 청년실업의 중요한 대안으로 떠오르고 있다. 정부도 청년실업률을 해소하기 위한 대안으로서 청년창업 활성화 정책을 적극적으로 추진하고 있다.

2) 제 2의 일자리 창출의 대안

조기퇴직으로 정년의 개념이 사라지고 인간수명이 늘어남에 따라 노후대책으로서 창업이 중요해 지고 있다. 창업이 활성화되면 일자리를 창출해서 고용을 확대할 수 있기 때문에 사회적 안정을 추구할 수 있다.

3) 창업기회의 다양화

ICT의 발전, 스마트폰과 SNS 활성화, 사회 문화의 다양화 등으로 인해 창업기회가 증가하고 있고 정부와 지자체 및 대학이 제공하는 자금, 교육, 공간과 같은 다양한 지원 프로그램으로 일반인들과 대학생들의 창업 마인드가 높아지고 있다.

4) 국가경제 발전의 견인차

창업은 일자리 창출, 실업률 해소, 수출 등으로 국가경제의 발전에 기여할 수 있다. 나아가 기술기반의 창업기업들이 개발하는 혁신적인 신기술과 신제품은 국가의 과학발전에 기여할 수 있으며, 국가 위상제고에 도움이 되고 있다.

그림 4-2 창업의 중요성

02 S·E·C·T·I·O·N

외식사업의 창업환경과 고려사항

01. 외식사업 창업환경

1) 치열한 생존경쟁시대

예비창업자가 가장 선호하는 업종 및 업태는 외식사업으로 조사되고 있다.

외식업은 제도적으로 어느 누구나 쉽게 할 수 있는 업종이다. 또한 누구나 쉽게 창업할 수 있기 때문에 경쟁이 상대적으로 치열하다고 할 수 있다.

2) 맛, 서비스, 청결·분위기, 개성 및 차별화 전략

고객만족을 극대화시키는 것은 맛, 서비스 및 청결함에 분위기, 개성 및 차별화 전략에 있다. 기존의 레스토랑이 음식의 맛에 주안을 두었다면, 현재는 음식의 맛에 트렌디한 맛, 서비스 및 청결도가 기본적으로 포함되어야 한다. 또한 여기에 부가적으로 분위기와 자기 레스토랑만의 개성 및 차별화를 통해 고객이 지불한 금액보다 가치가 높을 경우 생존가능성이 높아진다.

3) 외형보다는 실속위주의 운영: 손익분기점 매출을 낮추어야...

레스토랑 관리도 원가관리에서 손익분기점 관리로 변화되고 있다. 최근, 다점포화에 의한 대량판매전략, 식재료 원가관리를 중요시하고 있는데, 추가적으로 손익분기점관리에 주안을 두어야 한다.

매출목표관리의 어려움이 있지만 투자규모의 축소, 직원 등 인원의 효율화, 메뉴종류 축소 등으로 손익분기점 매출을 낮추어야 하는 시대라 할 수 있다.

4) 노동환경의 변화로 구성원 확보 및 관리에 새로운 시각으로 접근

외식업 노동환경의 변화로 주 5일 근무제 실시에 따른 인적자원의 재활용, WTO 체제하에서 24시간 비즈니스 시대에 따른 구성원 확보, 관리에 대한 새로운 시각으로 접근해야 한다. 또한 외식업의 특수한 근무조건을 감안한 근무환경을 제시하여 인적자원을 확보해야 한다. 즉, 구성원 근무환경 개선 및 비전제시 등을 통해 인재확보에 주안을 두어야 한다.

5) 상권의 축소현상이 가속화

실버인구의 증가, 맛의 평균화, 식당수의 증가, 음주단속 강화 등과 더불어 주 5일 근무제에 따른 오피스가 상권에서 주택상권의 발달로 이어져 큰 상권에서 중상권 및 소상권으로의 상권축소화 현상이 가속화 될 것이다

6) 정보화 시대에 따른 식당경영 투명성

신용카드 제도의 정착, 주류카드제 및 현금영수증 도입 등에 의한 레스토랑 경영의 투명성으로 인해 매출이 100% 노출되고 있다.

또한 구성원에 대한 4대 보험 및 각종 보험료 부담, 퇴직금 보장, 과세특례제도 폐지 등 과다한 세금으로 수익은 점차 감소하고 있다. 따라서 투명성과 경영악화로 인한 외식업의 폐업현상이 현상이 증가하고 있으며, 이러한 현상은 미래에도 계속될 것이다.

7) 프랜차이즈 운영형태에도 전략수정이 필요(가맹사업거래의 공정화에 관한 법률)

프랜차이즈 수준평가제와 정보공개서 및 계약서 등록제에 따른 부실 가맹본부의 사기행위 등의 방지책이 더욱 강화될 것이고 원칙을 지키는 본부는 지속적인 발전을 거듭할 것이다. 반면, 그렇지 않은 본부는 정부규제가 가해질 것이다. 또한 창업관련 기본지식을

습득한 예비창업자가 증가하면서 발전과 도태가 자연스럽게 이루어질 전망이다.

8) 고정관념 파괴 : 연구 및 교육에 최선을 노력을 기울이는 레스토랑이 성공

레스토랑 성패와 관련한 라이프사이클이 보통 5년에서 점점 줄어들고 있으며, 최근에는 2 년 이하로 줄어들고 있는 현상을 보이고 있다. 이에 따라 운영이 항상 잘되는 업종 업태가 존재하지 않을 것이며, 지속적인 R&D 및 교육훈련을 통해 노력하는 레스토랑이 치열한 경쟁에서 경쟁우위를 점할 수 있다.

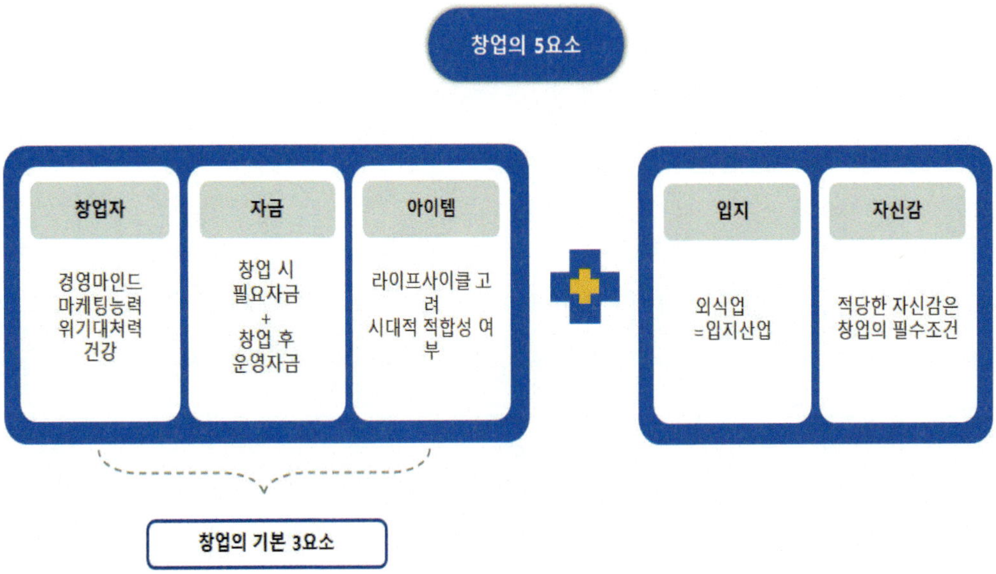

그림 4-3 창업의 5요소

02. 외식사업 창업 시 고려사항

1) 건강한 신체

근무시간이 장시간이고 육체적인 노동에 주안을 두는 업종이기 때문에 체력이 반드시 필요하다.

2) 가족의 동의

인건비 절약측면도 있지만, 구성원의 갑작스러운 결근이나 퇴직 시 동원할 수 있는 인적자원이 나의 가족이기 때문에 동의가 필수적이라 할 수 있다.

3) 고객중심의 경영마인드

구성원과 고객 상호간 서로가 상대방의 입장이 되어 보고, 고객을 배려하며, 봉사할 자신이 있을 때 창업을 해야 한다.

4) 틈새업종을 개척

외식사업은 특정 아이템뿐만 아니라 경영형태나 컨셉도 포함할 가능성 높아진다.

5) 적극적인 마케팅 활용

고객을 직접 찾아갈 수 있는 배달 및 포장 등이 가능해야 한다.

6) 컴퓨터나 스마트 폰, 인터넷을 적극 활용

외식사업과 관련하여 운영, 시간 및 경비를 절약할 수 있다. 무엇보다도 고객서비스에 집중할 수 있다.

7) 손익분기점을 최대한 낮추어 창업

외식사업의 기대수익을 낮추고 투자규모를 감소시켜 손익분기점을 최대한 낮추는 것이 중요한다.

8) 자신의 능력범위 내에서 시대 흐름에 적합한 아이템을 선정함

외식사업은 충분한 준비 및 직접 체험 후 창업을 시작해야 하며, 급하게 서둘러서는 안 된다.

03. 외식사업 예비창업자에게 필요한 자세

1) 자신의 열정

자신의 열정에 따라 사업을 시작하였기 때문에 외식사업에 대한 생각을 끊임없이 해야 한다. 해결방안을 찾는 것도 중요하지만 문제제기 및 문제에 대한 충분한 이해도 선행되어야 한다.

2) 현금흐름 파악

외식사업 운영은 과학이라 할 수 있다. 즉, 비즈니스 모델을 의미한다. 현재 운영되고 있는 비즈니스 모델을 이해하고 있는지, 혹은 현금흐름을 이해하고 있는지를 확인해야 한다. 즉, 비즈니스 진행사항을 알고 있다면, 효과적인 현금흐름 확보 계획을 수립할 수 있을 것이다.

3) 스마트한 채용

구성원을 채용하는 것은 쉬운 일이 아니다. 적재적소의 원칙을 준수하고 충분한 시간을 두어 채용을 해야 한다. 작은 규모의 비즈니스를 소유하고 운영하는 창업자로서 어떠한 일이라도 할 수 있겠지만, 모든 일을 완벽히 수행할 수는 없다. 모두가 서로에게 부족한 부분이 채워지는 팀을 만들 수 있는 인적자원을 채용해야 한다.

4) 파트너와의 효과적 커뮤니케이션

파트너는 상호보완적으로 비즈니스를 성장시킬 수 있어야 한다. 파트너와의 좋은 관계를 유지하기 위해 서로의 가치와 기대를 소통하는 것이 중요하다.

5) 예기치 않은 상황에서 스스로를 보호

비즈니스 수행 중 접할 수 있는 장애물에 대해 어떠한 대처를 할 것인지를 준비해야 한다. 예기치 않은 작은 일에 실망하지 않고 최선의 결과를 기대해야 한다. 통제할 수 없는 일이 발생되었다고 해서 모든 사업이 종료되는 것은 아니다. 잠깐의 여유를 갖고 다시 도약할 수 있도록 자신을 존중하는 것이 필요하다.

6) 혼자 해결하지 마라

어렵고 힘든 일이 있고 장애물이 있다 하더라도 혼자 생각하지 말고 도움을 요청해야 한다. 외식사업 창업자로서 외로운 의사결정을 내릴 수 도 있지만 주위의 많은 사람들에게 도움을 요청하여 다른 기업가들의 지원을 받는 것이 현명한 방법이다.

몇 년 앞서 경험한 누군가의 귀중한 조언을 에너지로 다시 또 새로운 창의적 아이디어를 가져올 수도 있을 것이다.

03 S·E·C·T·I·O·N

외식사업 창업유형

01. 외식사업 창업유형

외식사업 창업 시 어느 정도의 자금이 투입되고, 경험이 필요한지, 또한 소유권이 누구인지 등에 따라 다음과 같이 네 가지 형태의 레스토랑으로 구분할 수 있다. 다음 <그림 4-4>는 경력과 투자의 투입량에 따른 레스토랑의 창업유형을 보여주고 있다.

그러나, 이것은 상황에 따라 창업유형이 달라질 수 있기 때문에 참고자료로 활용하는 것이 좋다.

- 신규 레스토랑 신축
- 기존 레스토랑 매입(컨셉변경 포함)
- 프랜차이즈 레스토랑
- 개인 및 체인 레스토랑을 전문관리자로 활용

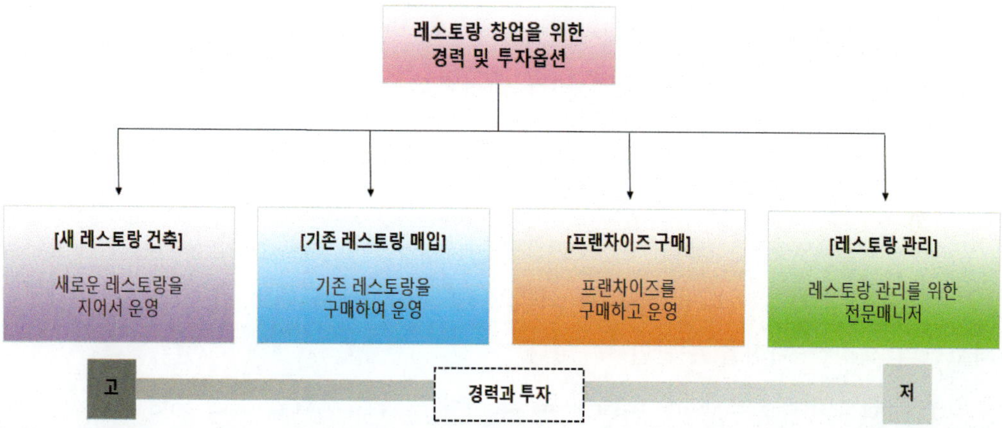

출처 : 정유경(2018). 외식산업경영. 북넷

그림 4-4 경력·투자 정도에 따른 레스토랑 창업유형

1) 신규 레스토랑 신축

신규 레스토랑을 신축하는 경우는 개인적 욕구를 충족시킬 수 있고, 디자인, 실내장식, 조명 등을 소유주 자신이 원하는 방향으로 설계할 수 있다. 신규 레스토랑이 성공할 경우, 그에 따른 많은 보상을 받을 수 있다.

그러나, 초기투자금이 많이 소요되기 때문에 재무적 리스크가 높다는 것을 인지해야 한다. 따라서 신규 레스토랑 신축이 실패하였을 경우, 금융 리스크 및 신규 건물 투자비용에 대한 리스크도 크다는 것을 인지해야 한다.

2) 기존 레스토랑 매입(컨셉변경 포함)

기존의 레스토랑을 매입할 경우, 이전에 운영되었던 스타일 및 유형이 그 지역에서 성공적이지 않았거나 메뉴 및 디자인 관리가 실패하였음을 인지해야 한다. 이러한 사실을 인지하고 기존 레스토랑을 매입한다면, 새로운 레스토랑 오픈 시 실패요인을 확인할 수 있기 때문에 위험요인을 최소화시킬 수 있다.

한편, 기존 레스토랑을 매입하는 경영자는 특정 기간 동안 기존 운영자의 좋지 않은 평판을 극복해야 한다. 명성이나 입지가 약한 레스토랑의 경우, 이를 해결하는 것은 쉬운 일이 아니다.

그러나, 위험요인이 있다는 사실과 신규 레스토랑이 기존의 레스토랑 때문에 영향을 받을 수 있음을 인지하여 리스크에 대한 대처방안을 수립해야 한다.

3) 프랜차이즈

프랜차이즈를 통한 레스토랑 운영은 설계, 메뉴, 구성원 교육훈련, 규모의 경제실현으로 인한 가격경쟁력, 마케팅 정보활용력의 증대가 시장에서 이미 검증되었다는 점에서 최소한의 재정적 위험을 수반할 수 있다.

일부 프랜차이즈는 프랜차이즈 수수료 및 기타 비용을 포함한 많은 비용을 소요될 수 있고, 다른 프랜차이즈 레스토랑은 대규모이며 높은 브랜드 가치로 인해 수익성이 높다고 인지하기 때문에 투자비용이 증가하는 경우도 있다.

물론, 프랜차이즈 레스토랑이 성공을 완벽하게 보장해주지는 않는다. 경영자와 관리자의 능력과 지속적인 노력이 성공을 안내하게 된다. 다만 회사의 운영방침과 체계적인 시스템을 효과적으로 준수할 때, 기본적 수익은 보장되면서 어려운 상황에도 도움을 요청할 지원센터가 있다는 점에서 프랜차이즈의 장점이라 할 수 있다.

4) 전문관리자

레스토랑의 경영자나 소유주로서 대규모 투자 및 많은 위험부담 감수를 안고 시작하기보다는 전문관리자로서 레스토랑을 운영한다면 자금측면에서는 안정적일 수 있다. 즉, 초기투자비용이 거의 없으며, 재무적 리스크도 최소화될 수 있다. 그리고 안정적 수입을 유지할 수 있다.

그러나, 전문관리자이기 때문에 구성원과 소유주 간 인간적 스트레스는 감수해야 하고 레스토랑 실패와 관련한 심리적 비용은 증가할 수 있다.

다음 <표 4-1>은 레스토랑의 신축, 매입, 프랜차이즈, 관리자의 유형별 특징을 표로 보여주고 있다.

표 4-1 신축, 매입, 프랜차이즈, 관리자 유형별 특징

구분	초기투자	경험	스트레스	심리적 실패비용	재무적 리스크	잠재적 보상
신축(Build)	최고높음	높음	높음	최고높음	최고높음	높음
매입(Buy)	중간	높음	높음	높음	높음	높음
프랜차이즈(A)*	낮음~중간	낮음	중간	중간	중간	중간~높음
프랜차이즈(B)	높음	높음	높음	높음	높음	높음
전문관리자	-	중간~높음	중간	중간	-	중간

출처 : Walker(2017). 프랜차이즈(A): 적은 비용. 프랜차이즈(B): A 유형보다 투자가 요구되는 유형.

02. 독립경영 창업과 프랜차이즈 창업에 대한 각 위험요인

독립경영 레스토랑 혹은 프랜차이즈 레스토랑 창업과 관련하여 창업에 대한 초기책임, 창의적 관리능력, 자금 및 과거관련 경험을 토대로 어떠한 창업이 효과적인지를 고려해야 한다.

1) 창업초기책임

창업초기책임과 관련하여 독립경영과 프랜차이즈 레스토랑을 비교하여 보면, 독립경영 레스토랑 창업이 프랜차이즈 레스토랑 창업보다 경영자의 책임이 좀 더 크다고 할 수 있다.

❶ 독립경영 창업

독립경영 레스토랑 창업과 관련하여 책임은 모두 소유자의 몫이다. 따라서 레스토랑을 오픈하는 것은 확실하고 조직적 비전이 필요하며, 지역사회 내에서 인정받을 수 있는 노력이 절대적으로 필요하다.

❷ 프랜차이즈 창업

이미 시장에서 검증된 프랜차이즈 레스토랑 업체와 계약이 이루어진다면 브랜딩 구축은 이미 완료되었다고 볼 수 있다. 대부분의 프랜차이즈 레스토랑은 확실한 비즈니스 컨셉 및 마케팅 전략을 보유하고 있다. 따라서 고객들은 사전에 해당 프랜차이즈 업체가 어디에 있던지 이에 대한 브랜드와 음식을 쉽게 인식하고 있다.

그러나, 시장에 진입한 신규 프랜차이즈의 경우, 브랜드파워가 약할 수 있기 때문에, 브랜드 선정에 주의를 기울여야 한다.

1) 창의적 관리

레스토랑 창업 시 창의적인 관리에 대한 부분은 프랜차이즈 창업에서는 찾아보기 어려우나 독립소유 창업의 경우는 상대적으로 사업자의 창의성을 발휘할 기회가 많다.

❶ 독립경영 창업

독립경영 레스토랑 운영의 창의적 측면은 모두 소유자의 선택사항이다. 소유주가 자신의 레스토랑을 설계하는 것이므로 자신이 원하는 매력적인 메뉴와 독특한 분위기를 만들 수 있다.

❷ 프랜차이즈 창업

프랜차이즈 레스토랑은 기존에 비즈니스로 설립되어 있는 업체로써, 기존 비즈니스 및 메뉴 가이드라인을 준수해야 한다. 즉, 기업에서 사전에 구축한 프랜차이즈 운영방식에 따라 모든 프로세스가 진행되어야 한다.

즉, 메뉴, 실내장식, 조명, 서비스 스탠다드 및 규정에 이르기까지 모든 것을 프랜차이즈 시스템에 맞추어야 하기 때문에 소유주의 창의적 관리는 허가되지 않는다.

3) 자금

독립경영 레스토랑 및 프랜차이즈 레스토랑 모두 초기 창업비용이 소요되지만, 독립경영 소유주는 다양한 방법으로 자금을 절약하여 창업을 할 수 있다.

그러나, 상대적으로 프랜차이즈는 본부의 자금규정을 준수해야 하기 때문에 많은 자금이 소요될 수 있다.

❶ 독립경영 창업

독립경영 레스토랑은 창업 시 초기비용이 많이 소요되고 모두 자신이 부담을 해야 한다. 따라서 소유주 본인의 경제적 상황을 고려하여 비용부분에 신경을 쓸 수밖에 없다.

식자재 구매, 임대, 레스토랑 실내 디자인, 메뉴개발, 초기 마케팅 캠페인 등을 비롯하여 보험, 허가 및 라이센스 등의 비용을 고려해야 한다.

❷ 프랜차이즈 창업

프랜차이즈 레스토랑의 창업은 본부에서 요구하는 재정적 요구사항을 충족시켜야 한다. 즉, 프랜차이즈 본부의 확장계획에 맞는 곳에 점포를 정할 수 있도록 사업자금을 확보해야 한다. 이는 점포장소를 정하고 초기 프랜차이즈 수수료를 지불하게 된다. 수수료는 프랜차이즈 기업의 시스템과 명성에 따라 범위가 넓고 다양하다.

또한 프랜차이즈는 식재료 구입이나 일부 품목에 대해 사업자의 재량으로 알아서 구매하는 경우도 있으나, 대부분 본부를 통해 구매가 이루어지거나 일괄구매방식으로 운영되기 때문에 비용이 절약될 수 있다.

4) 과거관련 경험

프랜차이즈 창업자는 레스토랑 비즈니스에 대한 지식이 전무하더라도 본사의 방침을 준수하면 운영할 수 있는 지원이 가능하지만, 독립소유 레스토랑은 과거에 경험한 관련분야의 경험이 있다면 사업운영에 많은 도움이 되므로 이에 대한 경험이 요구된다.

❶ 독립경영 창업

독립경영 레스토랑 창업은 관련분야 종사자 혹은 개인적 사업체를 갖고자 하는 경우 등 다양한 동기에 의해 창업을 계획하고 실행한다. 특히, 관련업계에 종사하며 조리사 혹은 주방관리자, 식품업계 직원으로 각기 다양한 분야의 경험을 가질 수 있다.

즉, 경험은 사업체를 운영하고 경영하는데 많은 도움이 될 것이다.

❷ 프랜차이즈 창업

프랜차이즈는 성공의 비즈니스 모델이다. 프랜차이즈 경영은 본사에서 사전교육과 훈련을 제공하기 때문에 그 과정을 효과적으로 이수하고 나면 레스토랑 운영을 위한 준비가 될 수 있다. 프랜차이즈 경영이라 할지라도 사업자 개인의 특성에 따라 지역사회와 소통을 효과적으로 하는 사업주는 좀 더 많은 수익을 창출할 수 있다는 것을 인지해야 한다.

다음 <그림 4-5>는 독립경영과 프랜차이즈 레스토랑의 창업과 관련한 위험요인의 비교를 보여주고 있다.

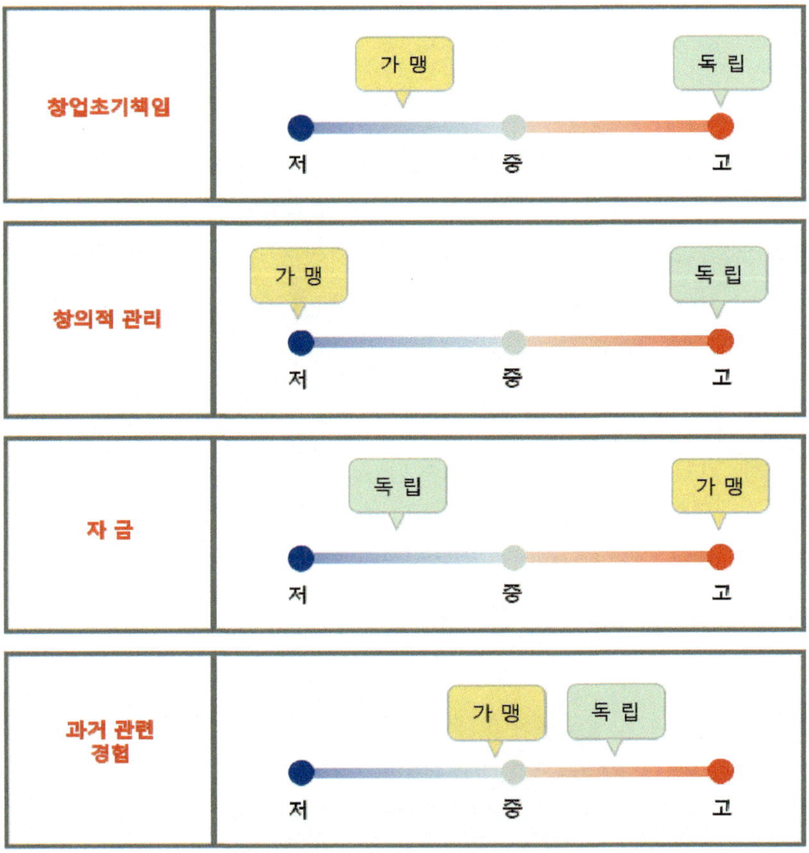

출처 : https://www.webstaurantstore.com/article/3/indpendent-ownership-franchise-pros-cons.htm

그림 4-5 독립경영과 프랜차이즈 레스토랑의 창업과 관련한 위험요인의 비교

04 S·E·C·T·I·O·N

외식사업 창업절차

일반적으로 레스토랑을 창업하고자 할 때는 먼저 창업을 위한 아이디어를 가지고 시작하는 경우와 창업이 가능한 건물이 있어서 시작하는 경우로 나누어 볼 수 있다. 업종에 대한 아이디어가 있는 경우에는 그에 맞는 입지를 선택해야 하고, 건물이 있는 경우는 건물의 입지에 적합한 업종을 선택하여 아이디어를 개발해야 한다.

대규모 외식업체 혹은 소규모 외식점포든지 간에 창업 시 고려해야 할 중요한 단계가 있다. 창업준비, 아이템 물색 및 비교, 메뉴 아이디어 결정, 점포 디자인 등 창업계획부터 오픈까지 많은 사항들을 고려해야 한다.

01. 외식사업 창업 주요 절차

창업준비

가정 및 사회적 환경을 직시하며 자금마련계획을 수립한다.

정보입수

방송, 신문, 잡지, 서적, 정보지 등을 통한 정보와 창업 강좌, 인터넷 검색, 외식 컨설팅 전문기관과 상담하여 가장 유망하고 적합한 아이템을 체크한다.

○ 아이템 물색

적합한 아이템 중 도입기 후반이나 성장기 업종으로 자금과 적성에 맞는 업종을 선택한다.

○ 후보아이템 선택

2개 정도의 후보 업종을 우선순위로 선택한다.

○ 아이템 비교

현장을 다니면서 직접 비교 및 검토를 한다.

○ 사업계획서 작성

창업준비 및 창업계획서를 작성한다. 또한 전문가 또는 유경험자와 상담을 하는 것이 중요하다. 사업계획서 작성은 다음 페이지에서 세부적으로 설명할 것이다.

○ 타당성 검토

업종의 안정성, 발전성 및 적합성을 판단한다.

○ 사업성 분석

투자규모 대비 예상 수익성을 분석한다.

○ 사업장 탐색

투자금액 및 주거지와의 거리를 고려한다. 즉, 시장성 및 발전가능성을 반드시 체크해야 한다.

○ 메뉴선정

주메뉴 및 부메뉴, 메뉴선정에 따른 가격설정 및 맛을 전수할 필요가 있다.

○ 점포꾸미기

메뉴계획에 따른 주방설계 시공, 집기비품, 동선을 고려한 인테리어, 업무계획, 판촉계획 등이 이루어져야 한다.

○ 식재료 구매

시장조사를 통해 구매처를 확보한다. 조건은 최소한 2개 업체가 선정되어야 한다.

○ 오픈 전 최종점검

맛을 점검하고, 시설, 인허가, 광고, 홍보사항, 직원 서비스 및 건강상태를 점검하는 것이 필요하다.

○ 창업

오픈당일 체크리스트를 통한 체크가 이루어져야 하며, 오픈 후 재점검을 해서 피드백이 진행되어야 한다.

02. 사업계획서 작성

정보를 수집하고 훌륭한 사업계획서(Business Plan)를 작성하는데 있어 장기간이 소요된다. 그러나, 사업계획성에 심혈을 기울인다면, 레스토랑 사업의 성공확률은 더욱 더 높아질 것이다.

훌륭한 사업계획서는 운영의 성공가능성을 증진시키며, 잠재적 투자자와 논의하고, 그에게 사업목적을 제공함으로써 자금을 확보하는데도 도움이 된다. 사업계획서는 사업개요로부터 시작되는데, 이것은 사업계획 요소들의 윤곽을 보여주며, 사업계획 구성의 내용이 정리된다.

표지에는 사업명, 로고 또는 상징물, 레스토랑의 현재 장소 또는 제안된 장소, 전화번호, 경영주의 이름과 임원의 이름, 그리고 그들의 경영자격이 명시되어야 한다.

첨부되는 목록에는 상호와 경영진의 주소, 전화번호, 그리고 사업개요가 포함된다. 각

항목들은 빠짐없이 작성되어야 한다.

운영자는 현재 사업이 어떠한 상태인지 그리고 5~10년 후에는 어느 정도 규모로 발전되어 있어야 할지, 또한 어떻게 진행시켜서 목표에 도달할 것인지를 예측·평가해야 한다.

사업계획서 구성 및 내용은 다음과 같다.

1) 표지

표지에는 경영진에 대한 전체적인 사항, 구체적인 사업목적, 사업계획서의 목차, 레스토랑의 형태라 할 수 있는 상호와 법률적 구조가 포함되어야 한다.

- 경영진에 대한 요약
- 사업목적
- 목차
- 상호와 법률적 구조(회사의 형태)

2) 사업개요

레스토랑의 미션 및 비전과 같은 사업의 목적 조직의 유형, 경영진의 자격이 기술되어야 한다. 미션(Mission)은 현재 조직이 달성하기 위해 수행하는 작업에 주안을 두며, 비전(Vision)은 앞으로 미래에 조직이 궁극적으로 무엇을 원하는지에 주안을 둔다.

따라서 기업은 미션 선언문(Mission Statement)과 비전 선언문(Vision Statement)를 선포하기도 한다.

미션 선언문은 회사의 오늘 해야 할 업무를 이끌어 준다. 구성원들이 해야 할 일, 사업의 핵심, 목표를 달성하기 위해 필요한 일들을 알려주고 조직문화를 형성한다. 비전 선언문은 회사가 나아가야 할 방향을 제시한다. 즉, 사업의 미래 목적을 제공하는 것이다.

- 경영철학 : 비전, 목표, 목적
- 조직문화 유형
- 경영진의 자격과 경력, 능력
- 보험

McDonald's

- Mcdonald's의 비전과 미션
  : 세계에서 가장 뛰어난 퀵서비스 레스토랑이 되는 것

VIPS SINCE 1997 Steak & Salad Restaurant

- VIPS의 미션
  : 식사를 통한 건강과 즐거움 창출
- VIPS의 비전
  : 고객, 주주, 종업원 모두로부터 신뢰받을 수 있는 회사가 되는 것

3) 컨셉, 인허가 및 임대차 계약

레스토랑 컨셉을 결정하기 위해서는 어떠한 업종과 업태로 고객에게 서비스를 제공할지를 결정하는 것이다. 다음으로, 업종과 업태가 결정된 이후, 메뉴개발, 입체적 로케이션(Location) 파악, 인테리어, 구성원 채용, 주방용품 및 기기와 관련한 모든 것을 결정하게 된다. 따라서 사업계획서에 있어 레스토랑의 컨셉결정은 가장 중요한 단계라 할 수 있다.

- 컨셉
- 메뉴 및 가격
- 주류판매와 보건, 소방관련 인허가
- 사업허가증
- 임대차 계약

4) 상권분석과 전략

레스토랑 창업을 위해 고려하는 입지가 있다면, 그 지역에 대한 시장조사와 경쟁사 분석을 수행해야 한다.

경쟁업체가 어디인지 파악을 하고 그들이 판매하는 제품과 서비스의 강점과 약점을 비교하면 현재 계획하고 있는 제품과 서비스를 평가한다. 더불어 목표시장의 고객을 유치하기 위해 어떠한 특성을 더 가져가야 하는지에 대한 연구가 이루어져야 한다.

표적시장

- 인구통계적
- 심리적
- 라이프스타일
- 시장잠재력(규모, 성장률)

경쟁분석

- 경쟁업체의 수
- SWOT 분석
- 입지
- 접근성의 용이성과 주차 편의성
- 판매와 시장점유율
- 경쟁특성
- 잠재적 신규레스토랑과의 경쟁

가격전략

- 메뉴와 음료가격
- 입지분석
- 지역특성
- 상업지 및 주거지 관련정보
- 교통흐름
- 접근성

광고 및 판촉 캠페인

- 목적
- 기술
- 매체홍보계획

기타정보

- 성장계획표
- 재무계획표
- 투자금 회수 제한표

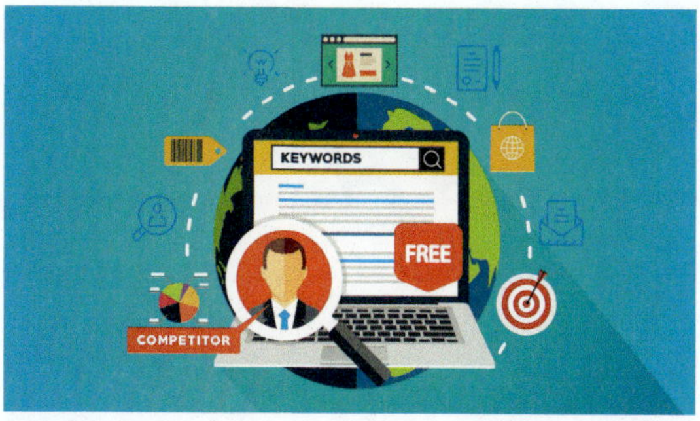

5) 재무자료

레스토랑 재무자료에는 매출액, 자금원, 대차대조표, 손익계산서, 현금흐름표 등이 제시되어 있어야 한다.

- 매출액 수치
- 자금원
- 자본설비
- 제안된 레스토랑의 대차대조표
  - 기획된 손익계산서
  - 개업년도 : 월별세부사항
  - 2년차 : 분기별 세부사항
  - 3년차 : 분기별 세부사항

- 기존 레스토랑의 대차대조표
  - 과거 3년간 손익계산서
  - 과거 3년간 현금흐름표
  - 과거 3년간 소득신고서
- 손익분기점 분석

5) 부록

- 판매계획
- 재원과(과거 5년) 소득신고서, 그리고 모든 재무제표 사본
- 직무설명서
- 경영부서의 이력서
- 법률문서
- 임대차계약서
- 면허증
- 회사가치 견적서
- 샘플메뉴
- 가구, 고정비품 그리고 설비(FF&E)
- 평면도, 매매의향서
- 기타관련 사항

사업계획서는 당신이 더 연구해야 할 분야가 무엇인지를 명확하게 해준다. 사업계획서를 작성하는 동안 스스로에게 물을 수 있는 몇 가지 질문들은 다음과 같다.

- 레스토랑 시장 예상전망은?
- 당신의 고객은 누구이며, 어느 정도 규모인가?
- 그들은 어떤 부류인가?
- 그들은 어디에 사는가?
- 당신은 원하는 것을 제공할 수 있는가? 언제 그것을 원하는가?
- 당신은 어떠한 종류의 보험이 필요한가?
- 예상되는 간접비용은 어느 정도인가?
- 당신의 레스토랑을 경쟁자와 어떻게 비교할 것인가?
- 어떠한 종류의 판촉수단을 사용할 것인가?

CHAPTER 05

외식사업 마케팅 전략

학습목표

01. 외식사업 마케팅의 개념 및 마케팅의 특성을 이해한다.
02. 외식사업 경영환경으로, 거시적 환경과 미시적 환경을 분석한다.
03. 외식사업의 경영환경분석으로 경쟁의 개념 및 유형, SWOT 분석을 이해한다.
04. STP와 마케팅믹스를 확인한다.
05. 외식사업 다브랜드 전략과 코브랜딩 전략을 이해한다.

도입 사례

Starbucks를 통해 본 외식산업 마케팅

스타벅스가 하나의 문화 공간으로 자리매김 하기까지에는 그들만의 철저한 마케팅 전략이 숨어 있다.

❖ 최고급 커피의 제공

스타벅스 커피바이어(구매자)는 최고급 커피가 생산되는 지역인 인도네시아, 동아프리카 그리고 라틴 아메리카를 여행하면서 최상급의 원두를 발굴하고 재배상태를 면밀히 검토하여 커피 생산자와의 유대를 강화한다.

커피는 와인의 포도처럼 해마다 생산량 및 품질이 변하는 종작물이다. 스타벅스의 원산지 커피는 각 생산지에서 재배되는 최상품의 커피로 구성되어 있으며 이러한 각각의 원산지 커피들의 특징을 적절히 혼합하여 새로운 커피를 만들어 낸다.

스타벅스 로스트: 스타벅스 로스팅 전문가들은 생두를 볶아 커피를 만드는 과정을 원두가 가진 최상의 풍미를 끌어내는 과학적이고 예술적인 방법으로 승화시켰다.

커피원두 테스트: 대부분의 커피 회사와는 대조적으로 스타벅스는 전문가에 의해 검증되지 않은 커피는 시장에 내놓지 않는다. 커피전문가들은 한해 100,000번 이상의 원두 테스트를 실시하고 있으며 이러한 테이스팅은 최상의 커피원두를 선택하기 위한 스타벅스 만의 방법이다.

❖ 매장의 편안한 분위기

스타벅스 매장에 들어가 보면 갈색톤의 나무 장식과 자연미를 강조한 인테리어 소품들을 만날 수 있다. 그리고 항상 편안하고 안락한 느낌을 줄 수 있는 음악이 흐른다. 그리고 고객들은 책과 신문을 읽으며 자신이 있고 싶을 때까지 얼마든지 오랫동안 매장에서 소일거리를 할 수 있다. 스타벅스는 집 또는 직장과 차별화되는 '제 3의 장소'가 된다. 플로리다 대학의 사회학 교수인 레이 올든버그는 사람들이 모일 수 있고, 직장이나 집에 대한 염려를 잊고, 편히 쉬며 이야기할 수 있는 비공식적인 공공장소가 필요하다고 이야기했는데 스타벅스 매장이 시대의 흐름을 포착해 내어 그러한 장소로 매장 환경을 꾸민 것이다.

❖ '스타벅스를 마시는 사람은 특별하다'는 우월감을 제공

미국과 영국 또는 일본 등 전 세계에서 스타벅스를 사랑하는 고객들은 자신의 개성을 표출하는 하나의 수단으로서 스타벅스 커피를 소비하고 있다. 스타벅스 커피를 마신다는 것은 자신이 야외 활동을 즐기며, 고급스러운 라이프 스타일을 지향한다는 사실을 함축적으로 나타내 주는데 효과적이라는 것이다. 그리고 스타벅스에서는 개개인의 취향에 따라 자신의 커피에 여러 가지 향과 저지방 우유, 휘핑크림 등을 첨가할 수 있다.

❖ 친환경적 마케팅 전략

스타벅스가 내건 그들만의 이미지는 '친환경'이다. 수익의 일부를 환경 보조금으로 지원하는데 앞장선다. 이를 위해서 컵 보증금 제도를 실시하여 일회용 컵 보증금 50원을 모아서 재활용 실천에 노력을 기울이고 있다. 이러한 보증금을 모아서 재활용 노트를 만든다. 소비자들은 스타벅스 커피를 마심으로써 자신들도 환경운동에 간접적으로나마 참여한다는 뿌듯함을 얻는다.

출처: 마케팅 시크릿. 스타벅스를 통해 살펴본 외식산업 마케팅

01 S·E·C·T·I·O·N

마케팅의 이해

01. 마케팅의 개념

마케팅(Marketing)은 개인과 조직의 필요와 욕구를 충족시킬 수 있는 교환을 창조하기 위하여 제품 및 서비스에 대한 개념, 가격, 촉진, 유통 활동을 계획하고 실행하는 과정이라 할 수 있다. 이러한 마케팅의 정의를 구체적으로 설명하기 위해서는 욕구(Wants), 필요(Needs), 수요(Demands), 제품(Product), 교환(Exchange) 등과 같은 용어를 이해할 필요가 있다.

또한 마케팅이란 전체 시장 속의 세분화된 특정 시장의 고객욕구에 대응하는 마케팅 활동으로, 시장세분화(Market Segmentation), 표적시장 선정(Target Market), 포지셔닝(Positioning) 등의 3단계로 구성되어 있다. 이를 통해 마케팅믹스(Marketing Mix)에 적합한 제품(Product), 가격(Price), 유통(Place), 촉진(Promotion) 등을 개발할 수 있기 때문이다.

예를 들면, 맥도날드는 패스트푸드라는 제품을 판매한다. 그리고 고객들은 패스트푸드에 원하는 만큼의 가격만을 지불하며, 그 가격에 상응하는 제품 및 질을 경험한다. 또한 고객들은 패스트푸드를 구매하기 위해 15분 이상을 이동하기 원하지 않는다. 따라서 맥도날드 매장은 고객들이 쉽게 접근할 수 있는 위치에 있어야 하므로 도심지에 고객들의 접근성을 고려한 유통전략을 수행하게 된다.

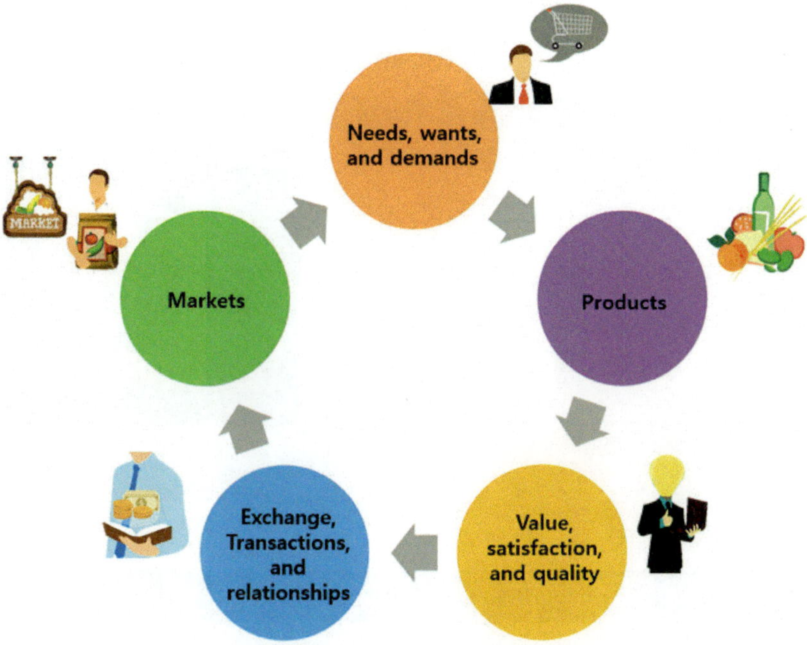

출처: Kotler et al.(2009).Marketing for hospitality and Tourism

그림 5-1 마케팅의 개념

한편, 맥도날드 제품은 많은 사람들에게 노출되어야 하는 특성을 지니고 있어 주로 시선을 집중시키기 위해 독특하고 재미있는 촉진을 이용한다.

결국, 많은 사람들에게 마케팅믹스로 알려져 있는 4P's는 맥도날드의 제품 특성에 의해 일부만 사용되거나 강조되지 않는 부분이 발생하기도 하는 것이다. 맥도날드의 이러한 마케팅믹스 전략은 효과적으로 제품과 서비스를 목표시장에 침투시키고자 하는 목적을 달성하기 위함이다.

이러한 마케팅의 역할은 외식산업에서 강조되고 있다. 외식산업은 소규모 자영업체의 형태에서 거대 기업에 이르기까지 체인(chain) 형태로 변화되고 있고, 이러한 체인은 공격적 마케팅 전략을 수행하며 고객들을 확보하고 경쟁우위를 유지하고 있다.

미국에서는 약 24개의 레스토랑 체인이 미국 전체 외식 산업의 35%를 차지하고 있는데, 맥도날드는 그 범위를 미국에 국한하지 않고, 국제적인 외식기업으로 119개국에 걸쳐 30,000개의 매장을 가지고 매일 약 5천만 명의 고객들에게 서비스를 제공하고 있다.

표 5-1 과거 마케팅 성공기업

1960년대	1970년대	1980년대
· McDonald's · Honda Motorcycles Playboy · K-mart · 7-11 Convenience Stores · Levi Jeans(Levi Strauss)	· Miller Lite Beer · Hagen-Daz · Nike and Adidas Shoes · Federal Express · Boeing 747	· Atari Videogames · Apple Computers · Tandy Computers · Radio Shack

1) 고객의 욕구, 필요 및 수요

20세기 마케팅의 핵심용어가 욕구(Needs)였다면 21세기 마케팅의 핵심은 필요(Wants)로 변화되고 있다.

❶ 욕구

마케팅에서 가장 기본이 되는 개념은 인간의 욕구(Needs)이다. 인간의 욕구는 무엇인가 부족함이 느껴지는 상태를 의미하는데, 이러한 욕구 가운데는 음식, 의복, 따뜻함 그리고 안전 등에 대한 육체적 욕구뿐만 아니라 소속감, 애정, 즐거움 그리고 휴식 등에 대한 사회적 욕구, 명예, 인정 그리고 명성 등에 대한 존경욕구, 그리고 지식, 자기표현 등에 대한 개인적 욕구 등이 있다. 이러한 욕구는 인간이 태어나면서부터 가지고 나온 구성요소라 할 수 있다.

❷ 필요

필요(Wants)는 인간의 문화적 혹은 개인적인 특성에 의해 형성되는 것으로 인간이 그들의 욕구와 어떻게 소통하는가를 의미한다. 또한 필요는 욕구를 만족시키기 위한 대상으로 설명되기도 한다. 예를 들면, 어떤 사람의 기본적인 욕구는 허기를 채울 음식이지만 필요는 맥도날드의 빅맥일 수 있고, 욕구는 기초적인 의복이지만 필요는 한 단계 더 나아가서 나를 돋보이게 하는 명품 의류, 브랜드 의류가 해당될 수 있다.

❸ 수요

수요(Demands)는 특정제품을 구입할 수 있는 능력과 의지에 의해 뒷받침되는 욕구이다. 즉, 가지고 있는 욕구에 구매력이 뒷받침 된다면 그 욕구는 수요가 되는 것이다.

필요(needs) : 물리적, 사회적, 개인적 필요 등이 결핍된 상태
예) 배고픔

욕구(wants) : 문화적, 개인적 성향에 따라 어떤 필요의 상태에 형성되는 것
예) 배가 고픈데 빵이 먹고 싶다.

수요(demands) : 인간은 원하는 욕구가 생길 때 구매력이 뒷받침되면 수요가 생김
예) 지불능력, 돈

2) 가치창출, 가치소통, 가치전달

기업은 고객의 욕구, 필요 및 수요를 통해 고객만족을 극대화시킨다. 다음 <그림 5-2>는 목표고객을 위한 가치창출, 가치소통, 가치전달의 과정을 보여주고 있다.

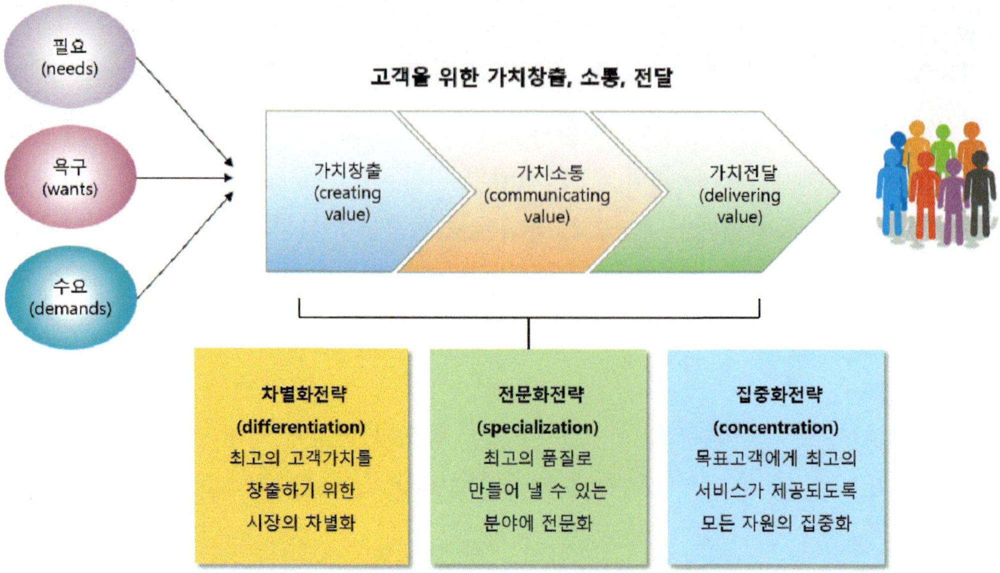

출처: 정유경(2009). 외식산업경영. 북넷

그림 5-2 고객가치에 따른 마케팅 전략

❶ 가치창출

가치창출(Create Value) = 제품관리(Product Management)

고객을 위한 가치창출은 고객에게 전달되는 상품이나 서비스에 대한 관리를 말한다. 제품관리는 고객에게 제공될 상품과 서비스의 개발부터 가격책정, 포지셔닝에 이르기까지 모든 것을 상품과 이를 구매할 고객에게 주안을 두어 관리하는 조직적 기능이다.

외식사업과 관련한 제품관리자는 목표고객의 중심이 되는 시장의 변화와 요구를 반영하는 상품이 개발되도록 해야 한다.

❷ 가치소통

가치소통(Communication Value) = 브랜드관리(Brand Management)

기업은 제품의 가치를 고객에게 제공함으로써 커뮤니케이션을 하게 되는데, 제품의 가치를 극대화시키기 위해 고객과 지속적인 커뮤니케이션을 하는 마케팅 과정에서 기업을 알리는 브랜드 관리는 중요하다. 각 브랜드는 가치를 높이기 위해 차별화가 이루어져야 한다.

목표시장의 고객과 신뢰관계를 구축하는 것은 브랜드 관리에 필수적인 요소라 할 수 있다. 예를 들면 스타벅스 커피를 마시는 어떤 고객은 커피의 유형적 요인 때문에 스타벅스에 갈 수도 있고, 또 어떤 고객은 스타벅스 브랜드를 경험하기 위해 갈 수도 있다.

❸ 가치전달

> 가치전달(Deliver Value) = 고객관리(Customer Management)

기업은 고객의 견해로부터 그들의 가치를 알고 가치를 창출하여 고객에게 전달하는 과정에서 고객을 다시 만나고 더욱 잘 알게 된다. 따라서 고객에게 가치를 전달하는 과정을 고객관리라 할 수 있다. 즉, 고객관리는 고객확보, 고객유지 및 고객성장의 모든 측면에 주안을 둔다.

3) 제품

제품(Product)은 욕구와 필요를 충족시키기 위해 제공되는 것으로 정의할 수 있다. 예를 들면, 어느 한 기업인이 직무스트레스를 해소하고자 하는 필요성을 인지하였다면, 이러한 필요를 충족시킬 수 있는 콘서트 관람, 레스토랑 식사, 리조트 휴가 및 피트니스 센터 등록 등이 될 수 있다. 그러나, 위 네 가지 제품이 똑같은 가치를 지니지는 않는다. 콘서트 관람이나 레스토랑 식사와 같이 저렴하고 쉽게 구할 수 있는 제품을 구매할 확률이 높은 것이다.

4) 고객가치, 고객만족 및 품질

고객가치(Customer Value)는 제품구매를 위한 비용과 제품구매를 통해 얻는 혜택 간 차이로 정의할 수 있다. 이 때 비용은 금전적인 비용과 비 금전적인 비용 혹은 둘 다 포함할 수 있다. 예를 들면, 도미노 피자에서는 고객의 시간을 절약하고 편리함을 제공하기 위해 30분 배

달 서비스를 한다. 즉, 제품을 통해 고객가치를 증대시킬 수 있는 방안을 강구해야 한다.

고객만족(Customer Satisfaction)은 고객의 기대와 관련된 가치를 전달하는 과정에 있어 제품의 지각된 성과라 할 수 있다. 만일 제품의 성과가 고객의 기대에 미치지 못한다면 고객은 불만족할 것이고, 성과와 기대가 일치한다면 고객은 만족할 것이다. 또한 기대치를 초과한다면 고객은 기쁠 것이다.

따라서 현명한 기업은 고객만족을 위해 고객에게 약속한 성과보다 더 많은 것을 전달하기도 한다.

품질(Quality)은 제품이나 서비스의 성과에 직접적인 영향을 미친다. 따라서 품질은 고객 가치나 만족과 밀접한 연관성을 지니고 있다. 좁은 의미의 품질은 '결함으로부터의 해방'으로 정의할 수 있지만 고객중심적 기업이 되기 위해서는 이러한 좁은 의미의 품질을 뛰어 넘어 고객만족 관점에서 품질에 대한 정의가 내려져야 한다.

4) 교환, 거래 및 관계

교환(Exchange)은 어떤 사람으로부터 바람직한 것을 얻고, 반대급부로 무엇인가를 제공하는 것으로, 이러한 교환은 마케팅의 근거를 이루는 개념이 된다. 즉, 교환은 어떤 성과라기보다는 가치를 창출하는 과정으로 보아야 한다.

거래(Transaction)는 마케팅의 특정 단위라 할 수 있다. 거래는 두 대상 간 가치를 교환하는 것으로, 특정 시간, 특정 장소에서 서로의 조건에 대한 이해가 선행되어야 한다.

관계(Relationship)는 기업의 미래를 좌우하는 고객들에게 적용할 수 있는 개념이다. 기업은 중요 고객들의 움직임을 모니터링하고, 문제를 적극적으로 파악해야 하며 다양한 해결방안을 제시해야 한다.

5) 시장

마케팅에 있어 거래를 통한 교환의 성립에 있어 필연적으로 등장하는 개념이 바로 시장(Market)이다. 즉, 제품이나 서비스의 거래가 이루어지는 교환의 장소이고 동일한 필요와 욕구를 충족시켜주는 제품이나 서비스의 집합체이며, 거래를 광범위하게 수행하는 조직의 집합체라 할 수 있다.

02. 마케팅의 특성

외식사업 마케팅의 특성은 크게 무형성, 비분리성, 이질성, 그리고 소멸성으로 구분할 수 있다.

1) 무형성

무형성(Intangibility)은 타 유형적 제품과는 달리 서비스는 직접 구매하기 전 까지는 눈으로 볼 수도, 맛을 느낄 수도, 들리거나 냄새를 맡을 수도 없다. 이러한 무형성의 불확실성을 줄이기 위해 고객들은 제공받는 서비스에 대한 보다 구체적이고 정확한 정보를 유형적 단서(Tangible Evidence)로 확인하려 한다.

고객이 레스토랑에 도착하여 가장 먼저 보는 레스토랑의 외부장식이나 청결상태는 고객으로 하여금 레스토랑이 얼마나 잘 운영되고 있는지에 대한 단서를 제공해 준다. 즉, 유형적 단서는 무형적 서비스의 품질에 대한 일종의 신호인 셈이다.

예를 들면, 도미노 피자는 빠른 배달 서비스라는 무형적 단서를 아래와 같은 스피디한 광고를 통하여 유형적 단서로 제공하고 있다.

2) 비분리성

비분리성(Inseparability)은 고객과 서비스를 제공하는 직원이 서비스를 공동으로 생산하는 주체로써, 양측 모두 서비스 전달과정에 대한 충분한 이해가 선행되어야 한다는 특성을 의미한다.

즉, 레스토랑을 방문하는 고객은 그들이 주문하는 메뉴에 대한 충분한 정보와 이해가 있어야만 그들이 기대하는 것을 얻을 수 있다. 그리고 외식기업은 직원에 대한 채용 및 교육훈련이 이루어져야 하는데, 이는 서비스가 고객과 공동으로 생산되는 특성을 지니고 있기 때문이다.

3) 이질성

외식기업의 서비스는 이질성(Variability)을 지니고 있다. 이질성의 특성은 다음과 같다.

첫째, 서비스는 생산과 소비의 동시성이다. 둘째, 수요의 규모가 일정하지 않다. 즉, 수요예측에 따른 일관된 서비스 제공이 힘들다. 마지막으로, 서비스 제공자와 고객 간 관계 정도가 일반제품과는 달리 밀접하므로 인적 서비스 능력이나 기술에 따라 서비스 품질의 일관성이 결정된다.

따라서 기업은 이를 해결하기 위해 서비스 표준화가 필요하며, 이질성을 극복하기 위해서는 정확한 시장세분화와 목표시장 선정이 요구된다.

4) 소멸성

외식서비스는 저장이 불가능하고, 그 때 당시 판매되지 않으면 소멸(Perishability)하는 상품으로, 관광자 수요에 맞는 적절한 상품을 생산하지 않으면 재정위험을 증가시키고, 수급의 차질을 가져와 경영을 악화시키게 된다.

따라서 소멸성을 극복하기 위해서는 정확한 수요예측을 통한 가격조정 혹은 철저한 예약 관리가 이루어져야 한다.

02 S·E·C·T·I·O·N

외식사업 경영환경

외식사업의 경영환경은 크게 거시적 환경과 미시적 환경으로 구분할 수 있다. 거시적 환경은 모든 기업들에게 공통적으로 영향을 미치는 정치적(Political), 경제적(Economic), 사회적(Social), 기술적(Technological) 환경 등으로, 기업들과는 상호의존적 관계에 있다. 또한 첫 영문글자를 이용하여 PEST 모델이라고 하며, 법률적(Legal), 환경적(Environmental) 요인의 이름을 추가하여 PESTLE 분석이라고도 한다.

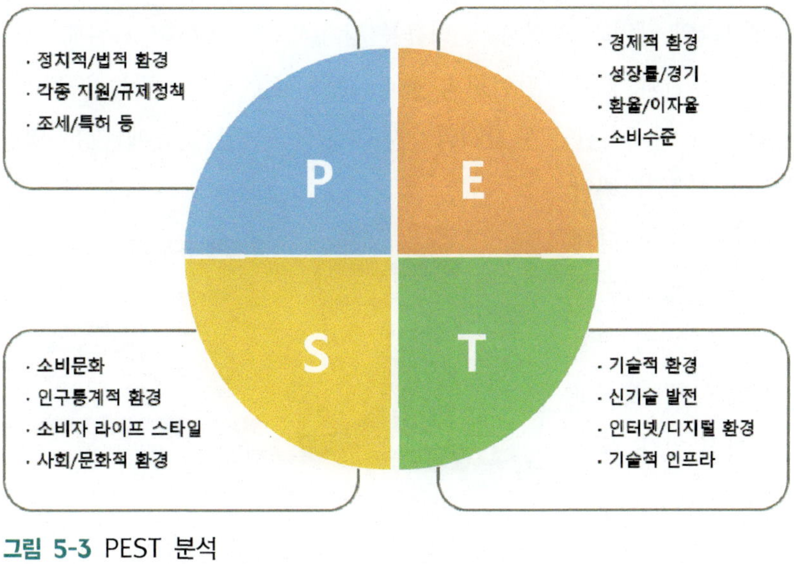

그림 5-3 PEST 분석

한편, 미시적 환경은 기업운영에 있어 기업의 성과와 의사결정에 직접적으로 영향을 미치는 요인들을 말한다. 일반적으로, 경쟁자, 공급업자, 기업의 외부고객 및 내부고객이 있다.

01. 외식사업의 거시적 환경

1) 정치적·법률적 환경

정치적·법률적 환경은 외식산업과 관련한 정부정책이나 법률·규제, 관계기관의 압력, 사회적 책임과 윤리 등을 말한다.

먼저, 정부정책이나 법률·규제는 촉진 혹은 규제로써 외식산업의 발전이나 진흥에 영향을 미칠 수 있다. 법률·규제는 첫째, 환대산업의 사업자 상호간 보호, 둘째, 기업뿐만 아니라 불공정 기업행위로부터 소비자들을 보호, 셋째, 사회적 공공이익에 반하는 기업활동에 대한 제재가 대표적이라 할 수 있다.

외식산업과 관련된 대표적인 법률·규제는 식품산업진흥법, 외식산업진흥법, 가맹사업진흥법, 식품위생법, 제조물책임법, 근로기준법, 가맹사업거래의 공정화에 관한 법률, 폐기물관리법, 국민건강증진법, 농수산물 원산지표기에 관한 법률 등이 있다.

또한 관계기관의 압력과 관련하여, 법규를 강제적으로 실행하기 위해 정부는 각 무역협회, 공정거래위원회, 식품안전위원회 등과 같은 각종 관계기관들을 직접 설립하거나 허가한다. 이러한 관계기관들은 감시역할자로서 외식산업 활동에 많은 영향을 미친다.

마지막으로, 사회적 책임과 관련하여 최근 공익단체가 증가하고 있는데, 이들은 정치적 영향력 아래에 있지만 기업의 사회적 책임과 윤리를 강조하고 있다. 예를 들면, PETA(People for the

Ethical Treatment of Animals)는 맥도날드, 버거킹 그리고 KFC 등을 상대로 사회적 책임을 강조하며 캠페인을 벌이고 있다. 대표적인 사례로 KFC의 핑크리본 캠페인이 있다.

표 5-2 세계 국민총생산(GDP) 순위(2017)

순위	국가명	GDP(US dollars)
1	United States	19,390,604
2	China	12,237,700
3	Japan	4,872,137
4	Germany	3,677,439
5	United Kingdom	2,622,434
6	India	2,579,491
7	France	2,582,501
8	Brazil	2,055,506
9	Italy	1,934,798
10	Canada	1,653,043
11	Russian Federation	1,577,524
12	Korea, Rep.	1,530,751

출처: IMF(World Economic Outlook Database).

2) 경제적 환경

경제적 환경은 모든 산업에 있어 가장 넓고 밀접하게 관련되어 있으며, 환대산업도 예외는 아니다. 경제호황기(Prosperity), 침체기(Recession), 회복기(Recovery) 등의 경제주기, 인플레이션(Inflation), 디스인플레이션(Disinflation), 스테그플레이션(Stagflation), 디플레이션(Deflation) 등의 경제현상, GDP, 소비자물가 지수, 환율, 주식시세 등의 기타 경제지표의 변화에 따라 외식산업은 영향을 받게 된다.

즉, 경제적 환경요인은 소비자의 구매력이나 소비지출에 영향을 미침으로써 경제활동에 영향을 끼치는 요인이라 할 수 있다. 이러한 지표는 내수경기 및 경기변화예측을 가능하게 하며, 경기침체, 식재료 사건 및 육류를 비롯한 원재료 가격변동, 외식업의 인건비 상승은 외식사업의 경영을 어렵게 만든다. 또한 소비자 소득수준의 양극화로 외식비 지출과 관련하여 소비구조 양극화 현상이 발생하기도 한다.

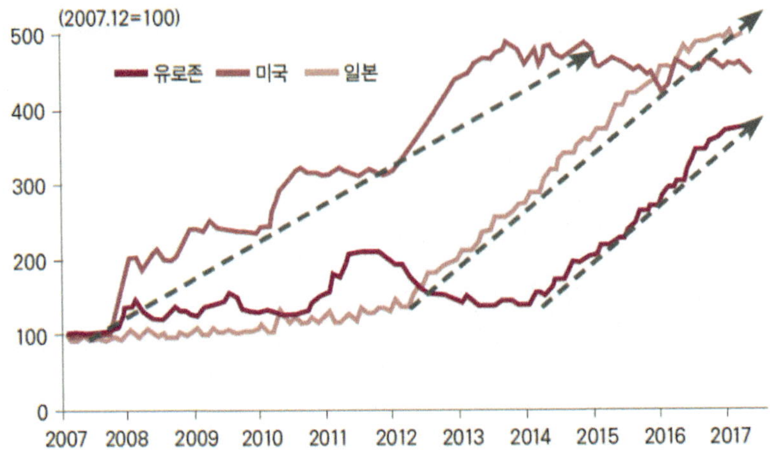

출처: 한국은행 경제통계시스템(ECOS)

그림 5-4 주요선진국 환율추이

3) 사회·문화적 환경

사회·문화적 환경은 인구통계적 환경을 포함한 사회의 가치, 지각, 선호, 행위와 관련된 환경을 의미한다. 따라서 사회·문화적 환경은 정치적, 법률적, 경제적 환경요인에 의해 영향을 받을 수도 있고, 시대 혹은 지역에 따라 달라질 수도 있다. 또한 한 국가의 사회적 이념인 민주주의, 개인주의, 자유주의에 따라 사회구성원들은 각 개인의 판단에 입각하여 의사결정을 한다.

사회·문화적 환경과 관련하여 향후에는 디지털 시대가 될 것이다. 18~20세기의 공업화 시대 및 자본주의 시대에서 21세기 이후에는 정보화 시대로 변화되고 있다.

한편, 외식산업에 영향을 미칠 수 있는 사회·문화적 환경으로는 인구구조의 변화, 여성의 사회적 활동, 여가문화인식, 다문화가정 증가가 대표적이라 할 수 있다.

첫째, 인구구조 변화로는 고령화 사회로의 진입, 핵가족화, 1인가구의 증가가 있다. 이러한 사회적 변화에 따라 외식시장은 이들을 겨냥한 식품의 소량포장, 1인 식사를 위한 혼밥 혹은 혼술 시장이 증가하고 있다.

둘째, 여성의 사회적 활동은 HMR, 배달, 테이크아웃 시장을 활성화시키고 있다.

셋째, 여가문화인식은 주 5일 근무, 재택근무 등으로 인해 다양한 형태의 외식시장이 증가하고 있다.

넷째, 다문화가정의 증가는 먹거리 시장에도 큰 영향을 미친다. 이슬람의 할랄푸드, 몽골음식, 대만음식 등이 대표적이라 할 수 있다.

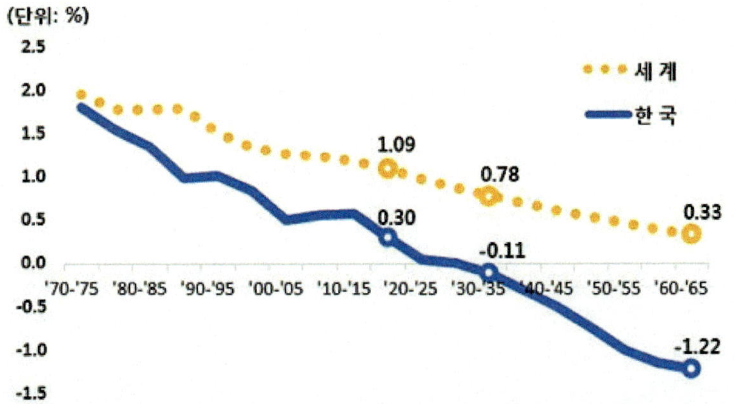

출처: 매일경제 경제포털(2019)

그림 5-5 세계와 한국의 인구성장률 추이

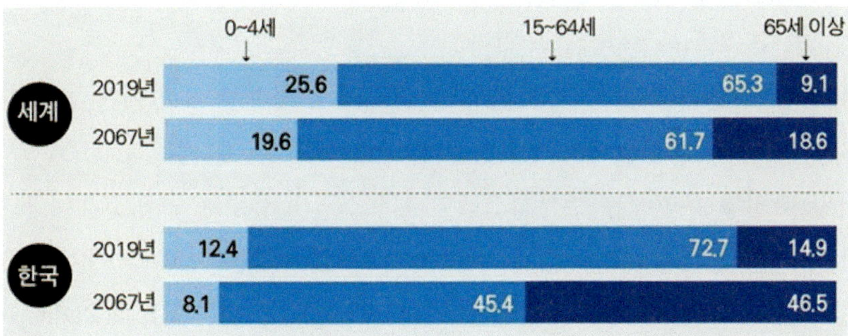

출처: 통계청(2019)

그림 5-6 세계와 한국의 연령대별 인구비중 변화

4) 기술적 환경

기술적 환경은 거시적 환경변화 중 가장 빠르고 큰 영향력을 행사하는 환경이라 할 수 있다. 우리가 가장 많이 접하고 있는 컴퓨터, 복사기, 전자계산기 등이 인공지능으로 대체되고 있다.

표 5-3 Gartner 선정 10대 IT 기술동향

· 다양한 mobile 기기관리
· mobile app and application
· 사물인터넷
· hybrid cloud와 서비스 브로커로서의 IT
· cloud·client architecture
· personal cloud의 시대
· software의 정의
· web scale IT
· smart 기계
· 3D printing

출처: 정규엽(2016). 호텔·관광·외식 마케팅. 연경문화사.

예를 들면, 로봇기술은 음식을 나르고, 음식을 조리하여 사람이 할 수 있는 실수를 최소화시키고 있고, 온라인 앱(App)을 통한 음식주문 및 배달이 가능하다. 또한 이러한 기술의 발전은 의사소통의 편리함을 가져다주고 있다. 보스턴의 한 식당은 국가기관의 청결상태 점검결과를 인터넷에 공지함으로써 고객이 식당을 방문하기 전, 식당에 대한 정보를 미리 알 수 있도록 배려하고 있다.

한편, 외식산업에 적용된 기술적 환경의 대표적인 사례로는 판매시점 관리시스템인 POS, 고객이 메뉴의 사진을 볼 수 있는 테블릿인 디지털 메뉴판, 패스트푸드 레스토랑에서 시작된 디지털 무인메뉴 주문시스템인 키오스크(KIOSK), 쇼핑고객이 모바일 스캐너로 사고자 하는 물건의 바코드를 읽기만 하면 구매가 되는 바코드스캐너 쇼핑, 고객과의 양방향 소통이 가능한 눈, 유통회사의 재고관리가 용이한 RFID(Radio Frequency IDentification)가 있다.

이와 같은 기술적 환경은 최근 외식산업 트렌드에 많은 영향을 미치기 때문에 경영진은 기술환경 및 관련분야에 지속적인 관심을 가져야 한다.

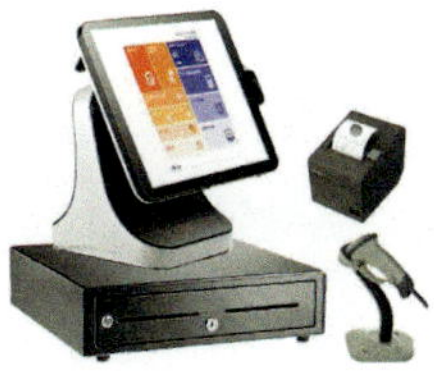

▲ POS

▲ 디지털메뉴보드

▲ KIOSK

▲ RFID

02. 외식사업의 미시적 환경

1) 경쟁사

외식기업은 고객에게 경쟁사보다 나은 가치를 제공함으로써 고객이 지속적으로 레스토랑에 방문해야 경쟁우위를 지닐 수 있다. 따라서 경쟁사가 누구인지, 경쟁사와의 차별화를 확인해야 한다. 외식사업은 음식의 종류에 따라 규모, 크기, 형태 등 매우 다양하다.

외식기업의 경쟁수준은 크게 직접경쟁, 간접경쟁, 대체경쟁으로 구분하고 있다.

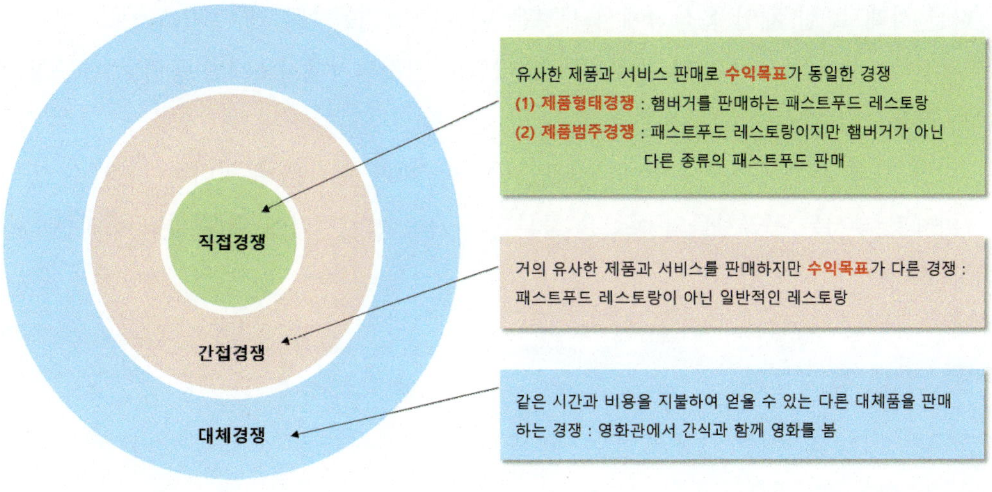

출처: 정유경(2018). 외식산업경영. 북넷

그림 5-7 경쟁의 형태

접경쟁은 제품형태(Product Form) 경쟁과 제품범주(Product Category) 경쟁으로 세분화할 수 있고, 이들은 레스토랑의 수익목표가 유사한 시장이라 할 수 있다.

간접경쟁은 직접경쟁과는 수익목표가 다른 업체로, 패스트푸드 레스토랑이 아닌 고급 레스토랑과 같이 타 형태의 메뉴를 취급하는 레스토랑을 말한다.

대체경쟁은 같은 시간 및 돈을 사용하여 즐길 수 있는 타 엔터테인먼트와 경쟁하는 것을 의미한다. 외식기업 경영자는 동일상권 내에 이러한 직·간접 경쟁이 되는 레스토랑이 어느 정도 되는지, 가격이나 서비스 수준에 따라 얼마나 분포되어 있는지를 확인해야 한다.

2) 공급자

공급자는 기업이 제품이나 서비스 생산 시 필요한 자원을 공급하는 개인 혹은 기업을 의미한다. 따라서 공급자의 동향 및 성장은 기업의 마케팅 계획에 중대한 영향을 미친다. 예를 들면, A 외식업체가 주말 메뉴에 바다가재 요리를 추가하기로 결정하고 공급자로부터 200마리의 바다가재를 금요일에 받기로 했지만 공급자가 이를 제공하지 못하여 바다가재 특선요리를 고객에게 제공할 수 없다면, 예약한 고객의 실망감은 증대될 수 있다.

다른 사례로, 한 체인 음식점에서 새로운 해산물 요리를 메뉴에 추가하기로 6개월 전에 결정하였으나 메뉴에 대한 구체적인 요리법이 결정되기까지 6개월 동안 해산물의 가격의 폭등으로 인하여 고객에

비싼 가격으로 제공할 수밖에 없다면 마케팅 계획 수립은 무의미하다 할 수 있다.

마케팅 부서는 공급자들의 동향은 물론 공급가능성의 변화에 대해 항상 주의를 기울여야 한다.

3) 외부고객

고객은 외식기업에서 가장 중요한 요소이다. 레스토랑을 찾는 고객은 어떠한 고객유형인지, 고객들의 필요와 욕구, 고객들이 추구하는 가치, 외식동기의 목적은 무엇인지에 대한 다양한 고객의 이해가 필요하다.

따라서 외식기업 경영진은 전체시장을 목표로 하기 보다는 기업역량을 극대화시킬 수

있는 목표고객들에게 집중적인 서비스를 지향하는 것이 바람직하다. 물론, 신규시장을 개척하는 것도 바람직하지만, 기존 고객과의 신뢰관계를 유지하는 것이 좀 더 경제적인 고객관리전략이 될 수 있다.

4) 내부고객

내부고객은 외식기업 직원이다. Kotler에 의하면, 직원을 고객이나 주주들만큼 가치 있게 여기는 기업은 일반 기업보다 매출에서 6배, 주가에서 9배 이상의 탁월한 성과를 보인다고 하였다.

외식사업은 노동집약적 산업으로 인적자원의 서비스가 매출 및 서비스 품질에 많은 영향을 미치기 때문에 직원들의 역할이 매우 중요하다. 즉, 구성원들의 능력과 자발적 동기에 의한 서비스 품질 향상노력은 외부고객 만족도를 극대화시키는 요인이 될 수 있다.

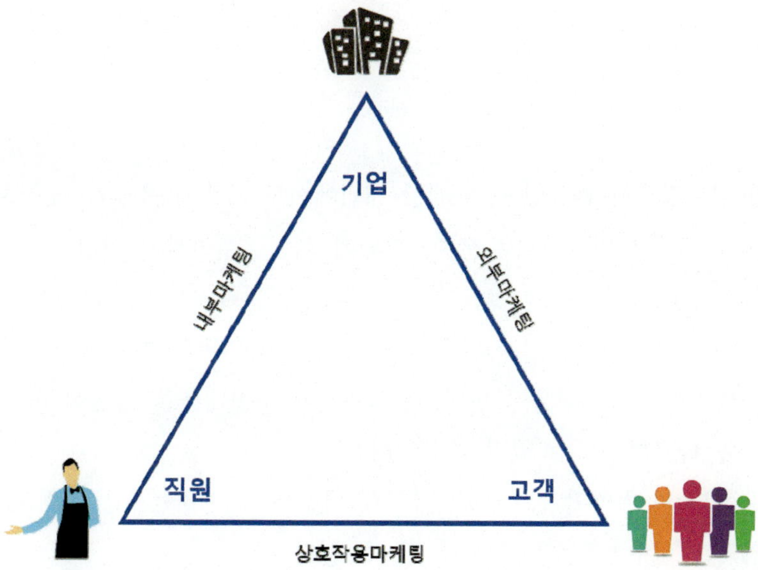

출처: Kotler & Amstrong(1996)

그림 5-8 기업·구성원·고객 간 상호관계

03 SECTION

외식사업 경영환경 분석

01. 외식사업 경쟁의 개념 및 유형

1) 경쟁의 개념

모든 기업에는 경쟁사들이 있고, 마케팅 개념에서도 고객의 욕구와 필요를 다른 경쟁사보다 효과적으로 잘 만족시키는 것이 기업의 성공비결이라고 한다.

마케터들은 고객의 필요가 무엇인지를 알아야 할 뿐만 아니라, 타 경쟁사에서 같은 목표시장을 공략하기 위해 어떤 전략을 펼치고 있는지를 확인해야 한다. 아무리 부정적 변화도 근본적으로 시장위협을 동반하지는 않는다. 사전대응을 확실히 하는 기업은 경쟁우위를 더욱 확고히 할 수 있기 때문이다.

즉, 경쟁은 시장의 위협이기는 하나, 자극제 역할을 하는 자본주의 시장에서 자연발생적으로 생성되는 필수불가결한 요소라 할 수 있다.

2) 경쟁의 유형

❶ 시장구조에 의한 분류

경쟁유형에서 우선적으로 고려되어야 하는 것은 시장구조(Market Structure)에 의한 경쟁의 분류라고 할 수 있다.

표 5-4 시장구조에 의한 경쟁의 분류

시장 구조	독점 (Monopoly)	과점 (Oligopoly)	독점적 경쟁 (Monopolistic Competition)	완전경쟁 (Perfect Competition)
공급자 수	1	소수	다수	최대
공급자 시장지배력	최대	높음	낮음	없음

독점은 국가에서 통제하는 매우 특수한 상황을 말하며, 완전경쟁은 지구상의 어떠한 산업도 해당되지 않는 이론상으로 존재하는 상황이다. 즉, 모든 산업은 과점 혹은 독점적 경쟁, 두 시장구조 중 하나 혹은 그 사이의 시장구조 하에서 경쟁구조를 가지게 된다.

과점은 두 개 이상 소수에 이르는 시장구조로서, 공급자 간 상호영향력을 많이 받게 되는데, 이러한 상황에서 과점의 경쟁체제를 형성한다.

한편, 독점적 경쟁은 주유소, 편의점 등 무수히 많은 공급자를 지니고 있는 체계로써 공급자들의 시장지배력이 낮은 편이다. 일반적으로 소수의 기업이 시장점유율의 75% 이상을 차지하는 것을 독과점이라고 한다.

❷ 개념적 분류

한 가지의 경쟁전략이 모든 기업에 다 적용되지는 않는다. 각 기업은 기업의 크기와 산업 군내에서의 포지션을 고려한 후 경쟁전략을 수행해야 하는데, 대기업은 타 중소기업에서 엄두를 낼 수 없는 자금을 투자하는 전략을 수행하거나 반대로 중소기업은 기업의 장점을 극대화시키는 전략을 수행할 수도 있다.

기업형 레스토랑은 막대한 자금력으로 광고나 홍보와 같은 마케팅 전략을 실행하고, 소규모 레스토랑은 고객에게 다양한 메뉴를 제공하거나 시장의 변화에 신속히 대처하는 마케팅 전략을 수행할 수 있다. 한 기업이 어떠한 기업을 경쟁사로 인식할 것인지는 다음과 같이 맥도날드 사례를 통해 크게 네 가지로 구분할 수 있다.

○ Product Competition

맥도날드가 버거킹을 경쟁기업으로 인식하는 것처럼, 한 기업이 비슷한 가격으로 동일한 고객집단에게 비슷한 제품과 서비스를 제공하는 기업을 경쟁사로 여기는 경우를 말한다.

○ Product Category Competition

맥도날드가 KFC, Taco Bell, Jamba Juice 및 Arby's와 같은 타 패스트푸드 전문점들을 경쟁사로 인식하는 것처럼 같은 종류의 제품 혹은 타 품질의 제품을 제공하는 기업을 경쟁사로 여기는 경우를 말한다.

○ General Competition

맥도날드가 모든 레스토랑이나 조리식품을 공급하는 업체 혹은 슈퍼마켓의 델리코너 등을 경쟁사로 인식하는 것처럼 같은 서비스를 제공하는 모든 기업을 서로 인식하는 경우를 말한다.

○ Budget Competition

맥도날드가 동일소비 집단의 소비를 놓고 경쟁하는 모든 기업을 경쟁기업으로 인식하는 경우를 말한다.

출처: Kotler et al.(2009). Marketing for hospitality and tourism

그림 5-9 경쟁계층의 사례

02. SWOT 분석

SWOT 분석은 상황분석을 전략적으로 접근하기 위해 개발된 도구로써 마이클 포터의 경쟁전략에서 제시된 기업의 내부요인인 강점(Strength)과 약점(Weakness), 기업의 외부요인이라 할 수 있는 기회(Opportunity), 위협(Threat)을 활용한 분석방법이다. 기업을 둘러싼 상황분석만으로 전략을 수립할 수 있다는 실용성 때문에 널리 사용되고 있다.

즉, SWOT 분석은 크게 SO(강점과 기회), ST(강점과 위협), WO(약점과 기회), WT(약점과 위협)로 구분되는데, 가장 중요한 것은 시장의 기회와 기업의 강점을 어떻게 조화시키느냐이다.

기업은 어떠한 것이 통제가능하고 어떠한 것이 통제 불가능한 것인지를 파악하여 전략수행의 초석을 마련하고 그 잠재성을 타진하는 것이 SWOT 분석의 최종목표라 할 수 있다. SWOT 분석을 통해 기업의 목표(Objective)를 수립할 수 있기 때문이다.

한편, 외식기업 창업 시 SWOT 요소를 반드시 고려해야 한다. 외식기업의 강점과 약점은 기업의 내부적 상황이므로 이를 평가하고 판단할 때는 정직한 것이 중요하다. 약점을 솔직히 인정하고 대처하는 것이 문제인식차원에서 해결의 첫 단계라 할 수 있다. 또한 신규사업 시 레스토랑의 임대차 계약서에 사인하기 전 통제할 수 없는 약점이 있는지도 확인해야 한다.

예를 들면, 외식기업의 강점으로는 평판, 입지, 구성원, 분위기, 전망, 시장점유율 등, 약점은 나쁜 평판, 불편한 주차장 등, 기회는 신규기업 유입 및 버스 정류장 및 지하철역 신설 등, 위협은 고객의 트렌드 변화, 신규고객의 출현 등이 있다.

04 S·E·C·T·I·O·N

STP와 마케팅믹스

다음 <그림 5-10>은 목표시장의 주요 단계를 보여주고 있다.

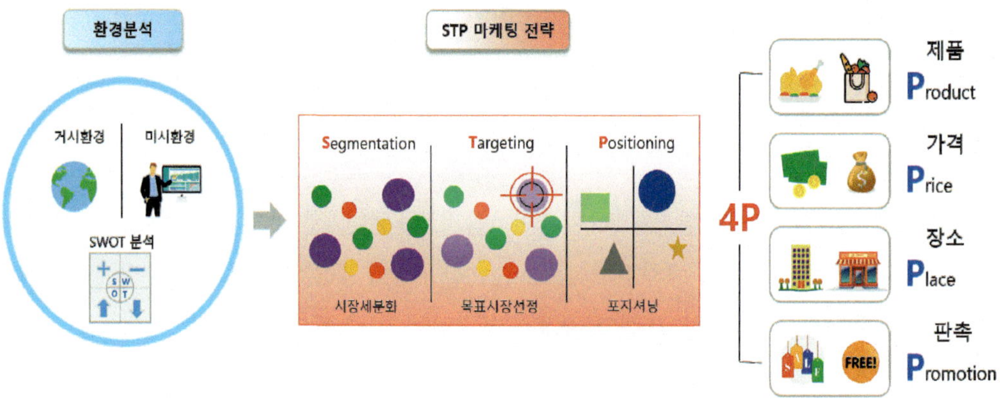

출처: 정유경(2018). 외식산업경영. 북넷. 저자 재수정

그림 5-10 목표시장의 주요 단계

첫 번째 단계는 시장세분화(Market Segmentation)로, '우리의 고객은 누구인가?'라는 질문에 대한 답을 제시하는 과정이며 전체시장을 세분시장으로 나누는 것인데, 기업은 시장을 세분화 할 수 있는 다른 방법을 찾고 세분화된 시장의 구성원들에 대한 정보를 파악해야 한다.

두 번째 단계는 목표시장(Target Market)으로 각 세분시장 별로 시장규모와 성장률, 현재의 경쟁과 잠재적 경쟁, 그리고 시장과 기업의 적합성 등을 분석하여 가장 적합한 시장을 선정하는 것을 의미한다.

마지막 단계는 포지셔닝(Positioning)으로, 경쟁제품과 효과적으로 경쟁하기 위하여 마케팅믹스를 이용하여 고객에게 기업의 제품이나 서비스의 정확한 위치를 인식하게 하는 활동이다. 즉, 제품 혹은 기업 포지션(Position) 경쟁력을 강화하고 이에 따른 차별적 마케팅 전략을 수행하는 단계라 할 수 있다.

01. 시장세분화

1) 시장세분화의 개념

시장세분화(Market Segmentation)는 전체 시장을 고객의 욕구나 특징을 바탕으로 구매행동이 유사한 고객집단으로 세분하는 것을 말한다. 또한 시장세분화는 제품이 아닌 시장을 차별화시키는 것으로 제품 차별화와 반대의 의미를 지닐 수도 있다.

예를 들면, 독특한 주제를 반영하는 Planet Hollywood, Hard Rock Cafe, 100% 쇠고기 원료 햄버거인 In-N-Out Burger, 커피전문점인 파스쿠치의 Salty Affogato 등은 제품이 아닌 제품의 유형 및 물질적 속성을 세분화 한 것이다.

시장은 다양한 구매자들로 구성되어 있다. 원하는 것이 다르고 자원이 다르고 지역이 다르고 구매태도가 다르며 구매행동도 다르다. 이러한 원인은 구매자들이 서로 다른 필요와 욕구를 지니고 있기 때문이며, 이는 시장을 세분화시키는 요인이 된다. 판매자는 개별적인 마케팅 프로그램을 다양한 구매자들을 위해 디자인 하는 것이 이상적이라 할 수 있다.

▲ Hard Rock Cafe

▲ In-N-Out

▲ Salty Affogato

외식산업은 다양한 변수를 이용한 세분화된 시장을 가지고 있다. 외식시장에서의 소비자 그룹은 서로 다른 제품을 원하고 있고 외식기업은 개별 고객들에게 맞는 음식을 모두 공급할 수 없기 때문이다. 그래서 외식기업은 무반응 고객집단으로부터 접근이 용이한 고객집단을 세분화시킬 필요가 있다.

극심한 경영환경에서 우위를 점하기 위해 외식기업은 시장세분화를 반드시 수행해야 한다. 또한 하나 이상의 공통분모를 가진 부분 고객집합을 찾아야 하고 그들의 욕구를 충족하기 위한 노력을 기울여야 한다.

표 5-5 국내 주요 레스토랑의 차별적 이미지

상호명	차별적 이미지
T.G.I.F	국내최고의 브랜드, 미국산 골동품이 조화된 고전적이며 동적인 이미지
베니건스	녹색테마의 미국 중부 분위기와 조화된 서민적 조용한 이미지
정글짐	국내브랜드 조용한 이미지
칠리스	미국 Mexican 음식, 일정 인원이 외국인으로 구성되어 있는 외국풍의 이미지
마르쉐	세계 각국의 음식을 쇼핑하는 느낌의 유럽 재래시장의 이미지

출처: 정규엽(2016). 호텔·관광·외식 마케팅. 연경문화사.

2) 시장세분화 단계와 기준

❶ 시장의 정의, 시장의 욕구와 필요파악

마케팅의 모든 행위에 있어 우선적으로 해결되어야 할 것은 시장 혹은 고객의 욕구와 필요를 파악하는 것이다. 따라서 시장세분화의 첫 번째 단계는 전체시장의 범위를 결정하고 정의된 시장 내에서 욕구와 필요를 파악하는 것이다.

❷ 시장의 실체성 파악

시장의 실체성(Substantiality)은 제품과 서비스에 대한 욕구와 필요는 물론, 특정 기업의 제품과 서비스를 구매할 의도 또는 능력이 있는 수요를 의미한다. 이는 전체시장 중 특정기업의 현실적 수요가 될 수 있는 시장의 규모를 의미하며, 현재의 시점뿐만 아니라 향후 시장의 성장가능성까지 포함한다. 이 단계에서는 마케팅 과정 중 거시환경 분석 및 수요예측이 필요하다.

❸ 시장의 실체성과 기업능력의 조화

이는 기업의 능력에 조화될 수 있도록 시장의 범위를 더욱 좁혀가는 것이다. 여기에는 두 가지 시장세분화 기준을 고려해야 하는데, 기업의 실행가능성과 접근가능성이다. 실행가능성은 재무능력 및 인적, 물적, 기타 자원이 포함되며, 접근가능성은 지리적 요소뿐만 아니라 시간적, 법적, 규제적 접근성까지 포함된다.

예를 들면, 스페인의 쉐리와인은 스페인 남부 헤리스 산 포도로만 만들 수 있다. 또한 중남미 버거킹의 경우, 새벽 1시 이후까지 영업을 한다.

❹ 시장세분화 수행

위 세 단계를 거쳐 최종적으로 현실적 시장의 규모가 파악되었을 때, 비로소 시장세분화 단계에 돌입할 수 있다. 분류된 세분시장 내에서는 가능한 한 구성원(소비자)이 동질적이어야 한다.

❺ 표적시장의 선택

분류된 세분시장 중 표적시장을 선별해내는 단계이다. 표적시장은 반드시 하나일 필요가 없으며, 또한 비수기 혹은 성수기에 따라 달라질 수 있다. 표적시장을 올바르게 선택한다는 것은 시장세분화 전략의 궁극적 목표이며 모든 마케팅 과정의 필수조건이다. 또한 외식사업 성패를 결정짓는 매우 중요한 과제이기도 하다.

2) 시장세분화 변수와 측정의 의미

측정가능성과 관련된 시장세분화 변수는 크게 여섯 가지로 구분되는데, 본 교재에서는 가격을 제외한 다섯 가지 변수와 그 의미를 살펴보기로 한다.

❶ 지리적 세분화

지리적(Geographic) 세분화는 전체시장을 지역적 단위로 구분하여 세분화하는 것으로, 국가, 지역, 도시 등이 있다. 기업은 한 지역 혹은 그 이상의 지역에서 운영될 수 있으며, 운영되는 지역에 거주하는 소비자들의 선호도에 주의를 기울여야 한다.

▲ 지리적 세분화의 산물인 김치버거

지리적으로 세분화된 고객선호에 대한 지식은 기업이 제공하는 제품을 수정하거나 변화를 주려고 할 때도 유용하다.

General Foods의 Maxwell House 커피는 미국 각 지역에 따라 맛이 다른데, 서부지역이 동부지역보다 커피 맛이 진하다. 맥도날드에서는 미국 남부지역에 Texas Burger라고 하는 양이 많은 햄버거를 공급한다.

❷ 인구통계적 세분화

인구통계적(Demographic) 세분화는 시장을 소득, 인종, 연령, 성, 종교, 교육수준, 직업, 가족생활주기 등과 같은 인구통계적 변수를 이용하여 세분화 하는 것을 의미한다. 인구통계적 변수는 소비자 집단을 세분화 하는데 가장 보편적으로 사용되는 변수이다. 그 이유는 인구통계적 세분화를 위해 사용되는 변수와 소비자 선호도를 조사할 때 사용되는 변수가 거의 흡사하며, 인구통계적 변수들은 측정하기 용이하기 때문이다.

예를 들면, 인구통계적 요소인 연령과 관련하여 외식기업의 경우, 젊은 고객들은 1970년대는 쇠고기, 1980년대는 치킨과 생선, 1990년대는 X세대에 의해 손으로 먹는 음식(Nacho) 등을 선호하기도 하였다. 맥도날드는 주요 표적시장이라 할 수 있는 어린이들에게 'Happy Meal'이란 주제 하에 장난감 시리즈를 도입하며 재구매 효과를 극대화시켰다.

❸ 심리적 세분화

심리적(Psychographic) 세분화는 개인의 심리와 특성에 근간을 둔 세분화이며, 특히 라이프스타일이 심리적 세분화에 있어 가장 중요한 변수가 되고 있다. 라이프스타일이란 사람들이 살아가는 방식으로서 개인의 독특한 삶의 양식을 의미한다.

❹ 행동적 세분화

행동적(Behavioral) 세분화는 품이나 서비스에 대한 지식, 태도, 사용 및 반응 등에 따라 시장을 세분화하는 방법을 말한다. 일반적으로 행동학적 변수를 사용하여 시장을 세분화하는 것이 가장 효과적인 세분화 방법으로 알려져 있다.

❺ 혜택 세분화

혜택(Benefit) 세분화는 레스토랑의 경우 크게 패밀리 대중형, 분위기형, 그리고 식도락형의 세 가지로 구분할 수 있다. 패밀리 대중형은 편리함과 메뉴를, 분위기형은 음식의 질과 분위기를, 그리고 식도락형은 음식의 질을 가장 중요한 혜택으로 꼽고 있다. 이처럼 혜택추구형으로 구분된 세분시장은 두 가지 측면에서 유용한 시사점을 제공한다.

첫째, 세분시장의 고객이 원하는 혜택을 제공할 수 있는 제품을 개발할 수 있고, 둘째, 기업은 고객과 원활한 의사소통의 기회가 많아진다는 점에서 혜택추구에 따른 세분시장의 장점이 있다.

표 5-6 국내 T.G.I.F의 혜택 세분화

세분시장	세분시장의 특성
기본적 배고픔 해소를 위한 세분시장	허기를 채우는 기본적인 욕구를 충족시키려는 고객으로서, 저소득, 중·고·대학생 등으로 구성됨
건강주의 세분시장	건강에 주안을 두는 고객층으로 오직 건강만이 소비를 경정하는 주요요인이 됨. 비교적 40~50대 이상의 중·장년층에 많이 분포되어 있음
가족화합 세분시장	가족과 함께 식사할 수 있는 단란한 분위기를 가장 중요하게 생각함. 단란함을 추구하는 근로자 가족과 대학교육 이상 높은 교육수준의 중산층에 많음
식생활의 문화적 가치를 추구하는 세분시장	식사가 단지 음식이 아니라 문화적 가치를 지닌다고 인식하는 고객층. 영양보다는 서비스, 이벤트, 새로운 음식에 대한 문화적 경험을 중요시 함. 주로 20~30대의 젊은 층에 많이 분포되어 있음

02. 목표시장 선정

시장세분화가 끝나면 기업은 다양한 세분시장에 대하여 평가를 하고 얼마나 많은 세분시장을 공략해야 하는지, 어떠한 세분시장을 대상으로 마케팅 활동을 수행해야 하는지에 대한 의사결정이 이루어져야 한다. 또한 세분시장 중 경쟁사 대비 경쟁우위가 있거나, 미래의 수익가능성과 잠재경쟁자의 진입가능성 등에 대한 분석이 끝난 후 기업이 구체적으로 마케팅믹스를 개발하여 상대하려는 시장을 말한다.

1) 세분시장의 평가

다양한 세분시장을 평가할 때, 기업은 세 가지 요인을 살펴야 한다.

- 세분시장의 크기와 성장 가능성
- 시장의 매력도
- 기업의 목표와 자원

❶ 세분시장의 크기와 성장 가능성

기업은 현재 세분시장의 매출현황과 성장률에 대한 자료를 수집하고 분석해야 한다. 어떤 기업은 현재의 매출이 큰 시장에 관심을 보이기도 하고 성장률이 높아 보이는 시장을 공략하여 높은 이윤을 얻으려 한다. 그러나 빠르게 성장하는 세분 시장은 모든 기업에게 다 적용되는 것은 아니다. 규모가 작은 기업은 부족한 인력과 자본 혹은 기술력으로 인하여 큰 시장에 맞는 제품이나 서비스 등을 제공할 수 없고 큰 시장일수록 치열한 경쟁을 예상해야 한다. 따라서 이러한 기업은 규모가 작지만 잠재이익 창출이 가능한 시장을 공략하는 것이 올바른 선택이라 할 수 있다.

❷ 시장의 매력도

세분시장이 적정한 크기와 잠재 가능성을 가졌다 할지라도 기업이 흥미를 가질만한 이익을 가져다주지 못할 수 있다. 따라서 기업은 장기적으로 매력도가 있는가와 같은 몇 가지 중요한 구조적 요인을 시험해 보아야 한다. 예를 들면, 어떤 세분시장이 강력한 경쟁자가 세분시장에 존재한다면 매력도는 떨어질 것이다.

또한 다양한 대체재가 존재하는 시장은 가격과 이윤에 한계가 있어 매력도가 떨어질 것이다. 구매자의 교섭력 또한 매력도에 영향을 미치는데 구매자의 교섭력이 판매자의 교섭력에 비해 크면 가격의 하락을 강요하게 되고 결국 기업의 입장에서는 시장의 매력도는 떨어지게 된다.

❸ 기업의 목표와 자원

모든 기업이 그들의 세분시장과 관련하여 기업 목표와 자원을 가지고 있다. 그러나 매력적인 세분시장이라 할지라도 기업의 장기적인 목표와 맞물리지 않는다면 시장은 쉽게 사라져 버린다.

매력적인 세분시장은 종종 기업의 장기적인 목표에서 기업을 이탈시키기도 하며 기업으로 하여금 환경적, 정치적, 사회적 관점에서 최악의 결정을 내리게 한다. 그리고 만약 기업의 목표와 세분시장이 조화를 이룬다면 기업의 자원과 능력에 대한 검증이 필요하다.

기업이 세분시장에서 충분히 경쟁을 할 수 있는 역량이 없다면 쉽사리 시장을 점유할 수 없고 오히려 그 세분시장에 들어가지 않는 것이 좋다. 기업은 세분시장 내에서 경쟁사 대비 취할 수 있는 이익이 클 경우, 그 시장에 침투해야 하는 것이다.

2) 목표시장 선정

목표시장은 비슷한 욕구를 갖거나 특성을 가진 집단으로, 기업이 제품이나 서비스를 제공하기로 결정한 시장을 의미한다. 기업은 세 가지의 목표 시장 적용 전략 중 한 가지를 수요해야 한다.

❶ 비차별적 마케팅

비차별적 마케팅(Undifferentiated Marketing)을 선택한 기업은 세분화를 통한 차별성을 인정하지 않고 전체시장을 공략한다. 따라서 기업은 시장의 차별성을 찾으려 하지 않고 공통점을 찾으려 노력하게 된다. 이러한 기업의 마케팅 계획은 많은 수의 구매자를 위한 전략을 계획하고 수행하는데, 대량공급이나 무차별적 광고는 이러한 기업이 소비자 마음에 제품이나 서비스의 우수성을 알리기 위해 선택하는 가장 기본적인 전략이라 할 수 있다.

예를 들면, 초기 맥도날드는 한 종류의 한 사이즈 햄버거를 판매하였는데, 이러한 경우가 대표적인 비차별적 마케팅이라 할 수 있다.

❷ 차별적 마케팅

차별적 마케팅(Differentiated Marketing)은 기업이 목표로 한 세분시장에 따라 차별화된 제품이나 서비스를 제공하는 전략으로, CJ 푸드빌은 베이커리, 스테이크 요리, 면 요리, 이탈리안 음식, 주스 바 등의 다양한 외식메뉴의 서로 다른 브랜드 포트폴리오를 디자인하여 각 시장마다 다른 전략을 수행하고 있다.

❸ 집중화 마케팅

집중화 마케팅(Concentrated Marketing)은 제한된 자원을 가진 기업에서 주로 수행하는 전략으로 큰 시장에서 발생할 수 있는 작은 몫을 기대하기보다 한 시장에서 발생하는 큰 부분이나 여러 작은 시장에서 발생하는 작은 몫의 합을 기대하는 경우이다. 집중화 마케팅은 호텔 및 외식 기업에서 활발히 진행되고 있다.

TIP | Subway

유명 리서치 기관인 Mintel Foodservice에 의하면, 미국 전체 레스토랑의 조찬 매출 중 55% 이상이 패스트푸드 업체로서 많은 패스트푸드 업체들이 조식메뉴 개발에 집중하고 있다.
특히, Subway는 2010년 4월부터 기존 영업시간을 오전 10시에서 7시로 앞당겨 조식을 개시하고 있다. 건강에 민감한 사람들을 위해 계란과 치즈를 섞어 만든 메뉴, Seattle's Beat Coffee와 제휴하여 만든 커피와 오믈렛 샌드위치 등이 대표적이다.
따라서 Subway의 소유주 Tim Ryan은 시험 마케팅의 결과인 6% 정도의 매출상승 효과를 기대하고 있다.

03. 포지셔닝

1) 포지셔닝의 개념

포지셔닝이란 고객의 마음속에서 타 경쟁사와 비교하였을 때, 상대적으로 우리 기업의 제품이나 서비스가 어떠한 위치를 차지하고 있는가를 말한다.

Kevin Keller는 포지셔닝을 '지속적으로 차별적 우위가 가능한 혜택을 고객 인식 속에 심어주는 작업'으로 정의하고 있다. 또한 포지셔닝은 경쟁사들을 고객의 마음 밖으로 몰아내는 것이라고 하였다. 즉, 기업이 의도한 포지셔닝이 효과적으로 계획되었다 하더라도 목표시장의 고객이 생각하고 있던 것을 전달하지 못한다면 목표고객은 경쟁사로 이동할 것이다.

2) 포지셔닝의 유형

❶ 객관적 포지셔닝

객관적 포지셔닝(Objective Positioning)은 제품, 서비스 혹은 브랜드의 객관적 속성과 관련된 것으로서 물질적 특성 및 기능적 특성을 나타내는 제품에 대한 이미지를 창조해내는 것이다. 즉, 제품의 차별화가 명백하며, 독특한 특성을 지니고 있는 제품 및 브랜드에 적합한 포지셔닝 전략이다.

예를 들면, Mr. Steak는 스테이크를, Pizza Hut은 피자를, Burger King은 햄버거를 판매한다는 이미지를 브랜드 자체에서 파생시키고 있다.

❷ 주관적 포지셔닝

주관적 포지셔닝(Subjective Positioning)은 제품, 서비스 혹은 브랜드의 주관적 속성과 관련된 것으로 혜택에 의한 감지를 통하여 구매결정을 유도하는 포지셔닝 전략이다. 외식기업 제품의 무형성을 고려할 때, 주관적 포지셔닝이야말로 진정한 포지셔닝 전략이라 할 수 있다. 즉, 제품이 무형적이기 때문에 제품의 물질적 특성이 아닌 고객들의 추구혜택을 기본으로 하는 포지셔닝이다.

T.G.I.F, 베니건스의 캐주얼하고 흥미있는 분위기, 스테이크 레스토랑에서의 'sell the

sizzle the steak' 등의 사례가 대표적인 주관적 포지셔닝의 대표적인 사례라 할 수 있다.

외식산업에서 주관적 포지셔닝이라 할 수 있는 '다수의 법칙'에서 성공한 브랜드는 다음 <표 5-7>과 같다.

표 5-7 주관적 포지셔닝에 의한 성공적 외식기업

부문	브랜드	부문	브랜드
햄버거	McDonald's	아이스크림	Baskin Robbins
치킨	KFC	팬케익	IHOP
로스트비프	Arby's	와플	Waffle House
핫도그	Vienna Schnitzel	피자	Pizza Hut
커피	Starbucks	샌드위치	Panera
도넛	Dunkin	서브마린샌드위치	Subway
쿠키	Mrs. Fields	멕시칸 패스트푸드	Taco Bell

3) 포지셔닝 전략

포지셔닝의 전략은 다음과 같다.

❶ 표적시장의 선정

포지셔닝 전략의 시발점은 표적시장의 파악이다. 표적시장의 파악은 포지셔닝 전략이며, 동시에 시장세분화전략을 제외한 모든 마케팅 전략의 필수조건이며, 동시에 시발점이다.

❷ 경쟁대상의 선정

경쟁대상은 전체산업일 수 있고, 특정 브랜드일 수 있다. 즉, 포지셔닝 전략의 효과는 경쟁범위를 어떻게 정하고, 경쟁대상을 어떻게 선정하느냐에 따라 달라질 것이다.

햄버거 선도기업이라 할 수 있는 맥도날드는 'You desrve a break today' 캠페인을 통해 전체 외식산업을 대상으로 포지셔닝을 하였으며, Wendy's는 'Where is the beef' 캠페인을 통해 맥도날드와 Burger King을 대상으로 포지셔닝한 사례가 있다.

❸ 주요 혜택에 대한 약속을 통한 경쟁사와의 차별화

경쟁사와의 차별화란 고객들에게 강력하게 인지되어 있고, 호의적으로 평가되는 브랜드 고유의 연상들이다. 주로, 물질적 속성, 서비스, 마케팅 행위, 인적자원, 위치, 이미지 등이 있다.

차별화 전략에서 유의해야 할 사항은 차별화에 집중하다 기본적인 속성에 문제가 발생하지 않도록 해야 한다는 것이다. 차별화 전략의 유형에는 현 위치 강화, 시장강자와의 차별화, 경쟁자를 낮게 혹은 재위치시킴, 범주적 차별화 등이 있다.

❹ 유형적 단서의 조작

외식산업과 같은 환대산업에서는 제품의 광고와 관련하여 추상적, 환상적 이미지 보다 유형적 단서를 사용하는 기법이 중요하다.

❺ 포지셔닝 성명서의 개발

포지셔닝 성명서(Positioning Statement)는 제품과 브랜드에 대한 설명적 혹은 설득적 정보를 전달하여 주는 함축된 문구를 의미한다. 즉, 고객들이 제품이나 브랜드를 이해하는데 유용한 고리 혹은 손잡이 역할을 한다.

다음 <표 5-8>은 주요 외식기업의 포지셔닝 성명서를 보여주고 있다.

표 5-8 주요 외식기업 포지셔닝 성명서

기업	포지셔닝 성명서
Burger King	· Have it Your Way / Home of Whopper
Chipotle Mexican Grill	· Food with Integrity
KFC	· Finger Lickin' Good
McDonald's	· We Do It All For You / I'm Lovin' it
Pizza Hut	· Make it Great
Taco Bell	· Think Outside the Bun / Live Mas
Yum! Brands	· Yummy! Yummy in My Yummy! Tasty Good

❻ 획일성 유지

포지셔닝 전략은 마케팅 전략의 근간이다. 일단 정립된 포지셔닝은 기본전략의 최종 결정체이며, 동시에 기능적·영업전략의 모든 마케팅믹스에 스며들어야 한다. 즉, 그 획일성이 우산개념(Umbrella Concept)으로 유지되어야 한다.

TIP | 영원한 2위 Burger King

획일성의 가장 대표적인 사례는 Burger King이다. Burger King은 항상 McDonald's와 유사 전략을 추구하며 공격적 광고로 McDonald's를 공격한다. 예를 들면, McDonald's가 조직메뉴를 늘리면 그대로 따라 했고, McDonald's가 Chicken Nugget을 추가하면 Chicken Tender를 추가하였고, McDonald's가 Ronald McDonald를 창안하자 Magical Burger King을 창안하였다. 또한 어린이 메뉴 및 놀이터를 McDonald's가 만들자 그대로 모방하였다.
많은 사람들이 Burger King의 햄버거 맛이 좋다고 인정하지만, Burger King의 전체 매출은 McDonald's보다 $\frac{2}{3}$가 적었으며, 점포당 평균 매출액은 McDonald's보다 $\frac{1}{3}$이 적다.
이와 같이 Burger King이 유사전략을 추구하는 한 영원히 McDonald's를 이길 수 없을 것으로 판단된다.

04. 마케팅믹스

마케팅의 핵심요소를 흔히 4Ps라고 하는데, 제품(Product), 가격(Price), 장소(Place), 촉진(Promotion)의 핵심요소를 잘 혼합하면 마케팅 효과를 극대화시킬 수 있다.

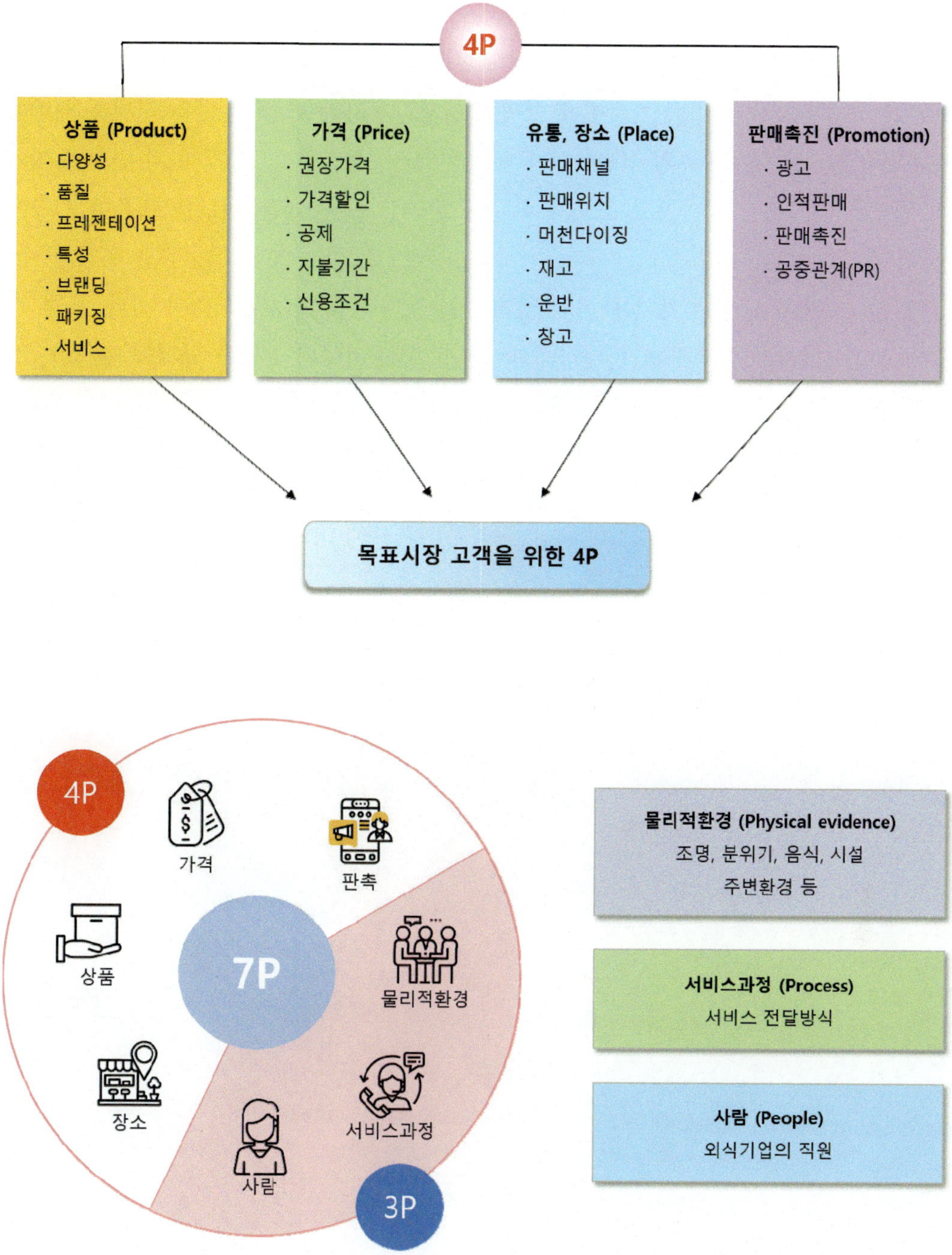

출처: 정유경(2018). 외식산업경영. 북넷

그림 5-11 마케팅믹스

고객에게 전달하는 제품은 제품이나 서비스, 포장, 디자인, 브랜드, 품질, 등의 요소를 포함하고 있으며 결국 어떻게 제품과 서비스 차별화를 꾀할 것인가에 대한 전략이다. 최근엔 고객들의 기호변화, 기술변화 그리고 경쟁환경의 변화 등에 맞는 신제품 개발에 능숙해야 한다. 모든 제품은 수명주기가 있다. 제품이 출시가 되고 몇 번의 변화를 거치며 결국은 시장에서 사라지고 소비자 욕구를 좀 더 충족시키는 새로운 제품이 시장에 등장하는 것이다.

가격은 고객이 느끼는 가치에 비해 낮게, 비용보다는 높게 책정되어야 한다. 또한 기업의 측면에서는 이익극대화, 판매극대화 그리고 경쟁기업의 진입을 규제할 수 있는 가격을 찾기 위한 전략이라 할 수 있다.

장소는 기업이 제품이나 서비스를 판매하거나 유통시키는 곳으로, 제품이나 서비스가 고객에게 노출되는 장소라는 물리적 개념과 함께 유통경로와 관리를 모두 포함하는 공간적 개념에 대한 전략이라 할 수 있다.

마지막으로, 촉진은 광고, PR, 다이렉트 마케팅, 판매촉진 등 고객과의 의사소통을 의미한다. 촉진은 고객과 기업 사이에 이루어지는 다양한 소통방식임과 동시에 기업과 고객이 속한 사회와의 의사소통 전략을 의미하기도 한다.

05 S·E·C·T·I·O·N

다브랜드 전략과 코브랜딩 전략

01. 다브랜드 전략

1) 다브랜드 전략의 개념

최근 경기 불황으로 인해 단일 브랜드만으로는 한계를 인지한 외식업계에 다브랜드 전략이 주목을 받고 있다. 하나의 외식업체가 타깃층을 세분화하여 두 세 개의 브랜드로 시장 공략에 나서는 것에서 더 나아가, 최근에는 한 점포에 여러 외식 브랜드를 동시에 입점시키는 현상이 눈에 띄게 늘어난 것이다.

특히, 한 건물에 다른 외식업체가 각각의 브랜드를 입점시켜 경쟁하는 방식이 아니라 한 외식업체의 여러 브랜드가 입점, 상호 보완적 관계를 유지하며 윈-윈 효과를 누리는 방식이 증가하고 있다는 점이다.

다브랜드 전략(Multi Brands Strategy)은 고객의 다양한 욕구를 서로 다른 세분시장으로 보고 한 기업 내에서 다양한 컨셉의 레스토랑을 운영하면서 동시에 몇 개의 세분시장을 목표로 마케팅 활동을 하는 것을 말한다.

현재 국내 외식업계의 다브랜드 전략을 살펴보면, 크게 2가지 유형으로 나누어 볼 수 있다. 하나는 브랜드 확장의 개념이고 하나는 신규 브랜드 개발의 개념이다.

브랜드 확장은 기존 브랜드의 콘셉트를 약간 변형시켜 새로운 브랜드를 선보이는 전략을 말한다. 예를 들면, 썬앳푸드가 운영하고 있는 '스파게띠아'의 경우처럼 객단가나 인테리어 등을 업그레이드 시킨 상위 콘셉트의 레스토랑을 '스파게띠아 클라시코'라는 이름으로 선보이고 있는 것이 대표적인 사례라 할 수 있다.

한편, 신규 브랜드 개발은 기존 브랜드와 다른 컨셉으로 브랜드를 선보이는 것을 말한다. 신규 브랜드 개발은 소비자들의 다양한 니즈를 만족시킨다는 기존 다브랜드 전략의 목적을 잘 나타내고 있는 방법이다. 폭넓은 타깃들을 공략할 수 있는 방안이라 할 수 있다. 예를 들면, CJ 푸드빌은 빕스, 카페소반, 뚜레쥬르, 콜드스톤 크리머리 등 확실히 다른 카테고리에 속해 있는 브랜드를 운영하고 있다.

▲ YUM brand

▲ CJ 푸드빌

2) 다브랜드 전략의 사례

디딤은 한정식집 백제원, 일식집 도쿄하나, 레스토펍 풀사이드 228 등의 브랜드를 운영 중이다.

CJ 푸드빌은 빕스, 계절밥상, 비비고, 제일제면소, 뚜레쥬르, 투썸플레이스 등 다양한 브랜드를 운영하며 차별화된 식문화를 이끌어나가고 있다. CJ 푸드빌은 외식 브랜드와 프랜차이즈 브랜드로 나뉘어 국내뿐만 아니라 해외에도 활발하게 진출하며 시장을 이끌고 있다. 그러나, 경영환경 악화 및 글로벌 경제위기로 현재는 확장전략을 자제하고 있다.

최근엔, 더본코리아가 주목을 받고 있다. 더본코리아의 성공전략 중 첫째는 브랜드 핵심 품질 중심 가맹점주와 상생전략으로 가격대비 좋은 품질의 제품과 서비스를 제공하고 있다. 둘째, 브랜드 하이어라키(Hierarchy) 전략으로 독립 브랜드 전략과 연계 브랜드 전략을 구사하고 있다. 마지막으로, 개인 브랜드 홍보 전략으로 음식과 관련된 다양한 프로그램에 출연해 음식 전문가로 포지셔닝하여 신뢰도를 제고하고 있다.

▲ 더본 코리아

02. 코브랜딩 전략

1) 코브랜딩 전략의 개념

코브랜딩 전략(Co-Branding Strategy)은 두 개 이상의 브랜드를 합쳐 고유한 브랜드로 시너지를 일으키는 전략으로, 듀얼브랜딩(Dual Branding) 혹은 공동브랜딩이라고도 한다.

코브랜딩의 목적은 제휴를 통해 제휴 파트너 브랜드와의 연상을 통해 자사의 브랜드를 강화하기 위함이다. 또한 규모의 경제성 추구, 위험 및 투자비용의 분산, 경쟁우위

자산의 보완적 공유, 기술획득 및 이전, 시장의 신규진입과 확대모색, 과다한 경쟁방지 등이며 이러한 코브랜딩은 기업들이 자신들의 브랜드를 운용하는데 있어서도 확대적용 되고 있다.

따라서 코브랜딩은 강력한 인지도를 가진 브랜드끼리 힘을 합쳐 독자적으로 존재할 때보다 두 배 이상의 매출증대와 이미지 개선이 가능하다.

한편, 코브랜딩의 장점으로는 첫째, 신제품에 대한 브랜드 인지도를 높일 수 있다는 것이다. 둘째, 기존 브랜드와 관련하여 부정적 이미지를 바꿀 수 있다. 셋째, 고객에게 품질에 대한 확신을 강화시킬 수 있다. 마지막으로, 공동마케팅을 통해 마케팅 활동비용을 줄일 수 있다.

▲ Marriott + Starbucks

▲ Dunkin + Baskin Robins

2) 코브랜딩의 사례

오리지널 스무디 브랜드 '스무디킹'은 브랜드 미션인 'A Healthy & Active Lifestyle'을 알리기 위해 스포츠 브랜드 르꼬끄와 공동마케팅을 진행하고 있다.

또한 미국 괌의 웨스틴 호텔 1층 로비에 스타벅스 커피전문점이 대표적이다. 괌 웨스틴 호텔의 입장에서는 유명 브랜드의 커피전문점을 제공하여 고객들에게 편의를 제공하고, 스타벅스는 괌 웨스틴 고객들에게 브랜드 인지도를 증대시킬 수 있는 계기가 되고 있다.

또한 팀홀턴스 커피체인과 콜드스톤 아이스크림 체인도 코브랜딩을 통해 커피와 아이스크림을 함께 제공함으로써 고객이 좀 더 다양한 선택의 폭을 갖도록 하고 있다.

CHAPTER 06

외식사업 인적자원관리 전략

학습목표

01. 외식사업 인적자원관리의 개념 및 중요성을 이해한다.
02. 외식사업 직무분석의 개념과 목적, 직무기술서 및 직무명세서를 확인한다.
03. 외식사업 채용관리의 의미, 채용, 모집, 선발관리를 이해한다.
04. 외식사업 평가관리의 의미와 목적, 원칙, 형태, 인사평가 작성법을 확인한다.
05. 외식사업 교육훈련 및 경력개발관리를 이해한다.

도입 사례 Starbucks 교육훈련 시스템 : 사람이 답이다.

스타벅스에서 추구하는 서비스의 이상향은 '그들은 커피를 팔지 않는다. 커피 한잔에 담긴 가치를 판매한다'이다. 스타벅스는 전 세계 63개국 2만 3천여 매장에서 무려 30만 명의 파트너들이 근무하는 세계 최고의 커피전문 기업이다. 1년에 소비되는 스타벅스 종이컵이 23억 개이고, 1987년 이후 매일 평균 2개의 점포가 오픈되고 있다.

❖ 스타벅스 인재상

스타벅스는 명확한 인재상이 있다. 스타벅스는 자신의 비전과 문화 등이 지원자의 목표와 강점, 가치와 부합되는지를 확인한 뒤, 자사와 궁합이 맞는 파트너를 채용한다. '천리마는 항상 있지만, 명마를 알아보는 안목은 항상 있지 않기에', 스타벅스는 그러한 사람을 채용할 수 있는 채용 가이드를 만들어 매니저 점장이 스타벅스 인재를 선별할 수 있게 돕고 있다.

❖ 스타벅스 교육훈련 시스템

스타벅스 직원이 되면 80시간의 공통된 교육훈련을 받는다. 공통교육 외에도 바리스타, 슈퍼바이저, ASM, SM, DM 직급에 맞는 직급별 교육 프로그램이 존재하며 온라인과 모바일, 오프라인 등의 다양한 형태로 교육이 제공된다. 직원들이 단계별로 성장할 수 있는 로드맵을 갖추고 있기에 그들은 항상 교육에 주안을 두고 있다.

스타벅스는 독립된 아카데미를 갖추고 있다. 스타벅스에 채용이 되면 매장근무에 앞서 아카데미에서 9시간의 입문교육을 받게 된다.

교육내용으로는 인사교육, 윤리경영, 스타벅스 경험, 스타벅스 커피, 스타벅스 고객, 스타벅스 업무이해, 스타벅스 서비스 등으로 구분되어 근무에 앞서 그들을 철저한 스타벅스 인으로 만들어 준다.

특히, 교육장 내에서 실제 스타벅스 매장에서 사용하는 각종 기물이 세팅되어 있는데, 교육장은 실제 매장과 동일한 형태가 가장 좋다. 직무에 대한 현장적응력을 높여주기 때문이다. 모든 교육생에게는 자신에게 꼭 맞는 유니폼이 제공되며, 자신이 일하게 될 스타벅스에 대한 꿈과 설렘을 심어준다. 스타벅스의 커피 한잔에는 맛과 향, 공간과 문화가 담겨 있다. 그 가치를 전할 수 있는 사람이 있기에 스타벅스가 세계적인 기업이 된 것이라 할 수 있다.

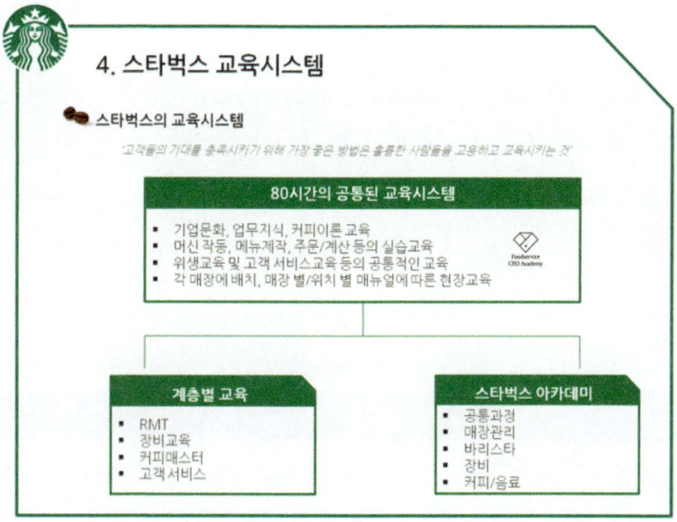

출처: 네이버 블로그. 스타벅스 교육훈련 시스템, 사람이 답이다.

01 S·E·C·T·I·O·N

외식사업 인적자원관리 이해

01. 인적자원관리의 개념

인적자원관리(HRM : Human Resource Management)라 함은 기업의 경영목표달성에 필요한 인적자원의 확보, 개발, 보상, 유지 및 동기부여에 관한 일련의 과학적 관리활동을 의미한다. 인적자원관리의 체계를 모델로 정리하면 다음 <그림 6-1>과 같이 나타낼 수 있다.

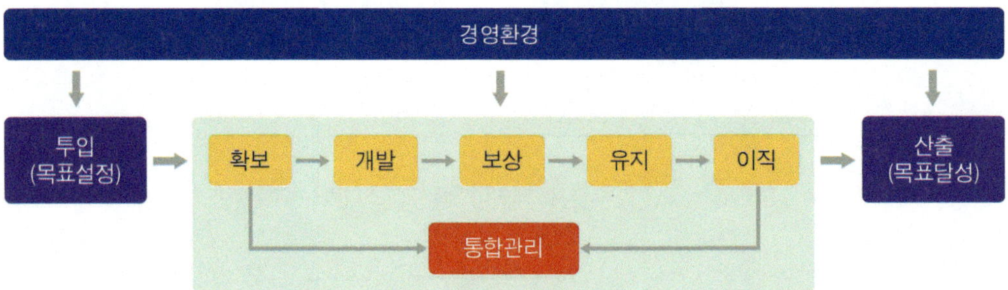

출처: 김이종·이규태(2019). hospitality human resources management

그림 6-1 인적자원관리의 개념

무한경쟁시대에서 기업의 생존전략은 인적자원을 얼마나 효율적으로 관리하느냐에 달려 있다. 현대사회에서는 기업환경의 급격한 변화에 따라 인간의 욕구와 가치관도 다양해지고 있다. 그러므로 기업은 구성원의 현재 및 미래 욕구를 충족시켜야 하고, 개인도 자신의 직장생활을 계획하며 그것을 자신이 참여하는 조직의 요구와 적절히 조정할 수 있어야 한다. 이처럼 조직목표와 개인목표가 조화를 이루도록 하는 것은 인적자원관리의 중요한 과제이다.

따라서 인적자원관리는 구성원들이 자발적으로 조직목표달성에 적극적으로 기여하도록 함으로써 조직발전과 개인발전, 안정을 도모하며, 조직에서의 사람을 다루는 철학과 그것을 실현하는 제도 및 기술체계라 할 수 있다.

02. 인적자원관리의 중요성과 특이성

1) 인적자원관리의 중요성

'기업은 사람이다' 혹은 '인재가 제일이다' 하면서 인적자원의 중요성을 강조한다.

❶ 인사가 만사다!

재무, 생산, 회계, 판매와 같은 모든 경영활동은 인적자원에 의해 이루어진다. 예를 들면, 마케팅 직원에 대한 인사평가가 잘못되어 승진, 보상에 불만을 품게 되면 판매활동을 제대로 할 수 없을 것이다. '인사가 만사(萬事)다' 라고 고백한 경영자의 말은 이를 두고 하는 말이다.

즉, 기업성과는 사람의 능력과 의지에 달려있기 때문에 인적자원을 효율적으로 관리·통제하는 것이 매우 중요하다고 할 수 있다.

❷ 지식정보자원의 중요성

기업은 지식정보사회에서 치열한 경쟁을 하고 있기 때문에, 상대적으로 인적자원의 가치가 재무적·물질적 가치보다 중요해지고 있다. 과거의 경우, 기계의 노후화, 자본부족으로 인해 공장을 증설하지 못하면 기업성장은 어려웠다.

그러나, 최근엔 자신에게만 의지하여 소자본으로 성공한 기업들을 종종 볼 수 있다. Google, Apple, 3M, GE가 대표적이다.

❸ 무한개발가능성

인적자원은 물적·재무적 자원과는 달리 증대시켜서 사용할 수 있는 자원이기 때문에, 지속적으로 개발·발전시키는 노력이 필요하다. 따라서 개발과 교육은 인적자원관리의 중요한 분야이다.

❹ 인간적인 삶

인적자원관리가 타 분야보다 상대적으로 중요한 이유는 구성원의 생활과 연관되어 있기 때문이다. 즉, 다른 자원들이 비효율적으로 관리되었을 때, 그 결과는 조직과 경영자에게 영향을 주지만, 인적자원관리가 잘못되면 조직과 경영자 외에 구성원들에게도 부정적 영향을 미친다.

❺ 환경대응능력

인적자원관리는 그 나라의 법, 문화, 관습, 경제상황, 시장 등 기업이 속한 사회와 밀접한 관련이 있기 때문에 매우 복잡하고 어렵다. 따라서 인적자원을 관리하는데 있어 많은 지식과 주의가 요구된다. 그리고 변화속도가 매우 빠르기 때문에, 이에 대한 신속한 대처를 위해서는 인적자원의 역할이 매우 중요하다.

2) 인적자원관리의 특이성

인적자원관리가 다른 자원관리보다 차별화되는 가장 근본적인 이유는 관리대상이 사람이라는데 있다. 즉, 인적자원은 다른 자원이 지니고 있지 않은 특이성을 소유하고 있다.

❶ 능동성

인간은 기계와 달리 자극에 따라 능동적으로 반응한다. 즉, 기계 및 설비의 생산성은 양과 질에 달렸지만, 인간의 생산성은 양과 질이 아무리 좋아도 관리하는 자극형태에 따라 반응(적극적 노력 혹은 나태)이 증가하거나 감소할 수 있다.

❷ 존엄성

사람은 하나의 인격체이다. 따라서 생산성 극대화를 위해 업무를 가중시켜서는 안된다. 노동시장은 최저임금제라는 것이 있다. 그리고 구성원들 간 인간관계, 경제적 보상 및 심리적인 만족에도 신경을 써야 한다.

❸ 개발성

기계, 설비, 원료는 시간이 경과함에 따라 소비된다. 예를 들면, 고가의 기계라도 시간이 경과함에 따라 감가상각이 이루어진다. 그러나, 인적자원은 연봉 2천만 원에 채용하였지만, 지속적인 교육훈련을 통해 그 가치가 증대될 것이다.

❹ 소진성

인적자원은 기업에서 노동을 제공할 수 있는 기간이 20~60세로, 사람이 제공할 수 있는 노동력은 계속 소진되기 마련이다. 즉, 자본과 원료는 나중에 사용해도 가치가 보존되지만, 노동력은 일단 채용하면 바로 소비되는 것이다.

연봉 3천만 원에 계약한 직원을 한 달 동안 사용하지 않더라도 그 노동력을 한 달 동안 사용한 것과 마찬가지이기 때문에 신중히 관리할 필요가 있다.

03. 외식사업 인적자원관리의 중요성

인적자원관리는 외식산업에서 기업 경쟁력 그 자체라고 볼 수 있다. 조직의 성과에 인적자원의 욕구와 동기, 태도와 행동 그리고 조직문화 적응 정도 여하에 따라 큰 영향을 미친다.

인적자원의 양과 질이 아무리 우수해도 이들이 효율적으로 활용되지 못하면 조직의 성과에 전혀 도움이 되지 못한다. 우수한 인적자원을 제대로 육성하고 활용할 때에 조직의 성과는 배가 된다. 이러한 측면에서 인적자원 관리는 대단히 중요하다.

특히, 오늘날과 같은 급격한 경영환경의 변화 속에서는 인적자원들이 적극적으로 대처해주지 않으면 기업 조직은 살아남을 수 없다. 치열한 경쟁환경 속에 고객의 태도와 취향의 변화, 구성원 간 개인별 특성의 현격한 차이, 연령 간 가치관 충돌 등 대·내외 환경변화에 기업내부의 인적자원들이 효과적으로 대처해야 경쟁력을 유지할 수 있다.

그러나, 인적자원관리가 중요한 영역임에도 불구하고 우리 산업현장에는 인적자원관리에 대한 세심한 노력이 부족하다.

특히, 외식산업에서는 서비스 산업의 특성상 더더욱 인적자원 관리가 기업의 흥망을 좌우한다. 인적자원 관리에 대한 체계적 접근부족에 의한 잦은 이직으로 번잡스런 입사와 퇴사, 숙련도와 업무노하우의 미축적 등은 외식산업의 경쟁력에 부정적인 영향을 미친다. 외식산업의 성공을 위해서는 인적자원관리의 중요성을 인식하고 인적자원관리를 효율적으로 해야 한다.

외식산업에서는 인적자원 관리 활동이 다른 산업분야 보다 상대적으로 뒤쳐져 있다. 재무, 시설, 자재 등 물적자원관리에 급급해 중요한 인적자원관리에 소홀했다. 결국, 물적자원관리는 바로 인적자원에 의해 그 성패가 좌우된다. 물적자원의 성공은 인적자원관리를 제대로 했을 때에 달성되는 것이라는 것을 잘 인식하고 기업경영의 역량을 모아야 할 것이다.

02 SECTION

외식사업 직무분석

01. 직무분석의 개념과 목적

1) 직무분석의 개념

최근, 조직이 복잡해지면서 보다 많은 직무가 요구되고 있다. 이러한 이유로 조직은 직무분석을 통해 합리적인 인적자원관리의 토대를 마련하고 조직목표를 재조정하여 경영합리화를 지향하게 된다.

직무분석에 대한 연구는 제 1차 세계대전 이후 경영규모가 확대되고 기계화가 진전됨에 따라 기존 직무를 분류하여 단순화한 직무내용을 밝히는 직무분석이 1920년에 도입되었고, 1930년대에 널리 보급되었다. 이와 같은 연구는 테일러(Taylor)의 시간연구(Time Study)와 길브레스(Gilbreth)의 동작연구(Motion Study)를 통해 직무분석의 기초가 되었다.

직무분석이란 직무를 구성하는 구체적인 과업을 설정하고 지식, 기술과 능력 등 직무와 직무수행에 요구되는 기본사항에 대한 정보를 수집, 분석, 정리하는 과정이다. 이는 조직목표달성을 위한 합리적인 채용기준, 적재적소 배치, 전환, 교육훈련, 경력계획, 인사평가의 기초자료 및 조직합리화 자료 등에 활용될 수 있다.

2) 직무분석의 목적

직무분석은 직무내용과 직무요건을 명확히 하는 기법이다. 또한 인적자원관리 활동에 필요한 정보를 획득하는 것을 목적으로 한다.

즉, 직무분석은 인간의 노동력을 과학적이며 합리적으로 관리하기 위한 기초작업이라 할 수 있다. 직무분석의 구체적인 목적을 살펴보면 다음과 같다.

○ 직무평가의 기초자료

직무분석은 직무평가의 기초자료가 되는 것으로, 분석자료를 토대로 직무기술서(Job Description)와 직무명세서(Job Specification)를 작성하여 직무평가를 실시하는데 있다.

○ 합리적인 경영관리

조직에서 수행되는 모든 직무와 그들의 상관성에 대한 전체상을 제시한다. 조직은 직무분석을 통하여 수행되는 기능적 직무활동을 파악하고 각각의 표준작업량을 산출할 수 있다.

○ 표준 직무모형 개발

직무분석 결과에는 직무명과 작업량이 표시될 수 있기 때문에, 근무환경이나 업무조건변동을 추정하여 업무재편성 및 인적자원 활용에 유연성을 높일 수 있다.

○ 효율적인 조직관리 운영

기업은 조직을 계획적이고 효율적으로 운영하기 위해 합리적인 조직체계를 갖추어야 한다. 이를 위해 직무분석을 전제로 목표의 체계화, 조직구조의 상황적합성, 책임과 권한의 명확화 등의 원칙에 입각한 조직개편이 필요하다. 따라서 조직은 직무분석을 통하여 업무흐름을 파악하고 조직역량을 강화시킬 수 있다.

○ 인적자원관리 최적화

직무기술서에는 업무, 직무, 책임에 요구되는 지식, 기술, 능력이 포함되므로 인적자원 채용·선발이 직무분석에 기초한다는 것을 보증하는 동시에, 담당직무요건에 적합한 인적자원을 모집·선발·배치할 수 있다. 또한 인사이동, 보상 시스템, 정원관리 등을 위한 기초자료로 활용될 수 있다.

○ 구성원 교육훈련 관리

직무분석은 구성원의 과학적 교육훈련의 기준이 되는 자료를 제공한다.

교육훈련의 목적은 각 구성원의 현재와 미래 직무를 보다 완벽하게 수행할 수 있는 능력개발을 위한 것이다.

○ 임금관리

직무분석은 합리적 임금관리(특히 직무급, 직능급) 확립을 위한 기초작업이라 할 수 있다.

즉, 합리적 임금관리는 각 직무수행과정에서 각 직무의 상대적 가치를 결정하는 직무평가를 실시하고, 인사평가에 의해 구성원 평가를 실시하여 이를 종합하여 임금을 결정하는 방법을 채택하고 있다.

요약하자면, 직무분석의 1차적 목적은 직무기술서와 직무명세서를 작성하여 직무평가를 실시할 수 있는 기초자료를 제공하는데 있으며, 2차적 목적은 합리적인 경영관리 및 조직관리운영, 인적자원관리 최적화, 교육훈련관리, 임금관리 등의 기초자료로 활용되는 데 있다.

02. 직무기술서와 직무명세서

직무기술서와 직무명세서는 직무분석의 최종단계에서 작성된다.

직무기술서는 직무요건(Job Requirement)에 주안을 둔 것이며, 직무명세서는 인적요건(Personality Requirement)에 초점을 둔 것이다.

표 6-1 직무기술서와 직무명세서의 필수 기재사항

직무기술서	직무명세서
· 직무명칭	· 직무명칭
· 직무분류번호	· 성별 및 연령
· 직무권한과 책임	· 동작의 기민성
· 작업자의 평상자세	· 정서적 성격
· 다른 직무와의 협동관계	· 작업자의 정신적 능력
· 승진될 다른 직무명칭	· 작업자의 교양정도
· 필요한 교육훈련	· 경험 및 숙련도
· 임금, 급여액, 근로시간, 작업조건	· 특수기능

❶ 직무기술서

직무기술서는 과업중심적 직무분석으로, 직무의 모든 중요한 사실과 정보의 자료를 일정한 양식에 기록·정리한 문서이다. 따라서 직무기술서는 '직무해설서'라고도 하는데, 기재사항은 매우 다양하다.

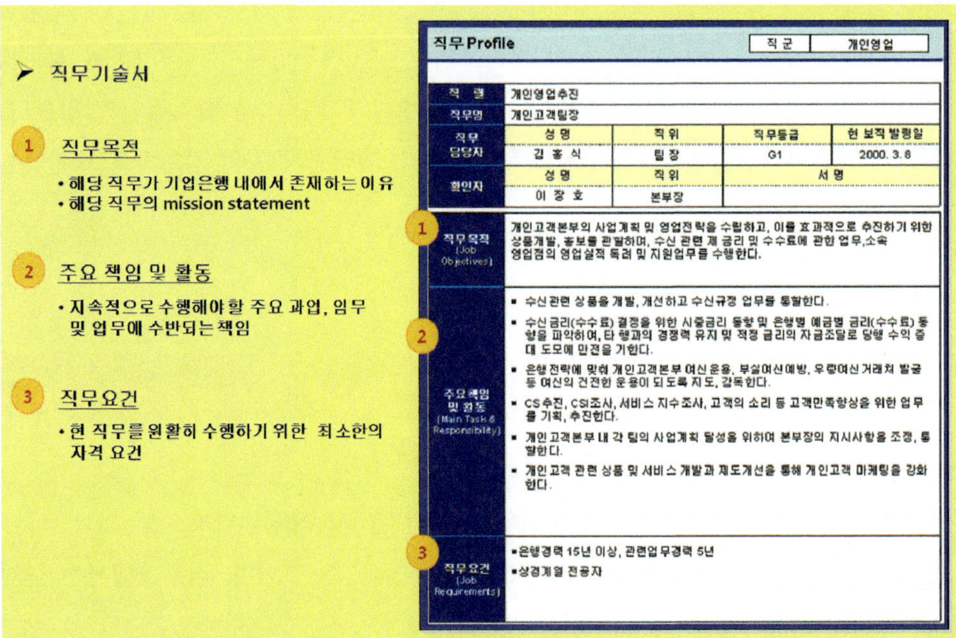

출처: 미국 미네소타대학 산업관계연구소 조사에 의해 개발 보급된 사례.

그림 6-2 직무기술서

❷ 직무명세서

직무명세서(Job Specification)는 인간중심적 직무분석으로, 직무수행에 필요한 구성원의 자격요건을 일정한 양식에 기록한 문서이다. 즉, 직무명세서는 직무기술서를 기초로 하여 인적자원관리 목적에 따라 필요한 자료를 추출·편성하여 기록한 것이다.

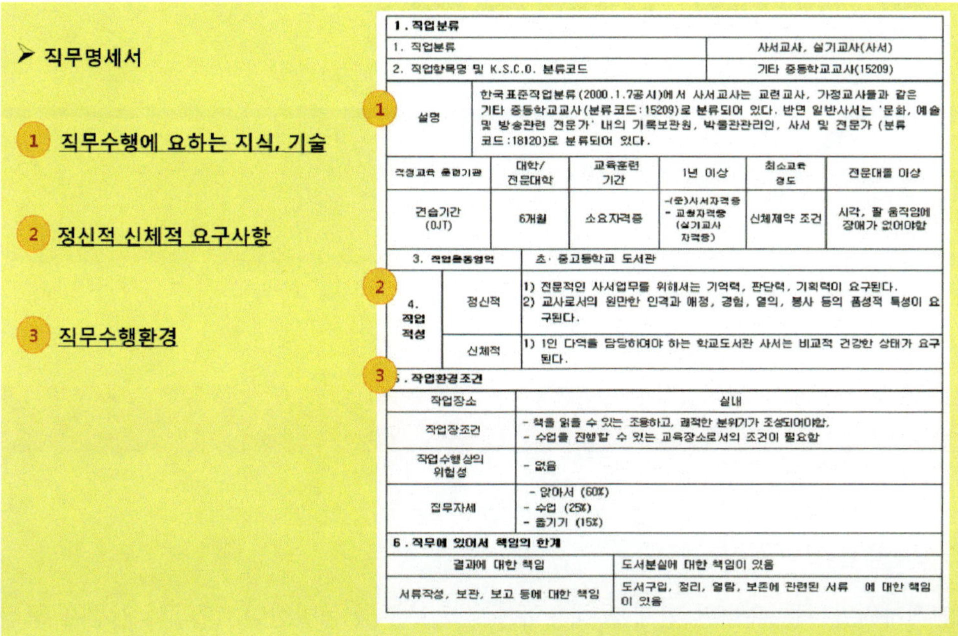

1. 직업분류					
1. 직업분류			사서교사, 실기교사(사서)		
2. 직업항목명 및 K.S.C.O. 분류코드			기타 중등학교교사(15209)		
설명	한국표준직업분류(2000.1.7공시)에서 사서교사는 교련교사, 가정교사들과 같은 기타 중등학교교사(분류코드:15209)로 분류되어 있다. 반면 일반사서는 '문화, 예술 및 방송관련 전문가' 내의 기록보관원, 박물관관리인, 사서 및 전문가 (분류코드:18120)로 분류되어 있다.				
적정교육 훈련기관	대학/전문대학	교육훈련 기간	1년 이상	최소교육 정도	전문대졸 이상
견습기간 (OJT)	6개월	소요자격증	-(준)사서자격증 - 교원자격증 (실기교사 자격증)	신체제약 조건	시각, 팔 움직임에 장애가 없어야함
3. 직업활동영역	초·중고등학교 도서관				
4. 직업 적성	정신적	1) 전문적인 사서업무를 위해서는 기억력, 판단력, 기획력이 요구된다. 2) 교사로서의 원만한 인격과 애정, 경험, 열의, 봉사 등의 품성적 특성이 요구된다.			
	신체적	1) 1인 다역을 담당하여야 하는 학교도서관 사서는 비교적 건강한 상태가 요구된다.			
5. 작업환경조건					
작업장소	실내				
작업장조건	- 책을 읽을 수 있는 조용하고, 쾌적한 분위기가 조성되어야함. - 수업을 진행할 수 있는 교육장소로서의 조건이 필요함				
작업수행상의 위험성	- 없음				
집무자세	- 앉아서 (60%) - 수업 (25%) - 옮기기 (15%)				
6. 직무에 있어서 책임의 한계					
결과에 대한 책임	도서분실에 대한 책임이 있음				
서류작성, 보관, 보고 등에 대한 책임	도서구입, 정리, 열람, 보존에 관련된 서류 에 대한 책임이 있음				

출처: 미국 미네소타대학 산업관계연구소 조사에 의해 개발 보급된 사례

그림 6-3 직무명세서

03 S·E·C·T·I·O·N

외식사업 채용관리

01. 채용관리의 의의

1) 채용관리의 개념

인적자원관리는 유능한 인재를 채용하는 것으로부터 출발한다. 따라서 지원자 모집과 미래직원이 될 사람을 선발하는 과정은 효과적인 인적자원관리를 위한 핵심적이고 전략적인 분야라 할 수 있다. 즉, 경영상 필요로 하는 인원을 정하는 것과 채용기준을 합리적으로 설정하고 지원자 중 기준에 적합한 자를 선발하는 절차이다.

일반적으로, 채용관리는 크게 모집, 선발 및 배치활동 등의 순으로 이루어진다. 모집은 가급적 많은 지원자가 응모하도록 유인하는 적극적 활동인 반면, 선발은 다수의 응모자 중에서 가장 적합한 자를 뽑는 것으로, 부적격자를 배제하는 소극적 활동이다. 그리고 배치는 선발된 구성원에게 적합한 직무를 부여하는 활동이다.

2) 채용관리의 중요성

기업은 사람이라고 말한다. 또한 기업경쟁은 인재로서 승부하는 것이라고 한다. 따라서 경영자의 최대 과제는 우수인재를 어떻게 채용하고 인재의 능력을 어떻게 해야 최대로 활용할 수 있는지에 모아지고 있다. 왜냐하면, 인력확보는 기업의 유지·발전을 위한 인재채용이기 때문이다. 따라서 기업경쟁력은 우수인재 확보를 통해서 실현된다.

인재란 '능력이 뛰어나 도움이 되는 인물'로 정의한다. 흔히, 우리들이 '저 사람은 능력이 있다'고 하는 경우, 그 사람이 '자사가 요구하고 있는 직무수행능력을 가지고 있다'라는 것을 의미한다. 그리고 그 능력요인은 지능, 성격, 지식 등의 총합을 의미하며, 다양한 측면을 내포하고 있다.

표 6-2 채용관리의 중요성

회사에 미치는 영향	개인에게 미치는 영향	사회에 미치는 영향
· 신규 인적자원의 기술과 지식을 동원하여 새로운 전략수립 · 매너리즘에 빠진 조직분위기에 새로운 활력소 · 구성원들을 적성과 능력에 맞게 수평·수직으로 이동시킬 수 있는 유연성 제공	· 구성원에게 일자리 제공 · 구성원 개인의 직장생활 만족	· 고용창출 · 장애인 고용, 남녀평등 고용 등의 사회정의실현

02. 모집관리

1) 모집관리의 개념

모집(Recruitment)이란 회사가 인적자원 선발계획을 외부에 알려 입사 희망자들에게 지원하도록 하는 것을 말한다. 즉, 모집이란 직무명세서에 명시된 인적요건을 갖춘 유능한 인적자원에 대해 조직체에서 근무할 기회를 제공함으로써 유인하는 활동이다.

모집과정은 인적자원계획에 의해 시작되며, 모집 이전에 부족한 인적자원은 바로 충원하지 않고 대체 안을 고려해 본다. 이러한 모집 이전의 대안으로는 초과근무, 하청, 임시직 활용 및 파견근로자 등이 있다. 그리고 상용직 채용의 경우, 내부모집 혹은 외부모집을 할 것인지를 결정해야 한다. 내부모집은 주로 안정화전략 추구 시 필요하며, 외부모집은 변화전략 채택 시 요구된다.

2) 모집의 원천과 방법

❶ 내부모집

내부모집은 사내모집이라고도 하며, 사내승진의 성격을 지니고 있다. 이는 경력을 개발해 온 구성원들을 육성하여 활용한다는 측면에서 개발전략에 해당된다.

내부모집방법에는 기능목록의 활용과 사내공개모집이 대표적이다.

○ 기능목록

기능목록(Skill Inventory)은 모든 구성원들의 인사기록을 토대로 필요한 직무에 적합한 인적자원을 찾는 방법으로, 기능목록, 관리자목록 등을 활용하여 해당지위에 적합한 인재를 찾아내는 것을 말한다. 예를 들면, IBM의 PDS(Personnel Data System)는 관리직·전문직·기술직 구성원들의 자료가 수록되어 있어 인력계획이나 특정자격을 요하는 결원의 충원을 위한 인적자원관리 자료로 활용되고 있다.

○ 사내공개모집

사내공개모집(Job Posting)은 사내 게시판 등을 이용하여 능력과 자격을 갖춘 자를 공개적으로 모집하는 방법으로, 모든 구성원들에게 균등한 기회가 부여된다. 미국의 경우, 주로 화이트칼라 직종에서 이루어지고 있다.

2) 외부모집

외부모집은 기업 외부에서 자격을 갖춘 사람을 노동시장에서 영입하는 전략이다. 이는 외부의 경영환경 변화가 심하고 사업확대 등이 필요할 때 실시한다.

외부모집은 다양한 원천에서 다양한 방법으로 일어난다. 이에 따라 인적자원관리자는 필요로 하는 인적자원을 가장 효과적으로 확보할 수 있는 원천에서 효율적인 방법을 사용해야 한다.

외부모집 원천에는 고등학교 및 직업훈련소, 대학교, 직업소개소 및 취업정보업체, 경쟁기업 및 타 회사, 미취업자 및 실업자, 전문가 단체, 헤드헌팅 등이 있으며, 외부모집

방법으로는 광고, 인터넷 모집(e-Recruiting), 채용박람회, 인턴사원제, 직원추천 및 자발적 응모자 등이 있다.

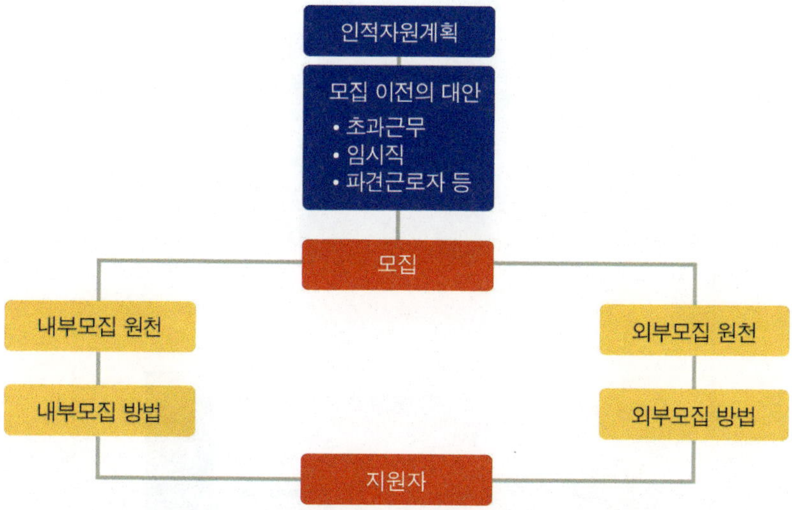

출처: 신건호 외 4인(2011). 글로벌시대의 인적자원관리

그림 6-4 인적자원계획

03. 선발관리

1) 선발관리의 개념

선발(Selection)이란 최적상태의 인적요소를 특정 직무에 일치하도록 결정하는 과정 혹은 지원자 가운데서 기업이 필요로 하는 직무에 가장 적합한 자질을 갖추었다고 판단되는 사람을 고용하려는 과정이다.

2) 선발절차

선발절차란 선발관리를 합리적으로 수행하기 위한 일련의 과정에 차례를 결정하는 것을 말한다. 오늘날 기업의 선발절차는 예비면접, 서류전형, 선발시험, 선발면접, 경력조회, 신체검사 등으로 이루어지고 있다.

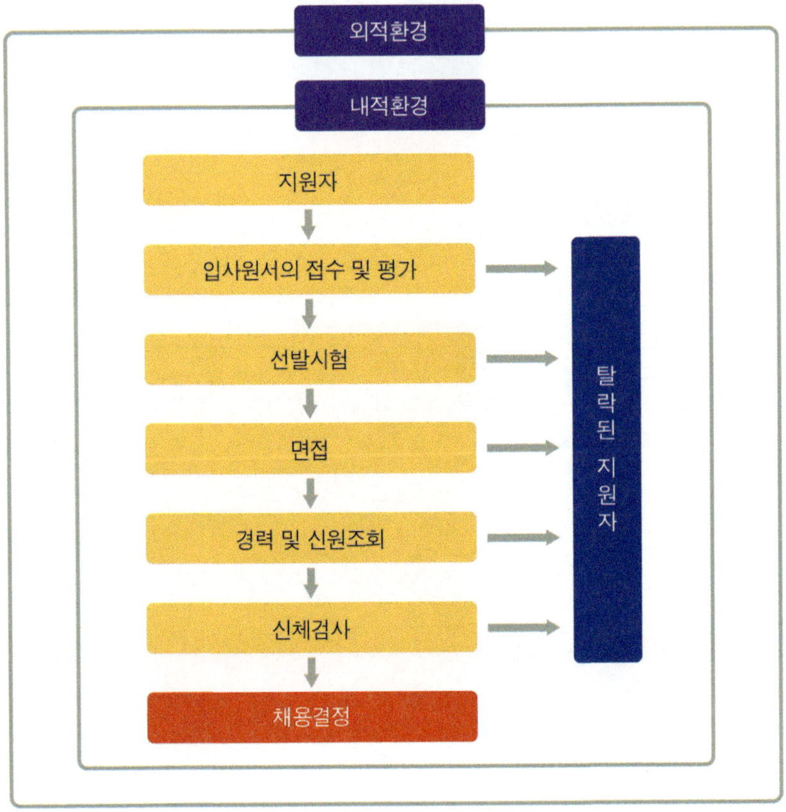

출처: 김이종·이규태(2019). hospitality human resources management

그림 6-5 선발절차

04. 배치관리

1) 배치관리의 개념

배치(Placement)란 모집활동을 통해 선발된 지원자에게 일정한 직무를 할당하는 과정으로, 인적자격과 직무요건을 대응·적합시키는 것이다.

배치는 채용자에게 일자리를 제공한다는 의미 이상을 지니고 있다. 즉, 적재적소의 원칙이다. 아무리 우수한 인재를 선발하였을지라도, 배치가 잘못 이루어진다면, 효과적인 직무성과를 기대할 수 없을 것이다.

2) 배치관리의 원칙

배치관리 원칙에는 다음과 같이 네 가지의 원칙이 있다.

○ 적재적소주의

기업은 새로운 인적자원 확보 시 직무를 기준으로, 합당한 인재를 찾아 배치하는 것을 말한다. 적재적소주의는 구성원들에게 동기를 부여하여 기업목표를 달성할 수 있도록 한다.

○ 능력주의

능력주의란 능력을 발휘할 수 있는 영역을 제공하며, 그 일에 대해 올바르게 평가하고, 평가된 능력과 업적에 대해 만족할 수 있도록 하는 것을 말한다. 여기서 말하는 '능력'은 현재의 능력뿐만 아니라 미래의 잠재적인 능력까지 포함하는 개념이다.

○ 인재육성주의

채용된 인재를 소모시키면서 사용하지 않고, 성장에 주안을 두어야 한다는 원칙이다. 인재육성주의는 구성원의 자주성, 자율성이 존중되는 현대사회에서 중요시되고 있다.

균형주의

단순히 특정 인력만의 적재적소를 고려할 것이 아니라, 상하좌우의 모든 사람에 대한 적재적소와 직장 전체의 적재적소를 실시할 필요가 있다.

04 S·E·C·T·I·O·N

외식사업 평가관리

01. 평가의 의의와 목적

인사평가(Performance Evaluation)란 조직에서 사람을 평가하는 방법을 제도화 한 것으로, 구성원 개개인의 잠재능력, 성격, 근무태도 및 업적 등을 평가하는 것을 말한다. 따라서 평가는 평가목적, 평가원칙, 결과활용에 주안을 두어야 한다. 합리적인 평가제도의 도입을 위해서는 조직의 성격과 환경을 고려하여 어떤 평가전략을 수립할 것인가를 결정해야 한다. 먼저, 이념적 전략을 수립한 후, 이를 실현하기 위한 인적자원관리 전반의 시행원칙, 즉 방침을 정하고 이에 대한 구체적 성과를 예측하여야 한다.

한편 인사평가의 기본적인 목적은 구성원 성과를 평가하는데 있다. 그리고 평가요소, 기준 및 평가방법이 기업의 기본가치와 전략을 잘 반영하고 있느냐가 핵심이라 할 수 있다.

○ 경영전략과의 연계성

인사평가는 기업의 전략적 목표와 구성원의 직무수행활동을 연계시켜 성공적인 경영전략 수행에 요구되는 행동과 활동, 성과를 도출하는 것이다. 따라서 경영전략과의 연계성은 전략적 인적자원관리의 가장 중요한 목적이라 할 수 있다.

○ 성과향상

구성원들에게 평가결과에 대한 피드백을 제공함으로써, 업적, 태도 및 능력이 개선되어 기업성과를 향상시키는 것이다.

○ 구성원 능력개발

능력개발의 의미는 크게 두 가지 측면에서 살펴볼 수 있다. 첫째, 동기부여이다. 사람은 어떤 행동을 하고 그 행동이 평가를 받는다고 생각하면, 더욱 더 열심히 일하게 된다. 둘째, 구성원들에게 자기개발을 유도함으로써 인적자원개발과 경력개발에도 중요한 역할을 한다.

○ 공정한 보상

기업은 인적자원에 대한 비용을 지불하고 구성원들로부터 공헌을 얻는다. 즉, 구성원 성과를 주기적으로 측정하고, 결과는 승진, 징계, 성과급, 보너스에 공정하게 반영되어야 한다.

○ 효과적인 인적자원계획과 적재적소 배치

인사평가는 기업이 보유하고 있는 인적자원의 특성, 가치, 역량과 같은 중요한 정보를 인적자원관리자에게 제공한다. 따라서 인력과잉 혹은 부족을 파악할 수 있어 효과적인 인적자원계획을 수립할 수 있다. 또한 사람과 직무를 매칭(Matching)시키는데 중요한 자료가 된다. 이러한 정보를 토대로 적재적소 배치, 승진 및 경력계획에 활용할 수 있다.

02. 인사평가의 원칙

인사평가는 타당성, 신뢰성, 수용성, 실용성을 통해 효과성을 극대화시킨다.

1) 타당성

인사평가는 타당하게 수행되어야 한다. 타당성(Validity)은 평가내용이 평가목적을 얼마나 잘 반영하고 있느냐를 말한다. 이러한 타당성을 저해하는 요인으로 하나의 평가내용을 가지고 다목적으로 활용될 때 발생한다. 즉, 평가내용과 평가목적이 부적합할 때 발생한다. 이를 위해 평가목적 별로 평가내용이 달라져야 한다.

구체적인 내용은 다음과 같다.

첫째, 승진을 위해서는 후보자의 잠재능력과 적성에 주안을 두어야 한다.

둘째, 임금결정(인센티브)을 위해서는 성과(결과)를 기준으로 하되, 작업행동(과정)이 직접 성과로 연결되지 않더라도 어느 정도 반영되어야 한다.

셋째, 교육훈련을 위해서는 피평가자의 잠재능력, 성과, 적성, 그리고 업무행동 등이 평가내용이 되어야 한다.

넷째, 인적자원 공급예측을 위해서는 잠재능력, 성과수준, 적성이 주요 기준이 되며, 작업행동 역시 보조자료가 된다.

마지막으로, 평가집단 세분화가 필요하다. 즉, 직종별, 직급별 평가요소가 개발되어 각각의 특성을 잘 반영해야 한다.

2) 신뢰성

신뢰성(Reliability)은 측정하고자 하는 평가내용을 정확하게 측정하고 있느냐에 관한 것이다. 즉, 신뢰도가 높을수록 인사평가 시스템의 전략적 가치는 크기 때문에, 다음과 같은 요소들이 반영되어야 한다.

❶ 상대평가와 절대평가의 적절한 사용

인사평가 목적에 따라 상대평가와 절대평가를 적절히 혼용하는 것이 좋다. 예를 들면, 교육훈련의 필요성을 파악하기 위해서는 절대평가를 선정하고, 승진대상자 선발을 위해서는 상대평가를 선정하면 평가오류를 감소시킬 수 있다.

❷ 평가결과 공개

구성원들에게 평가결과의 피드백을 제공한다. 즉, 편파적으로 행해지지 않았음을 증명할 수 있다.

❸ 다면평가

상사, 부하, 동료, 외부전문가, 고객과 같은 다양한 사람들이 평가에 참여한다면, 평가 신뢰성은 더욱 더 높아질 것이다.

3) 수용성

인사평가 수용성(Acceptability)은 피평가자들이 인사평가의 목적, 필요성, 과정, 그리고 결과를 이해하고 긍정적으로 받아들이는 정도를 말한다. 인사평가시스템에 대한 구성원들의 수용도가 높을수록 전략적 가치는 크다.

평가수용성을 높이기 위해서는 다음과 같은 사항들이 반영되어야 한다.

첫째, 목표관리(MBO)와 같이 피평가자가 제도적으로 참여할 수 있는 기회가 주어져야 한다. 둘째, 평가제도 개발 시 구성원 대표의 참여, 셋째, 승진을 위한 평가가 아닌 능력개발을 위한 평가가 이루어져야 한다.

4) 실용성

인사평가에는 실용성(Practicability)이 반영되어야 한다. 실용성은 기업이 평가제도를 도입하는 것이 의미가 있는지, 현실적으로 비용대비 효과가 더 큰지를 검토해야 하는 것과 관련이 있다. 따라서 평가제도 개발에 대한 투자의 필요성과 그 편익을 면밀히 분석하고 평가제도 도입에 대한 의사결정이 이루어져야 한다.

03. 인사평가의 형태

❶ 업적평가

기업은 성과를 중시하는 이익집단이다. 따라서 성과와 업적은 가장 중요한 요소라 할 수 있다. 업적평가는 다음 <표 6-3>과 같이 양적으로 계량화(정량적)되는 것도 있지만 어떤 것은 질적(정성적)으로 평가되기도 한다.

표 6-3 업적평가 요소

성과	평가기준	세부항목
양적 성과	· 업무량, 업무의 질, 시간비용	· 업무달성량, 정확성, 일정완수, 원가절감
질적 성과	· 유효성	· 업무달성도, 공헌도, 일정완수

❷ 태도, 성격 및 행동평가

최근, 기업성과에 직접 관련이 없을 것 같은 구성원들의 태도와 행동이 능력 혹은 역량 보다 성과에 미치는 영향이 크다는 연구가 보고되고 있다.

예컨대, 어떤 사람이 직장에서 비윤리적인 행동을 상사에게 보고하는 것은 기업성과와 무관한 것이지만, 후에 건전한 조직 분위기를 형성하여 성과를 향상시킨다는 것이다. 또한 타인을 돕는 행위, 회사방침을 준수하는 행위, 신뢰적 인간관계행위와 같은 조직시민행동은 기업성과에 직·간접적인 영향을 줄 수 있다.

❸ 능력평가

능력은 직무와 관련된 전문능력과 그렇지 않은 기초능력으로 구분하여 평가할 수 있다. 어떤 직무는 기초능력만 갖추면 되고, 타 직무는 기초능력과 전문능력 모두를 필요로 한다. 따라서 기업은 구성원들 마다 무엇이 어떻게 다른가를 파악하고, 더 잘할 수 있는 방법을 찾아내는 것이 중요하다.

다음 <표 6-4>는 평가요소를 보여주고 있다.

표 6-4 평가요소 체계

능력평가	태도 및 성격평가	행동평가	업적평가
· 지식	· 인간관계	· 규정준수	· 매출액
· 기술	· 창의력	· 명령수행	· 생산량
· 자격증	· 리더십	· 고객서비스	· 불량률
	· 신뢰성		· 사고율

출처: 임창희(2011).『인적자원관리』. 비엔엠북스.

04. 인사평가 작성법

다음 <그림 6-6>, <그림 6-7>, <그림 6-8> 및 <그림 6-9>는 실제 기업에서 사용되고 있는 목표관리(MBO) 시트 및 작성방법을 보여주고 있다.

목표 구분 ❶	목표명 ❷	최초수준 (As-is) ❸	목표수준 (To-be) ❹	측정지표 (KPI) ❺	목표평가❻		실행계획(Action Plan) * 작성요령(세부추진항목(일정) ❼	비고
					도전성	난이도		

목표원칙 적합평가 ❽				
평가항목(smart 원리)		Yes	No	평가의견
S	구체적으로 (specific)			
M	측정가능하게 (measurable)			
A	회사전략/목표와의 연계 (attainable)			
R	도전적 실현가능 (realistic)			
T	달성기한명시 (time-bound)			

목표설정 Feed-Back ❾			
목표합의일자		합의자	

피평가(목표설정)자

❶ **목표구분** : 목표의 성격에 따라 '조직업무목표', '개인업무목표', '자기개발목표'로 구분
· **조직업무목표** : 전사본부·실(그룹)의 목표가 cascading되어 해당 업무담당자에게 부여된 목표
- pro-vision 2018, 중·장기 경영계획, 실행운영계획에 반영 또는 산출된 목표
- 조직목표에 반영되지는 않았지만 조직목표달성을 위한 필수목표
· **개인업무목표** : 업무향상 및 process 개선을 위해 수립한 목표. 단, 일상적 업무는 제외
· **자기개발목표** : 직무전문능력 향상, 글로벌 능력배양, 리더십교육, 독서경영, 학습동아리 활동 등 역량향상 및 자기개발 향상목표
❷ **목표명(Target)** : 목표의 특징, 성격을 함축(포함)하는 명칭으로 3~5개로 선정
❸ **최초수준(As-is)** : 전년도 또는 년 초의 목표 최초상태
❹ **목표수준(To-be)** : 당해 년도 목표추진 결과 목표달성으로 평가할 수 있는 기대수준
❺ **측정지표(KPI)** : 목표를 측정할 수 있는 객관적인 지표
❻ **목표평가** : 목표 가중치를 산출하기 위한 목표의 평가
· **도전성** : 목표의 도전성에 따라 상(3점), 중(2점), 하(1점)로 선택
· **난이도** : 목표의 난이도에 따라 상(3점), 중(2점), 하(1점)로 선택
***가중치 산출** : 목표명 별 도전성 + 난이도의 합을 전체 합의 비율에 의한 70% 만점으로 산출
❼ **실행계획(Action Plan)** : 효과적 목표달성을 위한 소(小) 과제별 추진일정 계획

평가(합의자)

❽ **목표원칙 적합평가** : SMART 원칙에 의거 설정된 목표를 평가, 평가결과 평가의견에 기술
❾ **목표설정 Feed-Back** : 평가결과 항목별 또는 종합적으로 목표설정 및 추진에 관련된 합의(평가)자의 의견기술로 목표설정

그림 6-6 목표설정 사례

중간실적평가 ❸				
평가항목(smart 원리)		우수	보통	미흡
목표중간 달성도	추진일정대비 목표진척 상황은?			
수행방향, 역량	업무방향의 이해 및 필요역량수준은?			
수행태도	업무의 적극성, 몰입도는?			

중간면담 Feed-Back ❹			
중간면담일자		중간면담자	

피평가(중간면담)자

❶ **중간실적** : 중간면담을 위한 현재까지의 실적작성. 실행계획에 근거한 실적을 기재(사실에 근거한 정확한 기술)
❷ **진도** : 목표수준을 100%로 보았을 때 현재까지의 진도기록제별 추진일정 계획

평가(면담)자

❸ **중간실적 평가** : 중간면담시 목표추진 경과에 대한 평가결과 기록
❹ **중간면담 Feed-Back** : 중간평가 결과 냉철하고 정확한 중간실적 평가결과를 기술하며 향후 진행방향 등을 작성하여 피평가자가 효과적으로 목표수립 할 수 있는 사항 기재

그림 6-7 중간면담 사례

목표 구분	목표명	최초수준 / 목표수준	측정지표 (KPI)	가중치 %	실행계획(Action Plan)	최종실적 ❶	자기 평가❷
		/					
		/					
		/					
	비계획업무실적/ 정성평가 ❸	/	-	30%	비계획업무 수시실적누적평가 (미달성 정성평가)		
		/		100%			

목표미달성 사유 ❹

평가기준 ❺		
점수	목표달성도(정량)	기대수준(정성)
5점	목표 훨씬 초과 (110% 이상)	기대수준 탁월
4점	목표 초과 (105% 이상)	기대수준 우수
3점	목표 달성 (100% 이상)	기대수준 만족
2점	목표 미흡 (90% 이상)	기대수준 부족
1점	목표 훨씬 미흡 (90% 미만)	기대수준 열위

피평가자

❶ **최종실적** : 평가를 위한 현재까지의 실적작성, 실행계획에 근거한 실적 기재(사실에 근거한 정확한 기술)
❷ **자기평가** : 목표수준 대비 최종실적에 근거한 평가기준에 의거 5점 척도로 자기평가 결과 기록
❸ **비계획업무실적 / 정성평가** : 연초 목표설정 시 계획하지 않은 비계획업무 실적을 기록하여 30% 배점으로 최종평가에 반영. 목표설정 후 변경하지 못하는 문제점 보완차원에서 실시
❹ **목표미달성 사유** : 계획한 목표의 미달성 구체적인 사유 기재. 본인이 의도하지 않은 대내·외 환경변화에 따른 목표변경 또는 취소 등 정상참작을 위한 근거기술
❺ **평가기준** : 목표달성수준을 3점(보통) 기준을 정량 및 정성적 평가점수 부여를 위한 판단기준

그림 6-8 실적입력 사례

목표 구분	목표명	최초수준 / 목표수준	측정지표 (KPI)	가중치 %	실행계획(Action Plan)	최종실적	자기 평가	평가 ❶ 1차	평가 ❶ 2차
		/							
		/							
		/							
	비계획업무실적/ 정성평가 ❸	/	-	30%	비계획업무 수시실적누적평가 (미달성 정성평가)				
		/		100%					

목표미달성 사유 ❷

평가기준 ❸

점수	목표달성도(정량)	기대수준(정성)
5점	목표 훨씬 초과 (110% 이상)	기대수준 탁월
4점	목표 초과 (105% 이상)	기대수준 우수
3점	목표 달성 (100% 이상)	기대수준 만족
2점	목표 미흡 (90% 이상)	기대수준 부족
1점	목표 훨씬 미흡 (90% 미만)	기대수준 열위

평가성향분석 ❹

구분	1차평가	2차평가	정상범위
평균 점수	정상 / 관대화	정상 / 관대화	85점 이하
표준 편차	정상 / 중심화	정상 / 중심화	6점 이상
평균점수 85점 초과시 관대화경향 표준편차 6점 미만시 중심화 경향			

평가자

❶ 평가
- 평가배점 ➡ 연초계획목표 3~5개 ⇨ 70% + 비계획업무 실적(정성평가 포함) 1개 ⇨ 30%조직업무목표
- 연초계획목표(3~5개) : '평가기준'에 의거 '최종실적'의 사실(fact)에 근거한 절대평가 점수 부여
- 비계획업무 실적(1개) : 연초 목표설정시 계획하지 않은 비계획 수시업무에 대해 '최종실적'과 '목표미달성 사유'에 근거하여 정량 및 정성적 기준에 의거 평가점수 부여
- 5점 척도에 의한 목표달성대비 90~100%(기대수준충족)을 3점(보통) 기준으로 가감(+,-)방식 평가

❷ 목표미달성 사유 : 목피평가자의 계획한 목표의 미달성 구체적인 사유기재와 의도하지 않은 대내·외 환경변화에 따른 목표변경 또는 취소 등 정상참작을 위한 정성평가 자료로 활용

❸ 평가기준 : 목표달성도에 따른 정량기준과 기대수준 대비 정성적 평가를 위한 점수부여 판단기준

❹ 평가성향 분석 : 평가화면에 '평균점수' 및 '표준편차' 표시로 평가자의 평가성향 경고기능
- 관대화 및 중심화 경향 조정 후 평가완료 가능토록 시스템 설정
- 평가집단 단위
  ① '평균점수' ➡ 85점 초과시 관대화 경향 경고 ⇨ 정상범위 85점 이하
  ② '표준편차' ➡ 6점 미만시 중심화 경향 경고 ⇨ 정상범위 6점 이상
  * 평가집단 : 평가자가 평가하는 피평가자(평가대상자) 전원

관대화 경향 (leniency tendency)	피평가자의 실제 능력이나 실적보다도 더 높게 평가하는 경향
중심화 경향 (central tendency)	평가결과가 평가상의 중간으로 나타나기 쉬운 경향

그림 6-9 기여도 평가사례

05 S·E·C·T·I·O·N

외식사업 교육훈련 및 경력개발관리

01. 교육훈련의 개념 및 목적

교육훈련은 급격한 경영환경의 변화에 대처하기 위해 구성원들의 지식과 기술을 지속적으로 개발하는 것을 말한다. 교육훈련은 조직이 주체가 되어 조직의 가치관, 지식, 기술, 태도 등을 교육훈련 담당자를 통해 피교육자로 하여금 습득하게 하는 일련의 조직활동을 말한다.

또한 교육훈련은 교육(Education)과 훈련(Training)이란 두 용어가 결합된 것을 말한다.

한편, 교육훈련의 목적은 구성원들의 능력을 향상시켜 기업 경쟁력 제고 및 목표에 기여할 수 있는 인적자원을 개발하는 과정이다. 즉, 인재양성을 통한 조직유효성 제고라 할 수 있다.

<표 6-5>는 교육훈련의 목적을 기업과 구성원으로 구분하여 보여주고 있다.

표 6-5 교육훈련의 목적

구분	기업의 목적	구성원의 목적
주요 목적	· 조직유효성 제고	· 성취동기달성
세부 목적	· 생산성 향상과 조직성과 제고 · 노동의 질 유지 · 미래 필요능력에 대비 · 사기증대(자아 성장감) · 커뮤니케이션과 상호협조 증대 · 의식과 태도 개선	· 성장욕구 충족 · 향상된 능력 : 승진기회로 활용 · 기술변화 적응 : 실업위험 감소 · 특기와 개성 개발 · 보상의 증가 · 직무만족도 향상

출처: 박성수 외 3인(2009). 디지로그 시대의 인적자원관리. 박영사.

02. 교육훈련 대상에 따른 분류

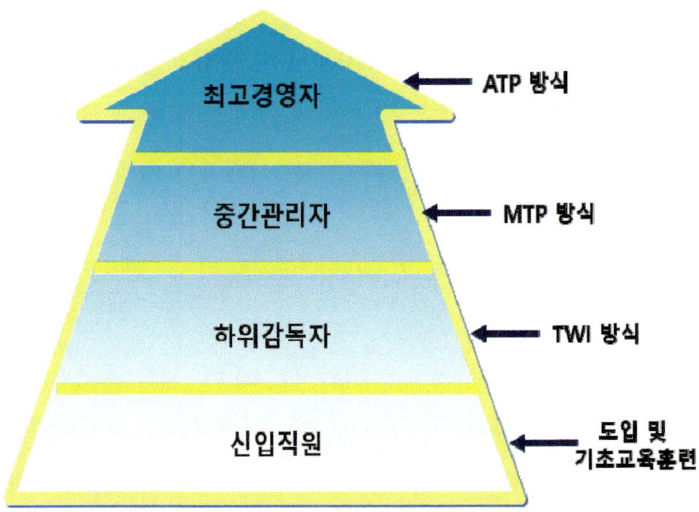

그림 6-10 교육훈련 대상에 따른 분류

1) 신입사원 교육훈련

신입사원 교육훈련은 진입충격을 완화시키고 조직정체성과 조직몰입을 유도하여 적극적인 업무활동을 촉진시킨다. 나아가 조직유효성 및 조직사회화에 목표를 둔다.

신입사원 교육훈련은 오리엔테이션(Orientation), 훈련과 개발(Training and Development), 멘토링(Mentoring), 티칭(Teaching), 코칭(Coaching) 등이 있다. 최근, 부하직원을 지시하고 명령하기 보다는 적절한 질문을 통해 스스로 답을 찾아가는 코칭이 유행하고 있다.

2) 작업층 교육훈련

작업층의 교육훈련은 주로 해당직무를 성공적으로 수행하는데 필요한 구체적 기능에 주안을 둔다. 작업층 교육훈련은 실습장 훈련, 도제제도, 직업학교훈련 등이 있다.

3) 관리층 교육훈련

최고경영층에는 의사결정능력, 중간관리층에는 인간관계능력, 하위관리층에는 기술적 능력이 주로 요구된다. 이에 따라 관리층 이상의 교육을 위해 다음과 같은 기법들이 사용된다.

❶ 인 바스켓 트레이닝

인 바스켓 트레이닝(In Basket Training)은 가상적인 상황을 실제와 비슷하게 설정하여 의사결정이나 업무수행을 하도록 하는 훈련방법이다.

상사의 메모, 지시, 전화 메시지, e-mail 등 실제상황과 비슷한 업무지시 용지(Business Papers)를 바스켓 안에 넣고, 참가자에게 이를 꺼내 제한시간 내에 상황분석을 하고, 회의구상 등 적절한 조치를 취하도록 하는 것이다. 주로 경영자 개발과 능력평가에 사용된다.

❷ 비즈니스게임

비즈니스게임(Business Game)은 경영과 관련한 의사결정의 중요성을 경영자들에게 훈련시키는 일종의 사례연구법(Case Study)이다.

보통 5~6명이 한 조로 된 여러 개의 집단이 가상회사의 경영진이 되어 각종 상황(생산비, 설비투자, 광고, 연구개발 등)에서 의사결정을 내린 후 그 결과를 심사집단에서 평가하여 통보함으로써 우열을 가리게 하는 방법이다. 가상적인 경영게임을 통해 다양한 경영문제에 대한 의사결정훈련을 하게 함으로써 실무경험을 극대화시킨다.

❸ 사례연구

사례연구(Case Study)는 1871년 미국 하버드대 법학전문대학원의 랑델(Langdell) 교수에 의해 고안된 기법으로, 주제에 관한 사례를 작성·배부하고 이에 대해 토론하는 방식이다.

이론과 실제를 연결시켜 문제해결을 시도함으로써 피교육자는 분석적 사고력과 문제해결 능력을 극대화하고, 어떤 상황 하에서도 경영문제에 대처할 수 있는 자질을 갖추게 하는 방법이다. 주로 관리자와 경영자 훈련에 사용된다.

❹ 역할연기법

역할연기법(Role Play)은 할당된 사례나 문제 등에서 특정 인물의 역할을 실제로 연기해 봄으로써 그의 당면한 문제를 체험해 보는 교육훈련이다. 인간관계적 상황을 가상한 현장실습 교육으로, 감독 및 관리자의 인간관계 훈련이나 판매훈련 등으로 많이 사용된다.

❺ 행동모델법

행동모델법은 관리자 및 구성원에게 주어진 상황에서 가장 이상적인 행동을 제시한 뒤 참가자들이 그대로 모방하는 방법으로 신속한 학습이 이루어질 수 있다.

❻ 교류분석법

교류분석법은 두 사람 간에 이루어지는 대화내용을 분석함으로써 인간관계능력을 향상시키는데 활용하는 기법이다.

❼ 대역법

대역법은 직속상사와 계승자가 함께 일하면서 직무지식을 배우는 기법으로, 실무적용에 용이하나 우수한 상사가 반드시 우수한 교사는 아닐 수 있다.

❽ 청년중역회의법

청년중역회의법(CFM : Council of Future Managers)은 일명 '사원중역회', '사원경영

회' 라고도 한다. 중간관리자로 하여금 이사회와 같은 운영위원회를 구성하여 경영관리자로서의 경험을 쌓게 하는 실무훈련방법이다. 조직은 중간관리자 이사회로 하여금 일상의 관리문제를 담당하도록 할 뿐만 아니라, 조직의 경영문제에 대해서도 최고경영층에 건의함으로써 실무적 경영훈련을 극대화시킬 수 있다.

표 6-6 관리층 교육훈련 기법

의사결정능력	인간관계능력	직무, 조직 지식
인바스켓 트레이닝 (In Basket Training), 비즈니스 게임 (Business Game), 사례연구(Case Study)	역할연기법(Role Play), 행동모델법, 교류분석법	대역법, 청년중역회의법 (Council of Future Managers)

03. 교육훈련의 향후 방향

최근, 교육훈련은 기업의 경쟁력 및 구성원 능력을 극대화시키는데 있다. 앞으로의 방향을 제시하는 것이 효과적일 수 있다.

❶ 사업전략과 정합성을 갖는 교육훈련

교육훈련의 이유 및 이를 통한 성과도출을 극대화시켜야 한다. 즉, 기업이 사업을 추진하는데 필요한 역량을 분석한 후, 교육훈련이 사업전략 및 경영계획과 정합성을 갖도록 설계되어야 한다.

❷ 핵심역량을 강화하는 차별화된 교육훈련

기존의 백화점식 훈련을 지양하고 목표에 맞게 세분화하여 선택과 집중의 원칙에 따라 핵심인력을 강화하는 방향으로 진행되어야 한다.

❸ 성과와 현장중심의 교육훈련

현행 교육훈련은 업무와의 연관성이 떨어지고 성과로 이어지지 못하는 문제점이 발생하기도 한다. 따라서 액션러닝과 팀 중심의 실천학습이 강화되어야 한다.

❹ 고용가능성 및 시장가치를 높이는 교육훈련

조직구조가 플랫화(Flat)됨에 따라 구성원들에게 수평적인 경력이동기회를 부여해야 한다. 교차훈련, 다기능화는 이러한 요구에 부응하는 교육훈련방식으로 이는 구성원 동기부여 및 구성원들의 시장가치를 향상을 가져올 수 있다.

❺ 정보기술의 적극적 활용

시간과 공간의 제약을 극복하고 언제 어디서나 쉽게 교육을 받을 수 있으며, 상호 간 정보교환이 가능한 지식교환 네트워크 구축을 통한 학습이 강화되어야 한다.

❻ 교육훈련성과에 대한 평가가 반드시 필요

구성원의 교육성과를 분석·평가하여 향후 교육계획에 반영해야 하며, 구성원들에 대한 교육훈련은 비용이 아닌 투자라는 점을 정확히 인지해야 한다.

❼ 지식전수 뿐만 아니라 생각하고 학습하며 창의적 교육 실행

1982년 정보화 사회로의 변화를 지적한 나이스 비트(Naisbitt)는 정보화 사회 속에서 교육훈련은 '생각하는 방법(How to Think)', '학습하는 방법(How to Learn)', '창조하는 방법(How to Create)'으로 진행되어야 한다고 하였다.

04. 경력개발의 개념 및 과정

1) 경력개발의 개념

경력개발(Career Development)은 경력(Career)과 개발(Development)의 조합으로, 한 개인이 입사에서 퇴직까지 경력경로(Career Path)를 개인과 조직이 함께 계획하고 관리하여 개인목표와 조직목표를 동시에 달성해 나가는 종합적 인적자원개발 시스템이라 할 수 있다.

따라서 경력개발계획(CDP : Career Development Program)은 구성원의 잠재능력을 조직 내에서 적극적으로 실현시키고 조직이 원하는 인적자원을 지속적으로 확보해 조직의 장기적 발전을 도모하는 종합적인 시스템이라 할 수 있다. 즉, 구성원의 요구(개인의 성장 욕구, 동기부여, 능력개발)와 조직의 요구(효율적인 인적자원 활용)를 통합해 경력구조와 경력경로를 체계화하는 인사관리활동이라 할 수 있다.

2) 경력개발의 과정

경력개발의 과정은 크게 경력계획, 경력개발, 평가 및 피드백의 세 가지 단계로 구분하고 있는데, 이를 세부적으로 살펴보면 다음 <그림 6-11>과 같다.

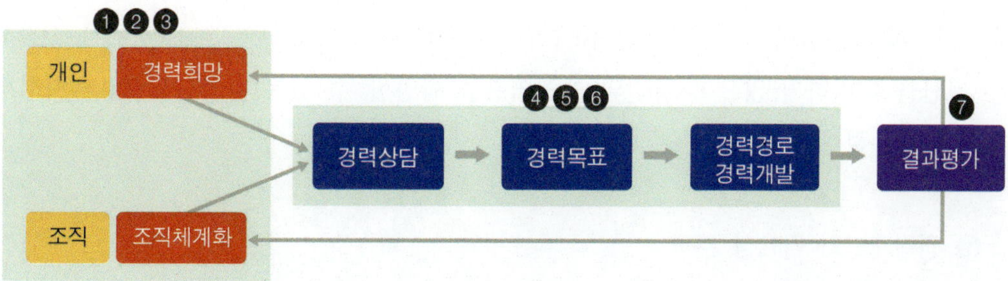

출처: Stone, T. H.(1982). *Understanding Personnel Management*. Hinsdale IL: Dryden Press.

그림 6-11 경력개발과정

❶ 구성원의 인적자료 수집

구성원의 일반적인 인적사항으로부터 학력, 경험, 기술, 적성과 능력평가, 인사평가 등 모든 인적자원 자료를 수집하여 정리한다. 구성원도 자신의 능력과 취미, 그리고 적합한 경력 등에 관한 자기평가(Self-Assessment)를 통해 자신의 강점과 약점에 대한 인식도를 높인다.

❷ 직무분석과 인적자원개발 및 계획

직무분석을 통하여 각 직무내용 및 자격조건을 명확히 하고 직무 간 연결관계, 승진패턴과 승진경로를 철저히 파악해야 한다. 그리고 인적자원계획을 통하여 조직의 장·단기 인적자원 수요를 분석한다.

❸ 경력기회에 대한 커뮤니케이션

조직의 인적자원 수요를 중심으로 경력기회와 선택대안들을 구성원에게 알려준다. 새로운 직무나 공석을 게시할 수 있고, 인사평가 면접을 통하여 새로운 경력기회도 토의함으로써 구성원으로 하여금 조직 내 경력기회를 의식할 수 있도록 한다.

❹ 경력상담과 경력목표설정

구성원은 실무관리자나 전문 경력상담자(Career Counsellor)와의 상담을 통해 자신의 경력목표(Career Goal)를 설정하게 된다. 이 때, 구성원의 경력기회를 잘 파악하고 있는 실무관리자의 역할이 중요하다. 경력목표는 구체적이어야 하고, 반드시 조직에서 승진하는 것만을 의미하지 않으며 자신의 개인역량을 함양할 수 있는 다양한 일이나 사회적 경험도 가능하다.

❺ 경력개발의 필요성 분석

구성원 경력목표를 설정함에 있어 현 직무능력을 평가하고, 향후 능력개발의 필요성을 분석하게 하는 것이다. 이 과정에서 직무에서 요구되는 능력수준과 구성원이 현재 갖추고 있는 능력을 비교하여 필요한 능력개발을 능력요소별로 평가함으로써 보다 현실적인 경력목표를 설정하는데 도움을 줄 수 있다.

❻ 경력경로의 설정과 경력개발 추구

경력경로(Career Path)란 구성원들의 직무이동 시 일정한 패턴을 말하는데, 일반적으로 경력사다리(Career Ladder)라고도 한다. 경력사다리는 직업이나 직종 등에 따라서 매우 상이한 형태를 가지고 있을 뿐만 아니라, 그 길이와 폭도 다양하다. 예를 들면, 대학교수의 경우, 전임강사, 조교수, 부교수, 교수의 경력사다리를 거친다.

❼ 결과분석 및 경력개발계획의 조정

경력개발계획은 구성원의 직무수행과 능력개발의 지침으로 활용된다. 그러나, 구성원 성과와 경력목표상의 변경, 그리고 조직의 상황변동에 따라 경력개발계획은 주기적인 결과평가와 경력상담을 거쳐 조정 및 수정을 하게 된다.

즉, 구성원과 조직이 당초에 설정한 경력개발계획이 얼마나 달성되었는지를 점검하고, 평가를 거쳐 발견된 문제의 해결을 위한 경력개발계획 수정 및 변경이 이루어진다.

이상의 7가지 경력개발과정 중 ①, ②, ③은 경력계획단계, ④, ⑤, ⑥은 경력개발단계, ⑦은 평가 및 피드백 단계에 속한다고 할 수 있다.

05. 경력개발의 향후 방향

최근, 선진기업들은 회사주도형 대신 개인주도형 경력개발로 전환하고 있다. 차세대 핵심리더를 위해서는 차별적 경력개발 프로그램을 운영하며, 경력개발의 효과성을 측정하기 위해 핵심인재 유지율, 경력개발 성공률 등 가시적인 측정지표를 도입하는 등 경력개발 프로그램 운영패턴이 크게 변화하는 양상을 보이고 있다.

따라서 국내기업들의 경력개발제도가 정착되기 위해서는 다음과 같은 사항들이 요구된다.

❶ 조직비전과 개인비전의 조화

경력개발 프로그램의 핵심은 개인욕구와 조직욕구 간 균형이다. 즉, 개인가치가 조직가치와 조화될 때 성과도 높아지게 된다. 따라서 기업은 경력개발을 통해 구성원들에게 미래비전을 제공할 수 있으며, 구성원들의 경력개발을 지원한다는 것은 미래의 경력목표에 부응하는 것이기 때문에 경력개발은 개인과 조직비전의 상호실현과정이라 볼 수 있다.

❷ 최고경영층의 관심과 지원

경력개발 프로그램이 성공하기 위한 조건은 경영층의 관심과 지원에 있다. 또한 경력개발 프로그램은 최고경영자가 관심을 가질 때 기업의 성장 및 투자전략과도 밀접한 관련을 갖게 된다.

❸ 관리자들의 코칭과 멘토링 스킬 개발

경력개발 프로그램 운영에 있어 관리자는 윤활유와 같은 역할을 한다. 즉, 구성원들이 자기평가를 수행하고 경력계획을 세우며, 자신의 경력에 대해 피드백을 원할 때, 관리자들의 코칭이나 멘토링이 큰 역할을 한다.

❹ 지원시스템 구축

경력개발 프로그램이 성공하려면 구성원들이 각종 정보를 탐색하고 스스로를 평가해 볼 수 있도록 전산시스템을 갖춘 지원 프로그램(e-HR 시스템)이 필요하다. 구체적으로, 직무별 요건 및 표준경력경로를 정의해 놓은 '경력정보기능', 직무가 요구하는 조건에 자신이 얼마나 적합한지를 스스로 평가해 볼 수 있는 '직무적합도 평가기능', 구성원의 만족도를 높일 수 있는 '교육기능', 인적자원관리 부서가 수시로 분석하고 통제할 수 있는 '통계 및 보고자료 작성기능', '구성원들이 자율적으로 참여할 수 있는 기능'이 필요하다.

❺ 제반 인사제도와의 연계성 확보

개인과 조직의 경쟁력을 강화한다는 측면에서 제반 인사제도들은 경력개발 프로그램과 맥을 같이 한다고 할 수 있다. 따라서 경력개발 프로그램이 제반 인사시스템과 정합성 있게 연계·운영될 때 그 효과는 배가될 수 있다.

TIP | S 사의 경력개발제도 개선(안)

S 사는 구성원들의 경력개발 및 이로 인한 조직유효성을 극대화시키기 위해 다음과 같은 경력개발제도 개선안을 발표하였다.

■ 개선방향

· 제도의 단순화를 통한 구성원 수용도 및 제도 활용도 증대
· 구체성 있는 실행계획 위주의 프로그램으로 개선
· 구속력 부여를 위한 규정화 작업 및 관련 시스템 보완의 필요성

■ 주요 항목별 개선내용

● 경력개발기준 단순화

구분	개선방향
직무분류 구분	교육훈련용 직무분류(11개), 경력경로 관리용 핵심직무(6개)
역량모델 수정	니즈(needs)조사 결과를 바탕으로 단순화 및 내용 수정 → 역량사전반영

● 구체성 있는 실행계획 위주의 프로그램 개선

적용분야	개선방향	비고
채용	역량모델에 따른 면접항목 개선	
직위공모	직무공모제로 확대	신인사제도 반영
경력경로	6대 핵심직무 내 경력관리	안전진단, 경영기획
승진 및 보상	전문인력 풀(pool)제	신인사제도 반영
교육훈련	역량기반교육으로 전면개편	중기교육계획 반영
평가	역량진단 신설	
여직원 경력관리	주요 리더양성 시 의무할당제	
핵심인재 경력관리	핵심직무전문가 해당직무 내 활용강화	중기교육계획 반영

● 경력개발의 실효성 확보

구분	개선방향
규정화 작업	인적자원관리규정, 인적자원관리규칙 등 규정화를 통한 구속력 부여
시스템 보완	기존 인적자원관리 시스템을 개선·보완하여 경력관리 실행지원

■ 기대효과

· 분야별 전문인력 양성 및 인적자원관리의 정합성 실현
· 구성원 이해도 및 수용도 증가 등으로 경력개발제도 조기정착

CHAPTER 07

외식사업 메뉴관리

학습목표

01. 외식메뉴의 개념, 중요성 및 역할을 확인한다.
02. 메뉴계획의 의의 및 고려사항, 메뉴형태 및 디자인을 고려한다.
03. 메뉴가격전략(원가지향적, 경쟁지향적, 수요지향적)을 숙지한다.
04. 메뉴분석의 의의, 분석방법을 확인한다.
05. 신메뉴 개발의 의의 및 단계, 메뉴 수명주기를 이해한다.

도입 사례

빅데이터로 본, '경제 허물어지는 130조 외식시장'

국내 외식시장은 경제발전과 여성의 사회진출 등으로 그 빈도가 높아지고 있고, 외식업체 간 고객유치 경쟁 또한 치열하다. 외식산업 규모는 130조 원을 넘어서고 있다. 이처럼 빠르게 변화하는 외식환경과 외식브랜드의 홍수 속에서 외식업계는 차별화 활동에 나서고 있다.

국가 경기불황, 최저임금인상 등 외식경기의 불황기조가 반영돼 소비자는 가격대비 주관적·심리적 만족감을 중요시하는 소비경향을 보이고 있으며, 사물인터넷, 인공지능, 드론 등 혁신적인 기술과 가정간편식(HMR) 등의 등장으로 전통적인 외식 산업의 경계는 빠르게 허물어지고 있다. 앞으로 외식산업 미래는 어떻게 될까? 이에 빅데이터 분석을 통해 외식관련 소비자 니즈를 분석한 결과는 다음과 같다.

SNS와 온라인 미디어에서 소비자의 많은 관심을 받았던 외식 브랜드의 상위권에는 맥도날드, 롯데지알에스, 버거킹, 아웃백, KFC, 애슐리, 빕스, 비비고, 피자헛, 도미노 피자 등이 분포해 있어 패스트푸드와 패밀리 레스토랑 브랜드를 비롯한 양식 프랜차이즈들이 주를 이루고 있다. 이는 외식형태가 가족이 함께 평소에 즐기지 못하는 음식을 경험하거나 간단히 요기를 하는 형태에서 비롯된 것으로 해석할 수 있다.

외식형태별 관심도 순위는 한식 외식 프랜차이즈의 경우 비비고, 올반, 벽제, 이화수, 종가집 순으로 나타났다. 그러나 비비고와 올반은 각각 CJ와 신세계푸드의 HMR 제품으로도 출시된 브랜드로, 실제 언급량에서도 각 브랜드의 HMR 제품의 비중이 더 높은 것으로 나타나 한식 프랜차이즈 브랜드의 HMR 제품 인기가 특히 높아짐을 알 수 있다.

중식은 홍콩반점, 홍짜장, 중화가정, 상하이짬뽕, 전객가 등이 순위에 랭크되었고, 일식은 사보텐, 히바린, 미소야, 삿뽀로, 모츠나베 순으로, 양식은 아웃백, 애슐리, 빕스, 피자헛, 도미노피자 순으로 나타났다. 특히 중식의 경우 싼 가격과 다양한 메뉴를 앞세운 홍콩반점과 홍짜장이 1, 2위를 차지하고 있어 중식메뉴 선택에 있어 고객이 주안을 두는 것은 가격대비 음식메뉴의 질을 우선시한 가성비로 해석할 수 있다.

한식에서는 대표적인 분식메뉴인 떡볶이, 김밥과 가벼운 면요리, 냉면, 국수, 회식 단골 고기메뉴인 삼겹살, 갈비, 샤브샤브 등으로 조사되었다. 특히, 한식메뉴 상위에는 육류메뉴가 포진하고 있어 국내 소비자들이 외식으로서 육류소비 및 관심도가 높음을 알 수 있다.

한편, 소비자가 외식메뉴로서 한·중·일·양식과 패스트푸드의 이미지에 대해 분석한 결과, 깔끔하다, 담백하다, 달콤하다, 우아하다, 깨끗하다, 음식에 노력한 흔적이 보인다 등의 감정어가 긍정적인 이미지로 추출되었다. 또 부정적인 이미지로는 부족하다, 느끼하다, 나쁘다, 맛없다, 과하다, 양이 적다 등이 공통적으로 추출되었다.

외식산업은 음식이라는 상품뿐만 아니라 서비스, 분위기, 고객가치 등을 동시에 제공하는 종합산업으로 확대되고 있다. 같은 종류의 상품을 공급하는 외식 브랜드 및 기업들이 다수 존재하면서 경영면에서 체계성을 갖추고 시장에서 서로 경쟁하고 있는 상황이며, 외식업계를 위협하는 가정간편식, 대용식 시장도 무시할 수 없는 속도로 성장하고 있다. 또한 원격주문, 배달대행 중심으로 활성화되고 있는 푸드테크는 외식업계에 큰 변화를 일으키고 있다.

입지와 인적자원에 의존하는 전통적인 외식업에서 벗어나 미래 외식산업의 시작점을 보고 있는 현재, 각 외식업체는 경쟁상품군과 차별화할 수 있는 브랜드 개성과 메뉴상 특색을 활용하여 경쟁우위를 실현해 나가고 있다.

빅데이터로 본 외식브랜드 순위		한식 순위 Top 5		일식순위 Top 5	
맥도날드	1	비비고	1	사보텐	1
롯데리아	2	올반	2	히바린	2
버거킹	3	벽제	3	미소야	3
아웃백	4	이화수	4	삿뽀로	4
KFC	5	종가집	5	모츠나베	5
중식순위 Top 5		**양식순위 Top 5**		**패스트푸드 Top 5**	
홍콩반점	1	아웃백	1	맥도날드	1
홍짜장	2	애슐리	2	롯데리아	2
중화가정	3	빕스	3	버거킹	3
상하이 짬뽕	4	피자헛	4	KFC	4
천객가	5	도미노피자	5	맘스터치	5

출처: 식품음료신문. 빅데이터 분석, 경계허물어지는 130조 외식시장

01 S·E·C·T·I·O·N

메뉴의 개념, 중요성 및 역할

01. 메뉴의 개념

오늘날의 메뉴라는 단어는 다양하게 사용되고 있는데, 메뉴란 단어의 어원은 라틴어의 'Minutes'와 불어의 'Menue'에서 유래되어 만들어진 말로써 본래 조리사의 요리에 관한 메모였음을 알 수 있다.

현재 사용되고 있는 메뉴의 유래는 다음과 같다.

1541년 프랑스 헨리 8세 때 부룬스윅 공작(Duke Henry of Brunswick)은 자택으로 친지들을 초대하여 만찬을 가질 때, 제공된 요리와 자신이 앉은 테이블에 준비된 요리에 대한 리스트가 적인 메모를 보면서 즐겁게 식사를 하였다. 이를 직접 본 참석자들은 이러한 아이디어를 바탕으로 자신들의 연회 시 음식리스트를 작성하여 사용하였는데, 이러한 리스트가 메뉴의 기원으로 전해지고 있다. 이후 유럽국가에 퍼지면서 정식메뉴로 사용하게 되었다.

레스토랑의 모든 것은 메뉴로 시작된다. 메뉴는 레스토랑의 경영, 목표, 레스토랑 인테리어 및 데코레이션 구축의 기초가 된다고 할 수 있다.

- 고객 : 메뉴는 다양한 음식의 리스트 이상의 의미를 내포하고 있으며, 레스토랑의 이미지, 전체적인 다이닝 경험을 고객에게 제공한다.
- 직원 : 메뉴는 식음료를 판매하는 도구이며, 조리직원들에게 있어서는 음식을 어떻게 준비해야 될 것인가를 기술하고 있다.
- 관리자 : 메뉴는 마케팅 및 판매도구라 할 수 있다

레스토랑을 방문하는 모든 고객들은 메뉴를 보기 때문에, 관리자는 메뉴를 통해 고객들에게 레스토랑의 정확한 메시지를 전달할 수 있는 것이다.

02. 메뉴의 중요성

외식기업의 경우, 경쟁사들과 차별화가 요구되면서 메뉴는 중요성이 지속적으로 부각되고 있다. 따라서 각 레스토랑의 컨셉에 따라 메뉴도 다양하게 변하고 있다. 앞서 설명하였듯이, 메뉴는 레스토랑의 경영목표를 전달하는 도구로서 중요한 역할을 하고 있으며, 구체적인 사항은 다음과 같다.

1) 최초의 판매수단

레스토랑을 연극무대라고 한다면 메뉴는 프로그램이라 할 수 있다. 또한 조리사와 직원들은 배우이며, 레스토랑 분위기, 시설, 환경, 조명, 주방시설은 무대라고 할 수 있다.

프로그램이 좋으면 고객들이 연극을 보기 위해 극장을 찾게 된다. 연극의 관객과 마찬가지로 많은 고객들이 레스토랑을 찾는다. 고객의 방문행위가 반복되면 고객은 경험을 갖게 되며 이 때 처음 만나게 되는 상품이 바로 메뉴이다.

즉, 착석과 동시에 고객들은 바로 메뉴를 보게 된다. 따라서 메뉴는 고객과 커뮤니케이션하는 최초의 판매도구로서 강력하고도 중요한 판매수단이 된다.

2) 마케팅 도구

레스토랑의 시작은 메뉴로부터 이루어진다. 메뉴는 문구로 표현된 레스토랑의 그 어떠한 활동보다 중요한 것으로 성공적인 레스토랑을 운영하는데 있어서 기초가 되는 핵심요소라 할 수 있다. 메뉴는 레스토랑에서 생산되는 품목을 표시하고 또한 그것을 읽는 고객에게 상품을 전달하고자 하는 인쇄물이다. 음식의 메뉴와 음료 리스트를 고객이 볼 수 있도록 비치하는 것은 고객이 상품을 선택할 수 있도록 도와주기 때문이다.

그러나 메뉴는 단순히 품목과 가격을 기록한 것이 아니라 고객과 레스토랑을 연결해 주는 무언의 전달자이며 판매촉진도구라 할 수 있다.

3) 고객과의 약속

레스토랑의 상품은 고객이 직접 눈으로 모든 것을 확인하고 음식을 구매하는 행위가 현실적으로 어렵다. 따라서 이러한 상품을 대표적으로 표현하는 도구가 바로 메뉴이다.

고객은 메뉴를 통하여 자신이 구매하고자 하는 가치를 확인하고 주문하게 된다. 또한 메뉴는 레스토랑에서 판매하는 상품에 대하여 고객에게 가치를 보장한다는 점에서 고객과의 중요한 약속의 매개수단이라 할 수 있다. 따라서 메뉴를 주문할 경우, 반드시 메뉴와 동일하게(고객의 특별한 요청 시 제외) 제공되어야 한다.

4) 내부통제수단

메뉴는 레스토랑의 모든 영역에 커다란 영향을 미친다. 특히, 식자재의 구매, 저장, 재고 등의 식자재관리는 물론, 이와 연관된 가격정책과 그에 따른 원가관리와 깊은 관련을 맺고 있는 내부통제수단으로 활용될 수 있다.

03. 메뉴의 역할

메뉴는 레스토랑의 기본적인 도구로서 음식을 고객에게 제공하기 위한 활동을 제시하고 레스토랑의 영업과정을 조정하며 통제하는 역할을 수행한다.

- 레스토랑 이미지 표현
- 조리사 및 서비스 직원의 인력정보제공
- 원가관리
- 주방 및 레스토랑 시설배치
- 필요한 식재료 파악과 구매 및 공급시기
- 서비스 수행절차 및 방법
- 음식문화 트렌드 반영

02 S·E·C·T·I·O·N

메뉴계획

01. 메뉴계획의 의의 및 고려사항

1) 메뉴계획의 의의

메뉴는 레스토랑 컨셉에서 가장 중요한 부분이다. 메뉴 아이템을 선정하는데 있어 신중한 분석이 요구되고 있다. 경쟁 레스토랑을 분석하는 것은 경쟁과 차별화라는 측면에서 레스토랑을 자리매김하는데 도움이 될 것이다. 메뉴는 레스토랑의 컨셉을 반영해야 한다. 레스토랑 컨셉은 목표로 삼고 있는 고객들의 욕구에 기반을 두고, 그 메뉴는 고객의 기대를 충족시키거나 능가해야 한다. 즉, 메뉴는 고객의 필요와 욕구를 충족시키고 조직의 목표를 달성할 수 있도록 계획하고 관리되어야 한다.

메뉴계획은 마케팅 측면에서 상품개발을 의미한다. 즉, 메뉴계획은 외식기업 경영에 전반적인 영향을 미치기 때문에 주방, 설비, 인원 등과 서비스를 고려하고, 입지분석과 시장동향 등 외부환경을 철저히 분석한 후, 기존 메뉴품목이 성숙기나 쇠퇴기에 접어들었을 때나 신규 외식기업을 창업하기에 앞서 고객만족이라는 경영전략 차원에서 충분한 검토를 거친 후, 이루어져야 한다.

2) 메뉴계획 목표

고객측면과 기업측면에서 좋은 메뉴가 되기 위해서는 다음과 같은 요인을 고려하여야 한다.

- 메뉴는 마케팅 목표를 갖고 있어야 함 : 고객의 욕구에 부응할 수 있어야 함
- 메뉴는 효율적으로 원가통제 지향적이어야 함 : 식음료 레스토랑은 Menu Planning 시 원가절감 목표를 가지고 있음.
- 메뉴는 품질목표에 영향을 미침 : 영양이 충분하며, 서로 조화는 잘 이루는지, 색상, 맛, 냄새, 식욕, 일관성을 갖고 있는지 등을 살펴보아야 한다.

3) 메뉴계획 시 고려사항

메뉴를 계획하기 기업의 관리적인 관점과 고객의 관점으로 크게 구분할 수 있다. 고객은 메뉴를 통하여 레스토랑이 전달하고자 하는 의미를 파악하여 메뉴를 선택하고 기업은 그들이 전달하고자 하는 메시지를 메뉴를 통하여 고객에게 전달한다.

따라서 메뉴는 고객만족이라는 측면과 기업이 추구하는 이윤극대화라는 측면을 동시에 수행하여야 하는데 만약, 메뉴가 어느 한쪽에 치우친 일반적인 개념에서 계획된다면 고객만족추구와 기업의 이윤창출이라는 본래의 두 가지 목적달성은 불가능할 것이다.

❶ 입지성

입지는 외식업체를 방문하는 고객의 성별, 연령별, 경제수준 등의 인구통계적 요소에 따라 경영전략에 가장 큰 영향을 미친다. 따라서 이러한 고객의 유형에 따라 메뉴의 품목과 가격이 결정된다.

❷ 시장성

주변 경쟁업체에서 판매되고 있는 메뉴의 맛, 가격, 판매상황 등 상품가치를 철저히 분석하여 차별화전략을 통해 메뉴를 구성하며, 고객에게 호응을 얻을 수 있는 경쟁력을 갖춘 메뉴이어야 한다.

❸ 경제성

신규개발메뉴가 단지 고객에게 만족을 주는 것 외에 메뉴판매가 용이하고 적정량 이상의 판매량으로 외식업체의 영업이익을 발생시킬 수 있는 수익성 차원에서 업체의 욕구도 충족시킬 수 있어야 한다.

❹ 원가우위

메뉴의 구성은 주변업체의 가격동향과 원가를 감안하여 업체에 목표이윤을 실현시킬 수 있는 적정 판매가격으로 주변의 경쟁사와 비교하여 고객에게 경쟁력을 갖춘 가격으로 고객에게도 부담을 제공해서는 안 된다.

❺ 조리기구와 조리방법

메뉴는 메뉴계획 준비과정에서부터 필요한 조리기구의 유무와 업체의 주방기기, 시설물 등의 용량과 특성 및 음식의 양과 질이 원활하게 관리될 수 있고 빠르고 정확한 서비스가 제공될 수 있도록 충분히 고려되어야 한다. 또한 조리시간의 단축과 인건비 절감을 가져올 수 있도록 조리에 필요한 공간도 최소화시켜 주방의 효율성을 극대화시켜야 한다.

❻ 조리와 서비스 인적자원

신규메뉴에 대한 구성원들의 업무량을 정확히 계산함으로써 조리사가 맛있게 요리할 수 있고, 서비스 직원이 제대로 메뉴를 제공할 수 있는 효율적인 인적자원의 규모 및 배치와 구성원들의 기술을 고려해야 한다.

❼ 식자재 구매의 용이성

메뉴계획에 앞서 담당자는 사전에 시장조사를 통해 해당 식자재 구매의 용이성과 가격 안정성을 고려하여 시장특성에 맞게 구매계획을 수립해야 한다. 특히, 가격변동성이 높은 항목들은 그에 따른 메뉴가격의 조정도 불가피하게 되어 결과적으로 그 아이템에 대한 고객의 신뢰도가 떨어질 수 있기 때문에 식자재 구입계획 시 신중해야 한다.

❽ 고객의 욕구

메뉴에 대한 고객욕구는 생리적 욕구, 심리적 욕구, 사회적 욕구처럼 매우 다양하기 때문에 이를 고려하여 메뉴계획이 이루어져야 한다.

❾ 외식업계 동향

다양한 아이템을 다루는 외식기업은 전반적인 업계의 변화에 크게 좌우되지 않는다. 또한 몇 가지 단일 품목을 취급하는 전문점의 경우, 고객취향의 변화가 외식기업의 생존을 결정짓는 문제일 수 있기 때문에 메뉴계획에 앞서 업계의 변화추이 및 속도를 효과적으로 검토해야 한다.

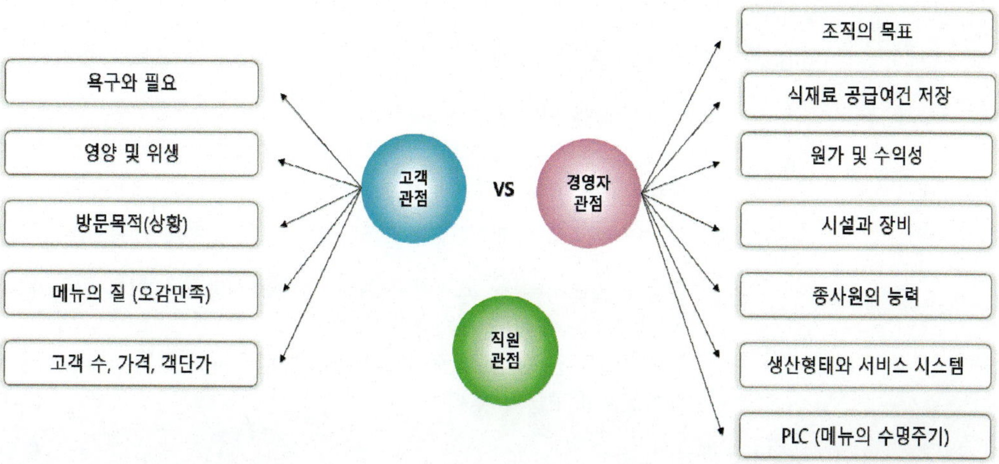

그림 7-1 메뉴계획 시 고려사항

02. 메뉴 형태

메뉴의 형태는 크게 식사시간에 의한 분류, 식사 구성에 의한 분류, 스페셜 메뉴 등으로 구분할 수 있다. 다음 <표 7-1>은 메뉴의 다양한 형태를 보여주고 있다.

표 7-1 메뉴의 다양한 형태

메뉴형태에 따른 분류		
식사 시간에 의한 분류	Breakfast	American Breakfast, Continental breakfast, Breakfast Buffet
	Brunch	아침과 점심 중간에 먹는 식사 (최근 도시생활인들에게 널리 이용되고 있음)
	Lunch	
	Afternoon Tea	영국인의 전통적인 식사습관 (밀크 티와 시나몬 토스트를 점심과 저녁사이에 즐겨 먹음)
	Dinner	
	Supper	최근엔 늦은 저녁에 먹는 간단한 식사의 의미로 사용되고 있음
식사 구성에 의한 분류	Table D'hote	Set 메뉴에 의해 제공 (보통 전채-수프-생선요리-야채-육류-디저트로 구성 됨) 레스토랑의 고급화 추세
	A La Carte	고객의 주문에 의해 요리가 품목별로 가격이 정해져 제공되는 요리
	Buffet	진열해 놓은 음식을 고객이 일정한 가격을 지불하고 직접 자기의 기호에 맞는 음식을 선택하여 먹는다. 최근 특급호텔의 경우, 즉석요리 코너가 증가하고 있음: Buffet 레스토랑의 고급화 추세임
스페셜 메뉴	① 페스티벌 메뉴 ② 계절 및 데일리 스페셜 메뉴 ③ 최근 호텔에선 와인 및 사케와 어울리는 스페셜 메뉴가 많은 호응을 얻고 있음 (Wine/Sake makers dinner 메뉴)	

▲ A La Carte

Appetizer

Soup

Fish

Sorbet

Main Dish(Meat)

Dessert

▲ Table D'hote

Reeds Smokehouse & Diner

Christmas Party Time

STARTER

Olives & relish *served with Ciabatta (v)*

Louisiana style hot wings *served on a bed of salad*

Chipotle breaded mushrooms *served on a bed of salad (v)*

MAIN

Turkey Burger served in a bun with cranberry mayo, lettuce and stuffingwith a pigs in blanket topper.
Served with skin on fries and a skewer of bacon & sprouts. (GF)

Brisket Beef Burger served in a bun with horseradish sauce, sliced brisket, house pickles, leaf lettuce and red onions with a mini Yorkshire pudding topper.
Served with skin on fries and a skewer of bacon & sprouts. (GF)

Off the griddle smoked ribs with a BBQ sauce, sauté potatoes and spicy stuffing balls.
Served with festive slaw.

Vegan/Vegetarian Xmas Burger - a plant based beyond meat burger served in a bun with cranberry mayo (dairy or dairy free), stuffing, lettuce and rocket.
Served with skin on fries and a skewer of Seitan & sprouts. (v)

Lightly Smoked Seitan Steak served with a BBQ sauce, spicy stuffing balls.
Served with sauté potatoes and a festive slaw. (v)

DESSERTS

A Slice of Chocolate & Orange cake *served with dairy or dairy free cream (GF & Vegan)*

A slice of after dinner mint torte *served with ice cream or cream*

Spicy Apple tart *served with ice cream.*

Full Course: £25 Two Course: £20 Main Course: £15

ADVANCED BOOKINGS ONLY

Available through the month of November and up until 22nd December 2019

Gluten Free Options Available. Please let our staff know if you have any allergens.

▲ Festival Menu

▲ Wine Makers Dinner

03. 메뉴 디자인

1) 메뉴 커뮤니케이션

표 7-2 메뉴 커뮤니케이션

구 분	내 용	
메시지의 의미 고려	· 컨셉 · 직관	· 정보 · 경험
단어 또는 심벌로의 표현	· 목표 · 철학	· 정책 · 말하고자 하는 내용과 방법
인쇄된 메뉴를 통한 메시지 전달	· 표지 · 인쇄 · 예술성	· 광고문안 · 색상 · 위치
메시지 접수	· 접수된 메시지의 해석	· 메시지를 받은 후 개인적 성향
단어와 심벌의 해석	· 해독 · 가치의 인식	· 기대
의미의 이해와 수용	· 행동 · 수익성 품목구매	· 원하는 품목구매 · 레스토랑 재방문

출처 : Jack E. Miller(1992). Menu pricing and strategy.

메뉴는 레스토랑과 고객이 상호 커뮤니케이션 하는 기능을 가지고 있다. 고객은 메뉴가 전달하는 메시지를 받아들이고, 그에 따라 행동하게 된다. 따라서 메뉴 작성자는 레스토랑에서 말하고자 하는 메시지를 고객에게 정확하게 전달해야 한다.

Miller는 메뉴를 커뮤니케이션 도구로서 <표 7-2>와 같이 설명하고 있다.

2) 메뉴 북 디자인

메뉴 북은 광고와 마찬가지로 고객이 무엇을 살 수 있는가를 알려주는 도구로서 최적의 메뉴는 수익을 높이고, 고객에게 만족을 제공할 수 있는 훌륭한 판매매체가 된다.

이와 같이 효율적인 판매수단이 되도록 디자인을 고려할 때는 음식의 배열 및 내용, 시각적 구성, 지면, 활자체 등 메뉴 북의 제작에 따른 여러 요소들을 고려해야 한다.

❶ 메뉴 북의 고려사항

- 관심을 끌 수 있는 메뉴 북
- 실용성 있는 메뉴 북
- 읽기에 편한 메뉴 북
- 주변 환경과 조화를 이루는 메뉴 북
- 적당한 메뉴 북 형태
- 적정한 크기
- 고객의 기호가 반영된 디자인
- 상품들과의 관련성

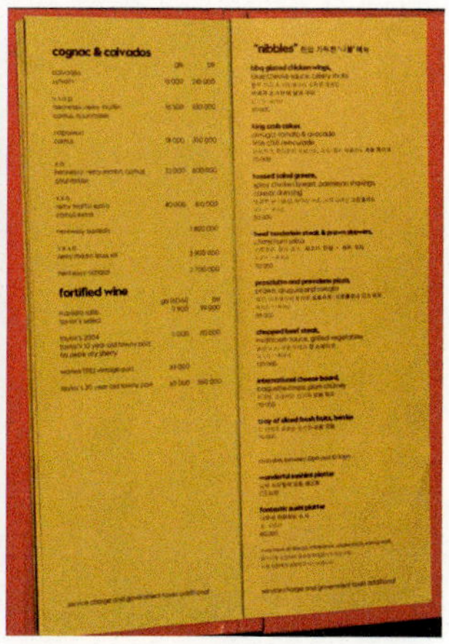

❷ 메뉴 북 디자인의 구성요소

○ 언어

메뉴 북에 표기되는 언어는 레스토랑의 형태와 특성 등을 반영해야 한다. 외국어로 표기하는 경우, 정확한 외국어를 사용한다.

● 정확성

고객이 메뉴로부터 음식의 가격과 특성에 대해 정확한 정보를 얻을 수 있어야 한다. 따라서 관리자는 항상 메뉴를 사전에 검사하여 실제와 차이가 있을 경우, 반드시 변경을 해야 한다. 그리고 메뉴에서 설명하고 있는 내용과 실제 제공되는 음식의 맛과 질이 일치하여야 한다.

● 가격

메뉴마다 최적의 가격을 제시하는 것은 매우 중요한 일이다. 가격을 비용을 충당하고 적정이익을 낼 수 있어야 하고 고객이 지급할 수 있는 정도이어야 하며 또한 경쟁력을 갖추고 있어야 한다.

● 품목구성

모든 레스토랑의 메뉴에는 다양한 음식들을 포함하고 있는데 이러한 음식들이 일정하게 판매되도록 구성하는 것이 좋다. 따라서 관리자는 매일 객단가를 파악하고 항목별 판매량을 분석하는 것이 필요하다.

항목별 판매비율을 개선하기 위해서는 메뉴 및 음료 리스트의 구성과 가격을 새롭게 해야 한다.

즉, 메뉴 북의 디자인을 새롭게 하고 색채와 그래픽 등을 이용하면 고객이 각각의 음식을 선택하는데 도움이 될 수 있다.

3) 메뉴 프리젠테이션 유형

메뉴 프리젠테이션은 고객에게 어떻게 보여지느냐가 핵심이라 할 수 있다. 메뉴 프리젠테이션 유형에는 다음 <표 7-3>과 같이, 종이에서부터 나무, 플라스틱, 메뉴보드, 야외, 온라인, 모바일, 태블릿까지 다양한 형태로 활용되고 있다.

표 7-3 메뉴 프리젠테이션 유형

프리젠테이션 형태	내 용
종 이	· 종이에 인쇄된 방식으로 레스토랑 방문고객에게 메뉴가 제공됨 · 종이에 메뉴 아이템 및 내용을 수록하는 방식으로, 수정과 보완이 용이함 · 비용이 저렴하기 때문에 널리 사용되고 있음
메뉴보드	· 패스트푸드점과 같이 보드를 사용하여 고객이 메뉴를 한 눈에 볼 수 있도록 카운터 상단 높은 곳에 설치함 · 메뉴가 바뀔 때에는 회전하거나 교체하는 방식으로 관리
디지털 디스플레이/키오스크	· 디지털디스플레이는 디지털 화면으로 메뉴를 제공함 · 키오스크는 고객이 직접 메뉴정보를 통해 주문과 결제를 할 수 있는 시스템 · 이러한 방식은 컴퓨터 내용의 수정으로 메뉴수정이 용이함
야외	· 야외에 보드를 만들어 유리에 끼워서 관리함. · 고객이 매장으로 들어오기 전 사전에 메뉴를 파악하도록 정보를 제공함
온라인	· 온라인웹사이트, 레스토랑의 홈페이지를 통해서 메뉴를 제공함
테블릿	· 고객이 좌석에서 모바일테블릿이나 식탁 위 제공된 모니터를 통해 메뉴주문 및 결제 · 글보다는 그림으로 모든 정보를 전달하도록 구성하는 것이 중요함

출처 : Jack E. Miller, (1992). Menu Pricing and Strategy.

▲ 디지털 메뉴보드

▲ 태블릿 메뉴

03 S·E·C·T·I·O·N

메뉴 가격전략

일반적으로 메뉴 가격전략은 원가, 경쟁, 수요의 세 가지 요인이 가장 중요한 요인으로 작용한다. 메뉴 가격전략의 목적은 고객별 시장점유율 유지와 확대, 객단가 이익극대화, 현상유지 또는 가격안정, 촉진적 가격결정에 있다.

메뉴의 가격전략은 원가지향적 요소가 우선시되며, 수요나 경쟁지향적 요소는 부차원적인 고려대상이 될 수 있다.

외식기업은 이에 적합한 가격전략을 활용하기 위해 운영하고 있는 레스토랑의 특징을 파악하고 해당점포의 주요 상품과 서비스에 가장 적합한 가격전략을 연구하고 개발해야 한다. 시장에서 경쟁이 치열한 기존 제품과 신제품에 대해서는 서로 다른 가격전략이 적용될 수 있다. 외식기업에서 널리 활용되고 있는 가격전략을 확인하고자 한다.

01. 원가지향적 가격전략

메뉴 생산에 사용된 원가를 기준으로 하여 가격을 결정하는 방법으로 이는 주로 객관적 데이터를 토대로 메뉴가격을 결정하기 때문에 가격결정방법 중 가장 객관적인 방법이라 할 수 있다.

1) 마진확보에 의한 가격전략

마진확보 가격전략은 사전에 결정된 마진을 메뉴 원가에 추가하는 방법이다.

표 7-4 마진확보에 의한 가격전략 산출식 및 사례

판매가격	=	메뉴 원가 + 결정된 마진율

메뉴 품목	메뉴 원가(원)	마진율(%)	판매가격(원)
안심스테이크	40,000	30	52,000
	40,000	+ (40,000 x 0.3) =	52,000

2) 목표원가에 의한 가격전략

메뉴 생산에 소요되는 식자재비용이 판매가의 일정비율을 차지한다는 가정 하에 기반을 둔 가격 책정법으로, 품목마다 다른 원가비율로 개별적인 가격책정을 할 수 있다. 이러한 가격전략은 월별 및 분기별 이익관리 회의에서 주로 원가에 주안을 두고 조리장의 성과를 측정하기 때문에 국내 외식업체에서 가장 널리 사용되고 있다.

표 7-5 목표원가에 의한 가격전략 산출식 및 사례

판매가격	=	총 식자재 비용 ÷ 식자재 목표원가

메뉴 품목	총 식자재 비용(원)	식자재 목표원가(%)	판매가격(원)
프라임 등심 스테이크	30,000	30	100,000
	30,000 ÷	0.3 =	100,000

02. 경쟁지향적 가격전략

경쟁지향적 가격전략은 주요 경쟁사들이 사용하는 가격을 비교 분석하여 결정하는 방식으로, 경쟁사들의 가격에 고객이 만족하고 있다는 가정을 기반으로 하고 있기 때문에 레스토랑별 특성과 내·외 장식 및 서비스, 정량 등이 무시되기 쉬운 가격전략이다.

1) 가격선도제

동일업계에서 가격변화에 가장 영향력이 있는 호텔 레스토랑인 가격선도자에 의해 가격이 결정되는 형태이다.

예를 들면, A 레스토랑의 'Sunday Brunch'의 경우, 높은 고객들의 인지도 및 매출증가로 인해 B, C, D 레스토랑 Brunch를 오픈하게 되는 결과를 가져오게 하였으며 또한 가격책정도 이와 비슷한 수준을 유지하고 있다.

2) 적정가격

경쟁업체의 가격과 비교하여 적정수준이라고 판단되는 경영자의 주관적인 가격결정방법으로, 두 곳 레스토랑의 가격을 비교하여 고객 군에 따라 경영자의 주관적인 가격결정이 이루어진다.

3) 최고가격

경영자가 임의로 고객이 지불할 수 있는 가장 높은 가격을 결정하는 방법이다. 예를 들면, 과거 이태리 레스토랑의 X-Burger가 150,000원의 고가임에도 불구하고, 많은 수익을 창출하였다.

즉, 타 레스토랑에서는 찾아 볼 수 없는 차별화된 고가가격을 책정한 대표적인 사례라 할 수 있다.

4) 특매가격

주력 품목의 가격을 인하하여 고객을 끌어들인 다음 이윤을 남기기 위하여 다른 품목에서 높은 가격을 받는 방법이다.

예를 들면, A 레스토랑의 연말 송년메뉴와 잘 어울리는 와인을 같이 이용할 경우, 15%의 할인을 해주는 반면, Set 메뉴를 고가로 하여 식사와 음료를 같이 이용할 수 있게 하는 가격전략을 구사하고 있다.

5) 관습적 가격결정

소비자들이 일반적으로 인식하고 있는 가격으로, 한 두 기업에 의하여 가격이 결정되는 것이 아니라 기업들이 사회습관에 의해 관행되는 가격이다.

03. 수요지향적 가격전략

1) 수요차별에 따른 가격전략

시장별 가격차별법이라고도 한다. 이는 하나의 제품이 두 개 혹은 그 이상의 가격으로 판매되는 것을 말한다. 즉, 고객·장소·시간 등에 따라 시장을 세분화하여 차별적인 가격을 적용하는 것이다.

2) 유인가격전략

촉진가격이라고도 한다. 여러 상품을 취급하는 연쇄점이나 백화점에서 특정 고객유인용 상품으로 하여 가격을 저렴하게 함으로써 다른 상품의 구매를 유도하는 전략이다.

예를 들면, A 레스토랑의 경우, 생맥주를 20,000원으로 책정하여 무제한 제공하는 대신 안주를 집중적으로 판매하는 전략을 구사하고 있다.

04 S·E·C·T·I·O·N

메뉴분석

01. 메뉴분석의 의의

메뉴분석(Menu Analysis)이란 식음료 운영에 있어 현재와 미래의 메뉴 가격, 디자인, 메뉴 구성 내용 결정 등의 문제를 해결하고자 하는 일련의 과정이다. 또한 메뉴분석은 고객선호도와 내부관리능력을 평가하여 매출을 증가시키고 순이익을 증가시킬 수 있는 메뉴품목들의 평가라고 할 수 있다.

메뉴분석의 목적은 각 메뉴의 적정한 가격을 선정하고 메뉴 품목의 식자재 원가를 산출하며, 메뉴가 어떤 가격수준과 품목일 때 이익을 최대화 할 수 있는지, 현재의 메뉴 중에 재가격 책정, 유지, 삭제 및 재위치화를 필요로 하는지, 성공적인 메뉴변경은 어떻게 평가하는지 등의 질문에 대한 해결방안을 제시함으로써 메뉴를 통해 많은 이익을 창출할 수 있는 가격으로 조정하고 고객에게 다가갈 수 있는 것이라 할 수 있다.

메뉴분석은 일반적으로 고객수요와 메뉴 품목의 분석 및 각 품목의 공헌이익에 초점을 두고 분석한다.

고객수요

일정기간 동안 한 점포를 이용한 고객 수

○ 메뉴 품목의 분석(메뉴 Mix: 메뉴구성 비율)

판매된 품목을 비율로 구분하며 판매된 각 품목을 총 이용 객수에 대한 고객의 선택경향을 분석하는 것이며, 메뉴 Sales Mix라고도 한다.

○ 공헌이익

판매비와 식재료비의 차액을 말하며 각 판매 품목의 총이익을 분석하는 것이고, 가격결정에 있어 매우 중요하다. 여기서 공헌이익은 재료비를 제외하고 남는 수익 즉 다른 비용을 충당하거나 이익을 창출하는데 공헌한다는 의미에서 공헌이익이라고 한다.

메뉴분석에 있어 메뉴의 역할은 단지 재료비의 모니터링이 아니라 메뉴를 통하여 이익을 최대화할 수 있도록 관리하는 것이다. 따라서 메뉴분석은 이익을 창출하는 것이 우선적이며 목표원가를 통제하는 것은 부수적인 것이라 할 수 있다. 즉, 이익창출이 중요한 것이지 식재료를 통제하는 것이 주목적은 아니다.

02. 메뉴분석 방법

메뉴개발이 이루어진 다음에는 매출을 고려해야 한다. 메뉴가 소비자 취향을 효과적으로 반영하고, 메뉴가격을 소비자가 긍정적으로 받아들일 수 있는지를 토대로 효과적인 분석을 수행해야 메뉴분석의 정확한 결과를 도출할 수 있다.

이러한 메뉴분석은 고단가 품목과 저단가 품목 간 균형과 조화를 이룰 수 있고, 모든 품목들의 총매출에 대한 기여도를 반영하여 메뉴품목을 적절하게 선정할 수 있다면, 결과적으로 고객만족 및 매출을 극대화시킬 수 있다.

1) 인기지수 평가법

레스토랑에서 특정메뉴들이 어느 정도 판매되는지를 확인하려면 그 메뉴의 인기지수(Popularity Index)를 구할 수 있다. 인기지수 분석은 고객호응도를 메뉴판매량을 통해 분석한 후, 상품 인지도를 측정하는 것이다.

단, 이러한 분석법은 분석기간에 따라 분석의 객관성이 달라질 수 있기 때문에 분석기간은 1개월 정도로 하는 것이 바람직하다.

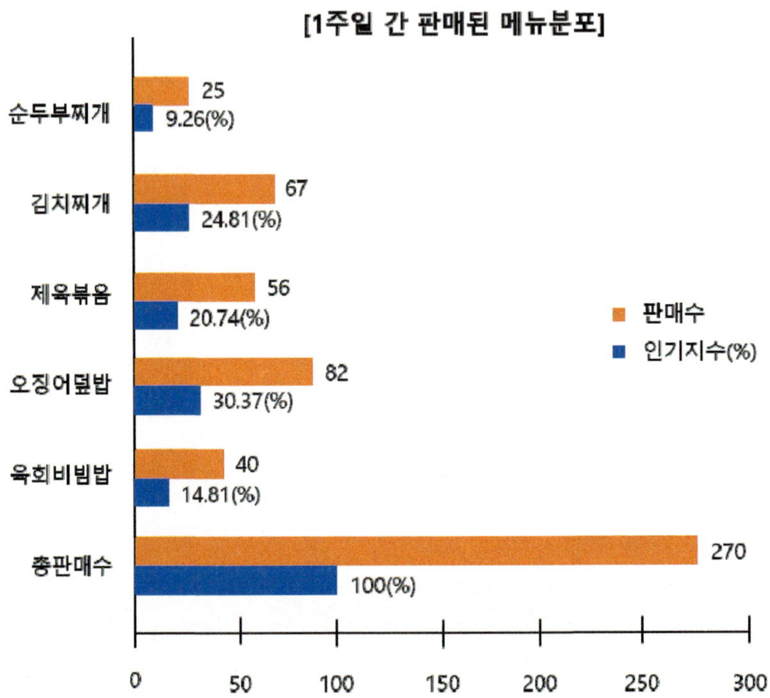

그림 7-3 인기지수 평가법 사례

2) Miller 모델

Miller 모델은 식재료 비율과 판매량을 전체 메뉴항목에서 차지하는 비율을 네 그룹으로 구분한 것이다. 이 모델은 판매량과 관계하여 매출액이나 공헌이익을 고려하지 않은 방법으로, 장점은 식재료 원가비율로 메뉴를 결정하는데 도움을 준다. 그러나, 단점은 원가율이 낮은 품목은 판매가도 낮으며, 수익성을 위해 가격을 높이면 매출이 감소한다.

일반적으로, Miller 모델은 파트별로 메뉴를 구성하고 있는 패밀리레스토랑 메뉴를 분석하는데 매우 효과적이다.

구체적으로 Miller 메뉴분석 모델을 살펴보면, 원가가격이 낮고 판매량이 높은 그룹은 위너(Winners), 원가가격이 높고 판매량이 낮은 그룹은 루저(Losers)로 배열하여 분석하는 방법이다. 또한 원가가격도 높고 판매량도 높은 그룹은 유지 II(Marginals II), 원가율도 낮고 판매량도 낮은 유지 III(Marginals III)로 구분한다.

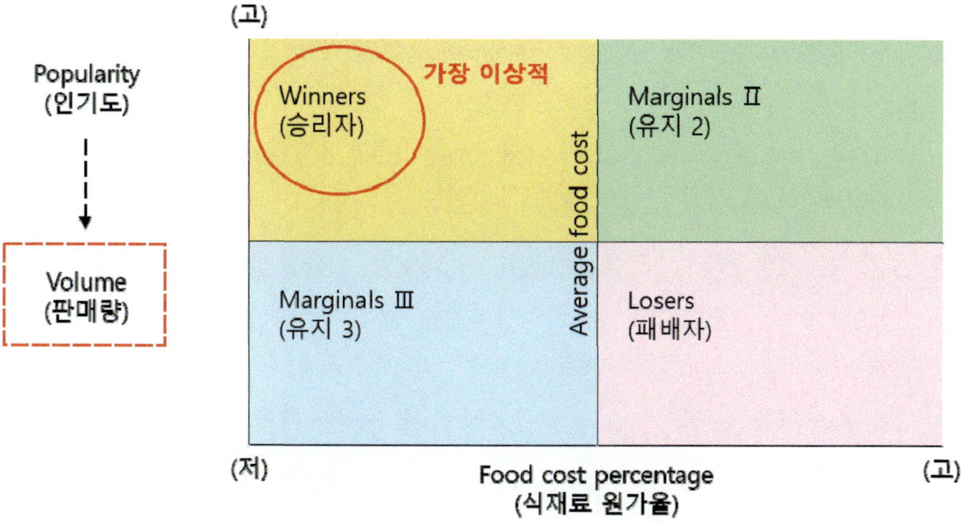

그림 7-4 Miller 모델

3) 허스트 메뉴평가법

1960년 미국 플로리다 주립대학의 마이클 허스트 교수는 가격의 변화, 원가, 인기도, 이익공헌도 등이 판매에 미치는 영향을 측정하는 허스트 메뉴평가법을 개발하였다. 이 평가법은 메뉴에 준 변화(예:가격, 원가율, 메뉴교체)의 결과를 분석하기 위한 것으로, 계산방법을 몇 가지 자료만 가지고도 손쉽게 할 수 있다. 이 방법을 사용하기 위해서는 우선 평가기간을 정해야 하는데, 최소한 1, 2주 이상의 평상적인 기간으로 변수가 작용할 수 있는 시기는 피하여 결정한다.

예를 들면, 크리스마스 같은 축제일이나 아주 기후가 나빴던 기간들은 판매량의 증감폭이 평상시와는 다른 특별한 경우에 해당되므로 평가대상에서 제외한다.

평가방법은 다음과 같다.

❶ 평가기간을 정하고 총 매출액에 공헌도가 높은 품목들을 평가 대상으로 선정한다.

❷ 선정된 품목의 총판매 수량에 남아 있는 품목들의 판매량을 모두 합하여 점포의 총 판매량을 구한다.

❸ 선정품목들의 매출액과 식자재 원가를 계산한다.

❹ 선정품목들의 평균객단가를 계산한다(선정품목 총 매출액÷선정품목 총 판매량).

❺ 선정품목들의 총수익을 계산하고, 선정메뉴 품목의 총매출액에 대비한 총 수익률을 계산한다.

선정품목의 총수익률 = 총수익-선정품목의 총 식자재 원가

선정품목의 총수익률 = 총수익÷선정품목의 총매출액

❻ 선정 품목들의 평균 수익을 계산한다(평균수익 = 평균객단가×총수익률, ④×⑤).

❼ 점포 전체 품목 판매수에 대비한 선정메뉴 품목의 판매율을 계산한다(선정 품목 총판 매수÷점포자체 품목 판매수).

❽ 메뉴 스코어를 산출한다(품목 평균수익×선정 품목판매율, ⑥×⑦).

표 7-6 허스트(Hurst) 메뉴평가법

아이템	판매수량	판매가격	총매출	식자재원가	총식자재 원가
불고기	200	6,000	1,200,000	2,000	400,000
김치찌개	500	8,000	4,000,000	3,000	1,500,000
된장찌개	300	6,000	1,800,000	2,000	600,000
선별메뉴 총판매수	1,000		7,000,000		2,500,000
전체메뉴 총판매수	1,500				

출처 : 최학수 외 3인(2018). 실전외식사업경영론. 저자 재수정.

❶ 객단가 : 총매출액 ÷ 총판매수량(7,000,000 ÷ 1,000 = 7,000)

❷ 총수익 : 총매출액 – 총 식자재원가(7,000,000 – 2,500,000 = 4,500,000)

❸ 총수익률 : 총수익 ÷ 총매출액(4,500,000 ÷ 7,000,000 = 64%)

❹ 품목평균수익 : 객단가 × 총수익률(7,000 × 64% = 4,480)

❺ 레스토랑 총판매수 : 1,500

❻ 선별메뉴 판매율 : 선별메뉴 총판매수 ÷ 전체메뉴 총판매수(1,000 ÷ 1,500 = 66.7%)
❼ 메뉴 스코어 : 품목평균수익 × 선별메뉴 판매율(4,480 × 66.7% = 2,988)

허스트 메뉴분석 방법을 요약하면 다음과 같다.

- 메뉴 스코어는 그 자체만으로 큰 의미를 갖지 못한다(판매량과 가격변화, 원가, 메뉴교체 등과의 상호작용 파악).
- 보다 나은 활동을 위해서는 평가기간이 다른 여러 개의 메뉴 스코어를 상호비교한다.
- 메뉴 스코어가 높을수록 좋은 변화를 의미한다.
- 스코어가 하향 또는 등락이 심하면 정밀조사가 필요하다.
- 지속적으로 스코어가 낮아지면(특별한 이유 없이) 품목교체나 이익이 높은 다른 품목에 주력한다(낮은 객단가에서이지만 서비스 차원에서 판매한다면 예외일 수도 있음).
- 객단가가 낮음에도 불구하고 메뉴 스코어가 낮다면 높은 원가율에 기인하므로 원가율개선 또는 타 메뉴교체 등을 검토한다.

4) Kasavana-Smith 모델

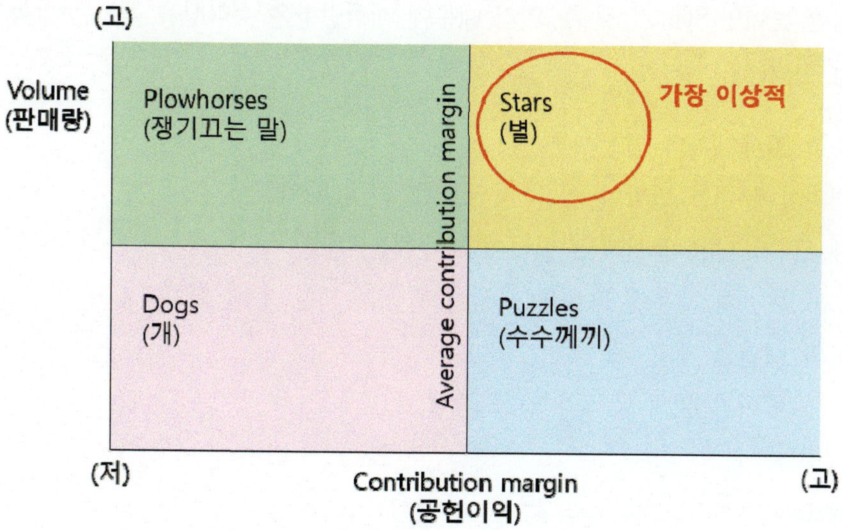

그림 7-5 Kasavana-Smith 모델

Kasavana-Smith 모델은 Menu Engineering이라는 체계화된 메뉴분석 프로그램이며, 품목의 판매가와 원가 그리고 판매될 수량뿐인 간단한 분석기법이다. 최근, 학계와 업계로부터 큰 호응을 받고 있다.

이 분석방법에서는 높은 공헌이익과 판매량이 많은 품목, 즉 수익성도 높고 선호도도 높은 품목을 Stars(최고의 품목), 그리고 수익성도 낮고 선호도도 낮은 품목을 Dogs(최하의 품목)이라고 설명하고 있다.

각 그룹(품목군)별 개선전략은 다음과 같다.

Stars

선호도도 높고 수익성도 높은 품목으로 분류된 품목군으로 다음과 같은 개선이 요구된다.

- 현재의 수준유지
- 가격의 변화에 고객이 민감한 반응을 보이지 않기 때문에 가격 인상을 시도
- 메뉴를 눈에 띄기 쉬운 최상의 위치에 배열

Plowhorses

수익성만 높이면 Stars가 될 수 있기 때문에 개선방향은 수익성을 높이는 방향으로 이루어져야 한다.

- 신중한 판매가격의 인상 시도
- 가격인상에 대한 반발이 있을 경우, 품목의 재배치
- 식재료비가 낮은 품목과 결합하여 Set 메뉴 개발
- 선호도가 높기 때문에 고객의 시선이 덜 집중되는 곳에 위치하도록 하여 메뉴 상 품목의 배열을 재고
- 원가를 줄이기 위해 품목의 양을 줄임

Puzzles

수익성은 높지만 선호도가 낮은 품목으로 가격대가 높은 품목들로서 선호도만 높이면 Stars 군에 속하는 품목임.

표 7-7 Menu Engineering 사례 Ⅰ

1) 다음은 Menu Engineering과 관련한 사례를 제시한 것이다. 다음 표에 빈칸을 채우시오.

메뉴	판매량	메뉴 믹스 (%)	판매가격 (원)	원가 (원)	총 판매액 (원)	총 원가 (원)	총 공헌이익 (원)	공헌이익 믹스 (%)	공헌도	선호도	BCG 분석
관자구이	420	28	9,900	4,420	4,158,000	1,856,400	2,301,600	22	저	고	plow horse
등심 스테이크	360	24	17,000	9,000	6,120,000	3,240,000	2,880,000	27	고	고	star
안심 스테이크	150		19,000	9,900							
메로구이	70		12,900	8,000							
해산물 스파게티	180		19,000	9,000							
치킨 샐러드	210		9,900	4,400							
양갈비	75		19,900	9,900							
푸아그라	35		12,900	4,000							
합계	1,500				21,114,000	10,567,900	10,506,100				

① 메뉴 : 메뉴 상에 있는 모든 품목을 메뉴에 기입(예를 들면, 메뉴상의 메인 품목의 수가 8이면 8개의 품목을 차례로 기록하고 마지막에 합계를 기입)

② 각 품목의 일정기간 판매수량을 판매량에 기입

③ 메뉴 Mix(%) : (해당품목 판매량 ÷ 전체판매량)× 100
예) 관자구이의 메뉴 Mix = (420 ÷ 1500) ×100 = 28%

④ 각 메뉴품목의 판매가격 기입

⑤ 각 품목을 만드는데 소요되는 식자재의 원가 기입

⑥ 각 품목의 총 판매액은 판매량 × 판매가격으로부터 구함
예) 관자구이의 총 판매액 = 420 × 9,000 =4,158,000

⑦ 각 품목의 총원가는 판매량 × 원가로부터 구함
예) 관자구이의 총원가 = 420 × 4,420 = 1,856,400

⑧ 각 품목의 총 공헌이익은 총 판매액 - 총원가로부터 구함
예) 관자구이의 총 공헌이익 = 4,158,000 - 1,856,400 = 2,301,600

⑨ 공헌이익 Mix(%) = (해당품목 공헌이익 ÷ 전체공헌이익)× 100
예) 관자구이의 총 공헌이익 Mix = (2,301,600 ÷ 10,506,100) × 100 = 22%

⑩ 공헌도 = 메뉴 Mix(%) - 공헌이익 Mix(%)
(메뉴 Mix < 공헌이익Mix : 공헌도 - 고, 메뉴 Mix > 공헌이익Mix : 공헌도 - 저)

⑪ 선호도 : 메뉴 Mix > 10% : 선호도 - 고, 메뉴 Mix < 10% : 선호도 - 저

2) 〈표 7-7〉의 자료를 토대로 BCG의 모형의 메뉴 품목 포지션을 작성하시오.

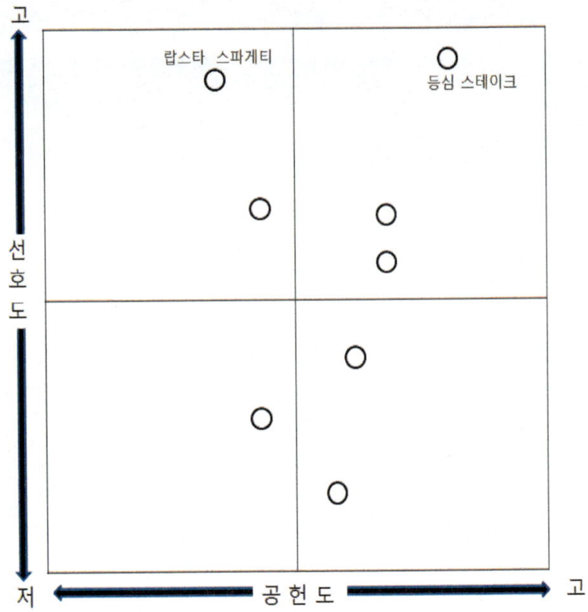

그림 7-6 Menu Engineering 사례 II

- 많은 노동력을 요구하는 품목은 메뉴에서 삭제
- 고객이 잘 볼 수 있도록 최상의 위치에 배열
- 품목의 이름을 바꿈
- 판매가의 인하를 통하여 선호도를 높임
- 품목 수를 최소화

Dogs

수익성과 선호도 모두 없는 품목으로 가장 최하의 품목 군에 속한다.

- 메뉴에서 과감히 삭제
- 판매가를 인상하여 Puzzles군으로 전환

4) 메뉴평가

메뉴는 수익성과 판매가능성만 기준이 되어서는 안 된다. 즉, 주변의 장식과 외식업체 분위기 등과 조화될 수 있는지 등이 함께 고려되어야 한다.

메뉴평가(Menu Evaluation)에 있어 업체 간 메뉴가 서로 상이하여 평가기준을 수립해 놓더라도 모든 업체에 적용되는 것이 아니기 때문에 각 외식업체의 상황에 적합한 평가 기준을 수립해야 한다.

메뉴평가 목록에 여러 요인을 포함시키고 각 요인들에 대한 적절한 가중치를 부여하여 그것을 합한 총 점수는 각 메뉴가 얼마나 경쟁력이 있는가를 보여주는 지표가 되는 것이다.

예를 들면, 85～100의 점수는 최우수, 70～84는 우수, 55～69는 보통, 55 이하는 불량 등으로 점수에 따라 메뉴의 등급을 정하기도 하는데, 만약 많은 수의 변수들을 평가하려면 1,000점 기준으로 점수를 매기는 것이 좋다.

다음은 메뉴평가 시 고려되어야 할 사항이다.

- 메뉴품목은 고객이 원하고 좋아하는 것들인가?
- 충분한 다양성을 가지고 있는가?
- 가격은 적정수준으로 책정되었는가?
  (각 품목의 가치와 시장상황에 맞도록 가격이 책정되었는가?)
- 메뉴의 특이성은?

이러한 기준은 각각 메뉴의 전문성, 구매, 가격, 판매율 등으로 분류될 수 있다. 결과적으로, 메뉴평가에 있어 가장 중요한 것은 외식업체 특성에 맞는 유의미한 평가를 내리는데 있고, 이를 토대로 차기 메뉴를 더욱 효과적으로 설계할 수 있도록 기존 메뉴의 장단점과 같은 정보를 메뉴평가를 통해 확보하는 것이다.

05 S·E·C·T·I·O·N

신메뉴 개발

01. 신메뉴 개발의 의의

1) 신메뉴 개발의 개념

최근 외식시장 환경의 변화로 외식기업에서 출시한 신메뉴가 시장에서 소멸되는 주기가 매우 짧아지고 있다. 심지어 프랜차이즈 가맹점은 메뉴의 수명주기가 채 1년을 넘기지 못하고 브랜드와 함께 사라지는 사례도 적지 않다. 왜 이렇게 빠르게 변화되고 있는 것일까?

단순히 소비자의 기호 변화로 설명하기에 부족한 부분이 있다. 이러한 변화를 지각하기 위해서는 먼저 Mathur의 차별화 주기이론(1984)을 이해해야 한다.

차별화 주기이론은 시장이 발달되지 않은 상황에서 하드웨어와 소프트웨어를 결합해 하나의 시스템(구축된 메뉴)을 제공함으로써 시장에 진출했지만 점차 시장이 성숙기에 접어들면서 경쟁사의 출현으로 쇠퇴기를 맞이한다. 이때 하드웨어는 서비스로 차별화를 시도하고, 소프트웨어는 메뉴의 변화로 탈시스템화를 시도해 다시 평범한 일상재가 되는 등 순환하게 된다. 외식시장 변화가 빠른 것은 바로 이러한 순환관계가 빠르게 변화하고 있기 때문이다.

예를 들면, 피자헛이 국내 외식시장에 처음 들어올 때 피자라는 메뉴와 서구식 서비스만 결합해도 소비자는 새로운 시스템으로 받아들였다. 그러다 경쟁사 출현으로 서비스와 아이템 개발에 가속화가 이루어지면서 전국 곳곳에서 이용할 수 있는 점포들이 확대되었다. 어느 곳에서든 주문을 하면 상품을 받을 수 있는 시스템으로 개발된 것이다.

그리고 새로운 메뉴개발로 고객을 유인하다 다시 경쟁사의 메뉴와 서비스의 추격으로 그 메뉴와 서비스도 차별화되지 못하는 상황이 벌어진다. 즉, 신규메뉴 개발로 관심을 얻게 되면 경쟁업소에서 유사한 아이템이 개발되면서 혁신적인 메뉴로 받아들였던 아이템도 다시 평범한 일상메뉴로 인식되기 때문에, 신메뉴 개발은 메뉴 생명주기에 따라 출시시기도 달리해야 할 필요가 있다.

일반적으로, 신메뉴 구분은 메뉴가 처음으로 개발된 것인지 혹은 이미 유사한 메뉴가 있는지에 따라 구분한다. 고객과 외식업체의 입장에서 모두 신규메뉴라면, 그것은 혁신메뉴라 할 수 있다. 예를 들면, 국내 패스트푸드와 패밀리레스토랑인 베스킨라빈스가 처음 나왔을 때, 이 메뉴는 완전한 신메뉴이자 혁신메뉴인 것이다. 좁은 의미에서 신메뉴는 혁신제품을 가리킨다.

또한 고객에게는 이미 알려져 있지만 외식업체 입장에서는 처음 개발된 메뉴라면, 모방 신메뉴가 되는 것이다. 예를 들면, 이랜드의 애슐리가 빕스(VIPs)의 샐러드 바를 모방해 비슷한 메뉴를 낮은 가격으로 출시한 경우가 이에 해당한다.

그리고 기존에 가지고 있던 메뉴를 새롭게 확장할 경우, 이는 기존 메뉴수정, 메뉴추가, 기존 메뉴 재포지셔닝 등으로 고객에게 새롭게 선보이는 경우의 세 가지로 구분할 수 있다. 이는 외식기업에는 새로운 것이 아니지만 소비자에게는 새로운 것으로 받아들여지는 경우라고 할 수 있다. 대표적인 사례가 CJ 푸드빌의 차이나팩토리, 계절밥상, 이랜드의 자연별곡 등이 대표적이라 할 수 있다.

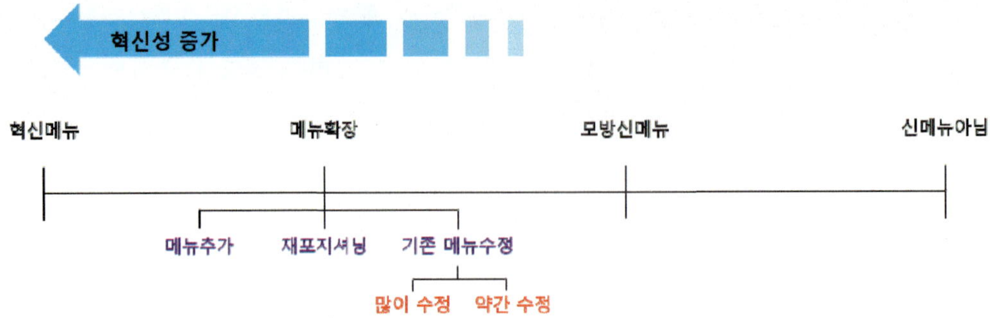

그림 7-7 혁신성 정도에 따른 신메뉴의 구분

2) 신메뉴 개발의 중요성

1990년대부터 시작된 국내 외식산업의 성장기 외식기업들 중 지금까지 멈추지 않는 기업들을 보면, 신메뉴 개발이 경쟁력 우위를 지속하는데 있어 핵심적 역할을 해왔음을 알 수 있다.

모든 기업이 지속적인 성장을 위해서는 시장에서 성공할 신제품들을 끊임없이 창출해 내야 하듯 외식기업을 포함한 자영업 외식업체도 피해갈 수 없는 상황이다. 이러한 이유로 신메뉴 개발은 외식기업이 수행하는 여러 가지 활동 중에서 매우 중요한 위치를 차지한다고 볼 수 있다.

최근, 산업을 선도하는 기업은 매출액 중 5년 동안 개발된 신제품이 차지하는 비중이 산업 내 바닥권에 있는 기업보다 훨씬 더 높게 나타났다. 이는 신메뉴 개발이 중요하다는 사실을 보여 준다.

신메뉴 개발이 가장 중요한 이유는 신메뉴가 창출하는 이익이 외식기업의 수익에서 많은 부분을 차지하고 있기 때문이다. 그렇지만 이러한 신메뉴 개발은 많은 비용이 동반되고, 또한 신메뉴가 성공할 확률도 매우 낮기 때문에 신중히 검토해야 한다.

이외에도 급변하는 환경 속에서 소비자들의 욕구와 기술변화에 대응하기 위해서는 신메뉴를 개발하는 것이 경쟁에서 외식기업이 살아남기 위한 방법이 될 수 있다. 즉, 외식기업의 성공과 실패를 결정하는 주요 변수라는 점에서 신메뉴 개발은 매우 중요하다고 할 수 있다.

02. 신메뉴 개발단계

신메뉴 개발과정은 외식기업의 현황이나 메뉴 개발자에 따라 다소 차이가 있을 수 있다. 그러나, 일반적인 신메뉴 개발단계는 다음과 같이 8단계로 구분해 볼 수 있다.

1) 아이디어 창출

신메뉴 성공을 위해서는 많은 아이디어를 도출해야 한다. 예를 들면, 스타벅스의 프라푸치노(Frappuccion)는 별도 카테고리로 사이트에서 소개하고 있을 정도로 스타벅스의 매출 중 큰 부분을 차지하고 있다. 프라푸치노는 하워드 슐츠(Howard Schultz) 회장이 더운 지역의 스타벅스에서 일하는 종업원의 아이디어를 반영시켜 성공한 대표메뉴라 할 수 있다.

신메뉴 아이디어 창출의 원천은 어디에서 찾을 수 있을까? 아이디어 원천은 크게 외식기업의 내·외부에서 찾을 수 있다. 먼저, 내부적 원천은 외식기업이나 업소내부를 들 수 있다. 레스토랑 직원의 경우, 고객과 직접 접촉하기 때문에 고객욕구, 메뉴컨셉과 같은 아이디어를 수집할 수 있다.

한편, 외식기업을 찾는 고객에 대한 조사를 통해서도 아이디어를 얻을 수 있다. 표적집단 면접을 통해 고객 욕구를 파악하거나 기존 메뉴에 대한 불만사항을 물어보고 이를 해결하는 과정에서 신메뉴에 대한 아이디어를 얻을 수 있다.

또한 경쟁업소의 메뉴와 서비스를 분석하는 과정에서 신메뉴 아이디어를 창출하는 방법이다. 외식전문 기업 ㈜놀부 NBG의 놀부화덕족발과 원앤원㈜의 족발중심은 족발전문 브랜드 토시래와 소담애의 성공에 따라 출시되었다.

마지막으로, 외식문화의 환경변화도 중요한 아이디어 창출의 원천으로 활용될 수 있다.

2) 아이디어 평가

아이디어 창출이 가능한 한 많은 수의 아이디어 도출에 주안을 둔다면, 아이디어 평가 단계는 그 수를 축소하는 과정이다. 수집한 다양한 아이디어 중 외식기업이 지닌 현재의 가용자원 능력과 외식기업의 목표 및 적합성 등을 고려해 성공가능성이 낮은 아이디어를 배제하는 것이다.

즉, 좋은 아이디어를 여러 가지 기준에 따라 선별하는 단계로, 객관적 기준을 선정하여 아이디어를 평가해야 할 필요가 있다. 좋은 아이디어이지만 제외되고 좋지 못한 아이디어가 선정되는 오류가 발생할 수 있기 때문이다.

3) 메뉴 컨셉개발과 테스트

메뉴 컨셉은 메뉴 아이템에 대한 아이디어를 소비자 입장에서 그들이 사용하는 용어를 써 구체적으로 표현한 것이다.

메뉴 컨셉의 개발은 아이디어를 소비자가 이해할 수 있도록 구체화하는 것이다. 컨셉을 개발하여 소비자 반응을 평가하고 적합성을 판단하기 위해서는 컨셉을 테스트해야 할 필요가 있다.

예를 들면, 스타벅스는 여름 신메뉴 컨셉을 한국에서만 만날 수 있는 특별한 음료로 어필하는데, 그중 레드 빈 프라푸치노(Red Bean Frappuccino)는 국내산 팥을 프라푸치노와 접목해 시원한 빙수를 연상시킨다.

이처럼 컨셉이 소비자에게 어떻게 받아들여지는가를 평가하는 것이 메뉴 콘셉트 테스트로, 주요 방법은 표적집단의 시식 평이나 전문가 집단의 평이다. 현장에서 메뉴를 제공할 경우, 테스트의 신뢰성을 높일 수 있다. 메뉴기획 담당자는 이러한 테스트를 거쳐 경쟁제품과의 차별적 전략을 수립할 수 있고, 신메뉴에서 개선해야 할 사항을 파악할 수 있다. 또한 소비자의 태도가 부정적 혹은 비관적일 경우, 신메뉴 개발을 전면적으로 수정할 수도 있다.

4) 마케팅 전략 수립

메뉴개발 담당자는 선정된 메뉴개념에 대해 예비적인 마케팅 전략을 수립해야 한다. 마케팅 전략은 우선 개발된 컨셉의 수요층을 목표시장으로 선정한 다음, 이들을 대상으로 메뉴제품의 포지셔닝 위치, 예상판매량, 시장점유율, 초기 목표수익을 설정한다. 그리고 설정된 마케팅 목표를 달성하기 위해 주어진 가격, 유통, 마케팅 예산을 활용하여 마케팅 전략을 수립한다. 마지막으로, 장기적인 예상 판매량, 시장점유율, 목표수익을 달성하기 위해 마케팅 믹스 전략을 수립한다.

5) 사업성 분석

사업성 분석은 마케팅전략 수립과 동시에 수행할 수도 있다. 메뉴 개념과 마케팅 전략이 결정되며 마케팅 담당자는 신메뉴 사업계획의 매력도를 평가하기 위한 사업성을 분석해야 한다. 사업성 분석은 실제로 메뉴제작과 판매이전에 시행되는 것이므로 정확한 계산이 불가능하다. 따라서 신메뉴의 매출액, 비용 및 이윤 등에 대한 추정치를 토대로 이 사업이 외식기업의 목적과 현금흐름에 어느 정도 기여하는지를 파악하는 단계이다. 수요예측, 메뉴 원가 분석, 예상이익 추정 등으로 구성된다.

수요예측은 유사한 메뉴들의 과거 판매 기록을 살펴보거나 시장조사를 수행해 목표고객의 구매의도를 측정함으로써 시장을 예측할 수 있다. 이때 낙관적 혹은 비관적 측면의 예측이 동시에 이루어져야 한다. 수요가 예측되면 마케터는 연구개발비, 마케팅 비용 및 제조비용과 같은 모든 원가요소들을 고려한 메뉴의 예상원가를 추정하여 이들을 토대로 예상이익을 계산한다. 사업성 분석을 통해 긍정적 결과가 산출된다면, 다음 단계로 넘어가지만, 비관적 결과가 산출될 경우, 해당 메뉴개발을 포기할 수도 있다. 이는 신메뉴 개발이 외식기업의 성공과 실패에 큰 영향을 미칠 수 있기 때문이다.

6) 신메뉴 개발 실행

사업성 분석이 끝나면, 메뉴개발 단계로 넘어간다. 이 단계에서는 신메뉴의 개념을 실제 메뉴로 생산하기 때문에 R&D나 기술부문이 적극적으로 개입하게 된다. 막대한 임상실험과 연구개발비가 소요되는 단계라 할 수 있다.

개발자는 메뉴개념에 따라 다양한 모형메뉴(Prototype)를 제작하고 시험하는데, 메뉴 아이템에 따라 소요되는 기간이 상이하다. 성공적으로 개발된 모델메뉴는 테스트를 통해 메뉴 맛과 표현력 그리고 컨셉이 기획된 것과 동일한지를 평가하는 기능 테스트와 실제 소비자들을 대상으로 선호도를 측정하는 소비자 테스트를 거친다.

7) 시험 마케팅

신메뉴와 마케팅 프로그램을 실제로 시장에 도입해 소비자의 반응과 매출 가능성을 조사하는 단계이다. 시험 마케팅(Test Marketing)이라고 하는데, 시장진입 초기 단계에서 발생할 수 있는 문제점들을 사전에 해결하는데 있다. 따라서 메뉴 외에도 포지셔닝, 가격, 유통, 촉진 등 전반적인 마케팅 프로그램에 대한 테스트가 포함된다.

일반적으로 시험 마케팅을 하는 것이 바람직한데 시험기간 중 신메뉴 정보가 노출될 가능성이 있기 때문에 주의를 기울여야야 한다. 성공에 대한 확신이 있고 메뉴개발과 시장 도입 비용이 적은 경우, 시험을 거치지 않고 바로 출시할 수 있다. 특히, 모방의 가능성이 큰 메뉴 아이템은 시험 마케팅을 하지 않는 경우가 많다. 성공한 경쟁메뉴를 모방하거나 기존메뉴에 대한 부분적 수정만 이루어진 경우, 또 초기 시장 진입 비용이 낮은 경우라면, 이 단계를 생략할 수 있다.

시험 마케팅을 실시할 때 자주 쓰는 방법은 표준 시험 마케팅, 통제 시험 마케팅, 모의 마케팅이 대표적이다. 먼저, 표준시험 마케팅은 특정 도시를 선정하고 전국 시장에 출시될 때 실행할 마케팅 프로그램을 그대로 적용해 직접 판매한 다음 직접 소비자 반응을 조사하는 방법이다. 이 방법은 실제상황과 유사하지만 비용과 시간이 가장 많이 소요된다는 단점이 있다.

둘째, 통제 시험 마케팅은 특정 점포를 대상으로 패널을 구성하고 통제된 패널을 대상으로 시장반응을 조사한다. 해당점포의 동의를 거쳐 신메뉴를 판매하므로 표준 시험 마케팅보다 시간이나 비용이 다소 적게 소요되나 선택된 점포가 전체 시장을 대표하기는 어려울 수도 있다.

마지막으로, 모의 마케팅은 실험실 내에 가상점포를 설치하고 신메뉴와 경쟁사 메뉴를 진열한 다음, 표본 소비자를 선정하여 실제 시식을 함으로써 신메뉴에 대한 소비자들의 반응을 조사하는 방법이다. 이 방법은 기타 방법들에 비해 시간과 비용이 가장 적게 소요되나 범위가 가장 작은 실험이므로 결과에 대한 신뢰도는 낮은 편이다.

8) 상업화

시험마케팅 결과, 신메뉴 도입이 성공적일 것이라고 예측되면 목표시장에 신메뉴를 도입한다. 신메뉴 도입을 위해서는 출시시기와 출시지역을 결정해야 한다.

출시시기는 경쟁사보다 먼저 진입하는 초기진입전략, 경쟁사와 동시에 진입하는 동시진입전략, 경쟁사 시장에 먼저 진입한 후에 진출하는 후발진입전략을 고려할 수 있다. 초기진입전략은 유리한 유통경로를 선점하거나 선두 기업의 이미지를 구축할 수 있고, 후발진입전략은 초기진입에 소요되는 막대한 마케팅 비용을 줄이고 시장에서 나타난 문제점을 해결할 수 있다는 장점이 있다.

출시지역은 일부지역에 먼저 진입한 후, 다음 점차 확대하는 방법과 전체시장을 동시에 출시하는 방법이 있다. 자본이 많은 외식기업이나 프랜차이즈 기업은 전체시장에 동시 출시하는 것이 더 효과적이고, 다소 자본이 부족한 외식기업은 특정 세분시장으로 먼저 진출하는 것이 더 바람직하다.

03. 메뉴 수명주기

기업에서 출시하는 제품은 물건이 출시되는 준비기간을 거쳐 도입기, 매출이 급격히 성장하는 성장기, 성장률이 둔화되는 성숙기, 매출이 감소하는 쇠퇴기를 거쳐 시장에서 사라지게 된다. 이러한 과정을 제품 수명주기(PLC: Product Life Cycle)라고 한다.

한편, 외식산업에서는 외식의 특성상 제품이라는 표현보다는 메뉴라고 표현하는 것이 바람직하다고 보고 제품 수명주기를 대신해 메뉴 수명주기(MLC: Menus Life Cycle)라고 표현한다. 즉, 외식업체가 상품화시킨 메뉴 또한 이러한 주기적 특성을 따르는 것이 일반적이다.

메뉴 수명주기는 외식업체의 메뉴에 따라 다양한 형태로 존재한다. 메뉴 수명주기에 따라 이익도 변화하게 되는데, 도입기에는 적자를 보이다가 성장기에 접어들면서 흑자로 돌아선다. 일반적으로 성장기 후반에 최고의 이익을 낸 뒤 서서히 감소하는 것이 특징이다.

최근, 외식업체의 메뉴 수명주기가 짧아지고 있는데, 주요 이유는 기본적으로 지불할 수 있는 가격단가 내에서 다양성을 추구하는 소비자 성향 때문이다. 즉, 습관적으로 한 업체에 대해 외식활동을 하다가도 새로 개업한 식당에 대해 관심을 두게 되는데, 이는 경쟁사의 마케팅 활동자극에 쉽게 반응하기 때문이다. 즉, 소비자의 선호도가 쉽게 변할 수 있는 성질이 있어 경쟁이 심해지면서 소비자의 선호도에 맞추지 않으면 생존할 수 없다. 특히, 새로운 조리법에 의한 반응은 각종 SNS를 통해 그 확산속도가 매우 빠르다고 할 수 있다.

메뉴 수명주기가 짧아짐에 따라 외식기업은 막대한 R&D 비용을 투입해 신메뉴를 개발할 수밖에 없게 된다. 신메뉴를 개발한 경우 빠른 시간 내에 판매하지 않으면 투자금액을 회수하기 어렵다. 따라서 신메뉴를 개발할 수 있는 기술력뿐 아니라 대량으로 판매할 수 있는 시장의 확보가 매우 중요하다. 최근, 외식기업들이 다수의 브랜드로 시장을 확대하고 조기에 많은 가맹점을 확보하기 위한 노력은 바로 이러한 R&D 자금을 확보하고 거대한 외식시장에 접근하기 방법이라 할 수 있다.

이러한 메뉴 수명주기의 각 단계에 따라 외식기업에서는 어떻게 대응해야 할지 단계별 마케팅 전략에 대해 확인해 보고자 한다.

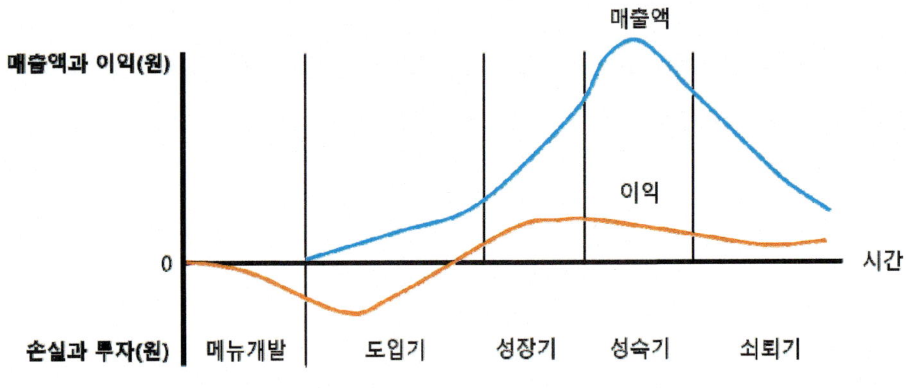

그림 7-8 메뉴수명주기

1) 도입기

먼저, 도입기(Introduction)는 신메뉴가 출시되고 매출이 급성장하기 직전까지를 말한다. 이 시기는 신메뉴 인지도가 낮고 기존 메뉴의 구매에서 형성된 소비습관 때문에 장기간 지속될 수 있다. 우리 주변에서 흔히 볼 수 있는 프랜차이즈 외식기업은 실제로 장기간의 도입기를 거친 아이템이다.

도입기에는 기본 형태의 메뉴가 생산되는데, 판매가 완만하게 상승하나 소비자가 메뉴 정보를 잘 모르고 메뉴개발 광고와 판매촉진 등의 비용이 많이 들어가기 때문에 흑자를 내지는 못한다. 수요가 적어서 판매량도 적고 메뉴의 원가도 높다. 전반적으로 메뉴의 수요가 적어 경쟁도 적은 편이다.

이때에는 메뉴를 널리 인지시키고 판매를 늘리는 것이 마케팅의 전략적 목표가 된다. 광고의 주된 대상은 메뉴를 조기에 수용할 가능성이 높은 혁신 소비자이다. 이들에게 메뉴에 대한 시식은 물론 유용한 정보를 제공해 상표의 인지도를 높이도록 한다. 또 신메뉴 출시 기념 특별할인과 같은 판매촉진을 통해 많은 소비자가 메뉴를 시식할 수 있도록 해야 한다.

초기에는 경쟁이 적기 때문에 개발비, 생산과 마케팅 비용 등을 감안해 초기 고가격 전략(Skimming Pricing Strategy)을 사용할 수 있다. 그러나 잠재시장이 비교적 크며 잠재고객의 가격 민감도가 높고 경쟁자가 쉽게 진입할 가능성이 높은 경우, 초기 저가격 전략(Penetration Pricing Strategy)을 사용해 시장 인지도와 점유율을 높이는 데 주력해야 한다.

2) 성장기

성장기(Growth Stage)는 신메뉴가 목표시장 내 고객을 만족시켜 판매가 급속하게 증가하는 시기를 말한다. 성장기에는 혁신소비자 층과 같은 호의적 구전이 시장확대에 중요한 역할을 한다. 또한 메뉴가 외식시장에서 수용되고 수요가 폭발적으로 늘어나 경쟁자가 대거 진입하면서 시장이 확대된다. 성장기에는 수요가 급속히 늘어난다.

또한 이익이 발생하기 시작하고 대체로 성장기 말에 최대이익이 창출되는 경우가 많다. 경쟁업소가 나타나고 모방메뉴, 새로운 기능성이 추가된 개량메뉴가 나타난다. 이러한 상황에서 마케팅 목표는 상표를 강화하고 차별화를 통해 시장점유율을 확대하는 것이다.

메뉴의 성능에 관한 구체적 정보를 소비자에게 제공하고 타 메뉴와의 차이점을 알게 해 일반 소비자의 인지도와 관심을 높이는 광고가 필요하다. 또한, 취급점포를 대폭 확대하여 소비자가 쉽게 구매할 수 있도록 하는 집중적 유통전략을 사용하기도 한다. 메뉴 질을 향상시키고 새로운 특성과 서비스를 추가한 변형메뉴 및 개량메뉴를 출시함으로써 경쟁사 메뉴와 차별화를 꾀한다. 이때 가격전략은 경쟁상황을 고려한 가격전략을 취하게 된다.

시장이 확대되고 경쟁자가 진입함에 따라 선발기업은 시장점유율을 높이기 위해 가격 인하를 단행하고 후발기업은 선발기업의 가격을 고려해 경쟁력 있는 가격정책을 설정하게 된다.

3) 성숙기

외식기업이 대표 브랜드로 출시한 신메뉴의 매출성장률이 지속적으로 둔화되기 시작하는 시점이라 할 수 있다. 성숙기(Mature Stage)는 가장 높은 매출을 올리지만 성장률은 감소한다. 즉, 성숙기는 성장기에 비해 수용 대비 외식기업들의 공급능력이 크기 때문에 경쟁이 매우 치열해진다.

이때 수요의 신장이 멈추게 되는데, 이는 업종에 따라 다르고 같은 업종이더라도 외식기업이 취급하는 대표 메뉴의 특성에 따라 다르다. 성숙기에 이르게 되면 생산능력은 포화상태에 도달하고 이익은 감소하기 시작한다. 치열한 경쟁을 거친 후, 경쟁점포가 시장에서 점차 사라지기 시작한다.

이런 상황에서 마케팅의 목표는 경쟁우위를 유지하고 브랜드 상표의 재활성화를 통해 수요를 늘리는 것이다.

이미지 광고를 외식기업의 차별화를 시도하고 대표메뉴의 존재를 확인시키는 상기형 광고(Reminder Advertising)를 하게 된다. 신규소비자의 창출보다 경쟁사 고객을 유치하기 위한 가격할인, 쿠폰 등 판매촉진 사용이 증가한다.

성숙된 시장에서는 대표메뉴 재활성화를 시도할 필요가 있다. 신규사용자를 찾거나 기존 고객의 사용빈도나 사용량을 늘리고, 기존 사업장에서는 대표메뉴의 변형을 통한 신메뉴를 출시함으로써 매출을 늘리는 시장확대 전략을 사용해야 한다. 대다수의 외식기업은 기존 메뉴의 품질, 특징 및 스타일을 변화시켜 판매를 증가시키거나 재포지셔닝을 통해 매출을 증가시키는 노력을 한다.

4) 쇠퇴기

성숙기를 지나면 대다수의 외식의 대표메뉴는 쇠퇴기에 진입하게 된다. 시장수요의 포화, 기술적 진보, 고객요구의 변화 등이 쇠퇴기의 주된 이유다. 과거 경양식 레스토랑이 패밀리 레스토랑의 출현에 의해 사라졌으며, 동네 분식집은 프랜차이즈 외식기업의 급성장으로 쇠퇴하였다. 외식기업의 대표메뉴가 쇠퇴기에 접어들면 매출 및 이익이 감소한다. 경쟁사들이 외식시장에서 철수하고 경쟁사 수도 감소한다.

마케팅 목표는 단기 수익을 극대화하는 방안을 찾는 것이다. 비용감소 및 매출유지를 통한 수익극대화이다.

이때 외식기업은 대표메뉴를 상기시키는 수준으로 최소한의 광고를 통해 경비지출을 감소시킨다. 매출액이 적은 메뉴품목은 제거하고 기여도가 높은 품목만 남기며, 과잉설비를 제거하고 일부 메뉴의 생산은 외주업체를 통해 하청을 늘린다. 취약한 가맹점을 제거하고 우량 가맹점만 유지하며 최소한의 이익을 유지하는 저가격 정책을 사용하게 된다. 그러나 충성도가 높은 소수의 고객을 대상으로 고가격 정책을 사용하는 경우도 있다.

마케팅 담당자나 사업주는 쇠퇴기 메뉴에 대해 3가지 중 하나의 전략을 선택해야 하는데, 첫째, 기존의 사업장을 그대로 유지하면서 독점적 이익을 실현할 수 있는 유지전략이 있다. 둘째, 최소의 비용지출 및 판매유지를 통해 단기적 수익을 높이는 수확전략이 있다. 마지막으로, 철수전략이다. 쇠퇴기 업체를 다른 외식기업에게 매각하거나 사장시키는 것이다.

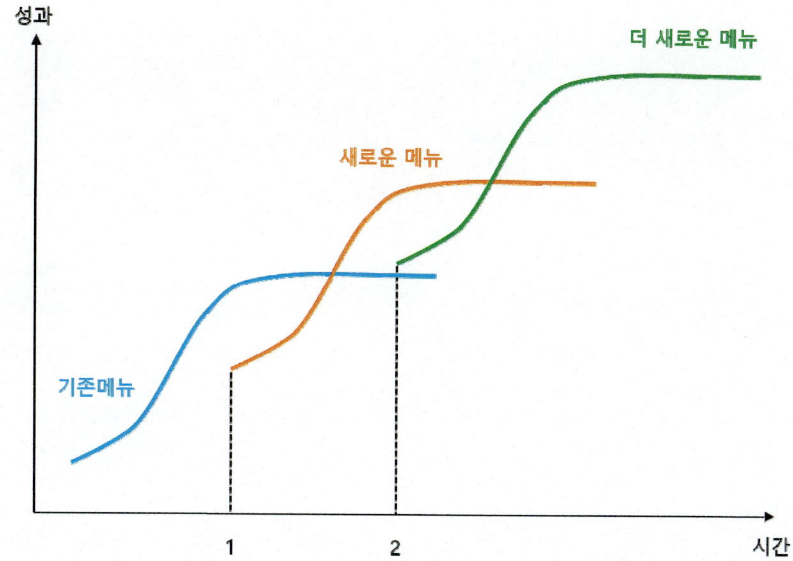

그림 7-9 연속성장형 메뉴수명주기

CHAPTER 08

외식사업 주방 및 위생관리

학습목표

01. 외식사업 주방 및 주방관리의 개념을 확인한다.
02. 주방의 형태 및 시스템에 따른 분류, 주방설계를 고려한다.
03. 주방관리의 기능적 계획을 숙지한다.
04. 위생 및 위생관리의 개념, 식중독, 위생관리교육을 확인한다.

도입 사례

공유주방이 유독 한국에서 뜨는 이유?

차량 공유회사 우버(Uber)의 창업자인 트래비스 캘러닉(Travis Kalanick)은 한국에서 '공유주방'을 열겠다고 발표한 이후 공유주방에 대한 관심이 증가하고 있다. 트래비스 캘러닉 창업자는 한국 시장에서 검증한 뒤, 아시아 전역으로 진출하겠다는 계획을 갖고 있다.

공유주방은 주방설비와 기기가 갖추어진 공간을 외식사업자들에게 대여하는 서비스를 말한다. 현재 국내엔 다수의 공유주방 업체가 생겨나고 있다. 국내 최초의 공유주방 스타트업 기업인 심플 프로젝트 컴퍼니가 2015년 10월 '위쿡(WECOOK)'을 연 이후 배민키친, 먼슬리키친, 심플키친과 같은 공유주방이 등장하였다.

❖ 공유주방은 왜 떴을까?

외식업 창업 후 5년 생존율은 18.9%로, 5명 중 4명은 폐업으로 이어지는 것이 국내 외식업계의 현실이다. 인구 70명당 식당이 1개씩 존재하는 포화시장에서 생존하기 위해 찾아낸 것이 바로 공유주방이다.

공유주방이 성장할 수밖에 없는 이유는 식품업계의 빠른 변화에서 찾아볼 수 있다.

온라인으로 식품을 구매한다는 것을 상상도 못 했던 과거와 달리 현재는 새벽배송 트렌드를 몰고 온 신선식품 배송업체 마켓컬리(Market Kurly)를 중심으로 온라인 식품구매는 점차 활발해지고 있다. 특히, 업계에선 1인가구의 증가로 인한 식생활 패턴의 변화는 공유주방 시장을 키울 촉매제로 보고 있다.

배달시장의 성장 역시 공유주방의 성장을 촉진시켰다. 업계에 따르면 국내 배달음식의 시장규모는 약 15조원 정도이며, 배달 앱 시장은 더욱 더 빠르게 성장하고 있다.

식음료 생태계가 빠르게 변화하는 한국에서 공유주방의 등장은 필연적이었다. '실패 없는 창업'을 꿈꾸는 사람들에게 임대료와 초기설비 투자비용의 부담을 줄이며 삶의 터전을 마련해주기 때문이다. 업계 관계자에 따르면 일반적으로 주방을 갖춘 식당을 창업하기 위해선 보증금과 주방설비 등 최소 5천만 원~1억 원이 필요하다.

❖ 공유주방은 초영세 자영업자들의 출구

전 세계적으로 공유주방의 형태는 식품제조 가공업과 배달전문 음식점의 두 가지로 볼 수 있다. 국내의 경우, 위쿡은 식품제조형 서비스로 음식개발부터 유통까지 한 곳에서 이뤄진다. 그 외에 다른 공유주방의 형태는 주방을 빌려 음식을 만든 뒤 배달을 할 수 있는 방식이다.

위쿡의 경우 국내 공유주방에선 찾아보기 힘든 '인큐베이팅 센터'를 통해 외식업에 뛰어들고자 하는 사람들을 체계적으로 교육한다.

메뉴개발부터 판매까지 관리하고, 시장 반응을 미리 경험하게 하는 일종의 파일럿 프로그램과도 같다. 2019년 3월 기준 위쿡 인큐베이팅 센터에는 450여 팀이 가입하여 외식사업에 뛰어들고 있다.

최근, 공유주방으로 다양한 사람들이 몰리고 있다. 신규 창업자는 물론 기존 사업자도 공유주방의 고객이다. 소규모 사업자가 공유주방을 통해 사업을 확장하고자 하는 경우도 있다. 7평짜리 공간에서 시작해 공유주방 위쿡을 거쳐 단독생산 공장까지 세운 샐러드 배송업체인 '프레시코드(FRESHCODE)'도 대표적인 성공사례라 할 수 있다.

WECOOK

출처: 코리아헤럴드(2019). Real 트렌드. 공유주방이 유독 한국에서 뜬 이유

01 S·E·C·T·I·O·N

주방관리의 개념

01. 주방의 개념

외식업체의 주방은 고객에게 음식을 제공하기 위한 공간으로, 크게 업장과 주방으로 구분할 수 있다. 주방은 실질적으로 눈에 쉽게 띄지는 않지만 그 기능과 중요성은 외식업체를 운영하는 데 있어 심장부와도 같은 곳이다.

주방이란 주방은 고객의 취향과 기호에 맞게 음식을 제공하기 위하여 전문적인 조리지식과 능력, 자질, 법적 자격을 갖춘 조리사가 안전하고 위생적인 환경 속에서 조리업무를 수행할 수 있는 공간을 말한다.

주방은 규모의 특성에 따라 차이가 있으나, 각 레스토랑의 형태에 따라 여러 개의 주방들로 구성되어 있으며 각 단위 주방들의 상호협력체제로 조리업무를 수행해 나가고 있다. 이러한 주방은 고객에게 판매할 상품, 즉 음식의 조리라는 생산을 목적으로 하는 주어진 공간에서 각종 조리기구 및 시설을 사용하여 기능적이며 위생적으로 식료와 음료를 생산하여 고객에게 양질의 서비스를 제공할 수 있도록 한다.

외식업체 주방의 기능은 살펴보면 다음과 같다.

- 식자재 수령 및 검수장소
- 자재 보존온도 별 저장 및 기타제품의 보관장소
- 다듬기 공정 및 메뉴차림 장소
- 각종 조리에 필요한 가열장소
- 메뉴차림, 배선 및 식기류 보관과 세척장소
- 각종 주방기기 세척과 장소
- 쓰레기, 잔반폐기 및 보관장소
- 관리사무실과 회의실
- 주방 내·외의 동선 및 통로
- 환기장치, 보일러, 냉동기용에 필요한 주방기기의 장소 또는 기계실

이처럼 외식업체 주방은 음식을 생산해내는 작업장으로서 조리 및 판매기능, 음식의 목적에 적합한 분위기로 효율적 운영에 가장 큰 영향을 미치고 있다고 할 수 있다.

02. 주방관리의 개요

시설의 고급화 및 조기 노후화, 노동집약성 등 현대 외식산업의 특징으로 인한 경영압박이 점차 증가하고 있는 것이 현실이며, 특히 주방에서 사용하는 식재료 및 기기에너지의 사용은 전체 레스토랑 경비에서 상당한 비율을 차지하고 있다. 따라서 주방관리에 있어서 좀 더 과학적 운영 방법이 필요하다.

이를 위해 식당의 형태와 규모에 다른 주방규모의 설정과 이에 필요한 적정인원 산출과 기기배치, 직무분장에 따른 효율적 인적자원 활용, 식재료 적정구매와 관리기기 및 에너지 효율적 이용과 관리 등이 절실히 요구되고 있다.

주방관리란 이들 제 요소의 합리적 관리를 의미한다.

1) 주방의 기본 구성

주방관리를 위해 기본적으로 구성하고 있는 형태는 먼저 식자재 반입에서 검수공간, 저장공간, 조리공간의 과정에서 요구되는 필요한 장비와 시설물 및 작업동선, 서비스 공간이 있을 수 있다.

❶ 면적상 구성

주방업무의 효율성을 극대화시키기 위해서는 주방 위치 및 규모가 설계단계부터 기획되어야 한다. 주방기능의 생산성과 효율성을 극대화시키기 위해서는 기초자료를 토대로 과학적 설계를 추구해야 한다.

주방면적 설계계획 시 요구사항은 다음과 같다.

- 단위시간 당 서비스에 필요한 메뉴품목 수
- 주요 메뉴구성과 조리방법, 평균조리목표량
- 주요 식자재의 보존형태별 분류
- 데일리 식자재 소요량과 재고일수 결정
- 재고량에 대한 기능별 저장량과 요구되는 공간면적의 산출
- 구매 식자재 형태에 따른 필요 다듬기 기능과 시간 당 요구되는 처리능력의 산출
- 가공식품 또는 조리된 식품을 사용할 경우, 마무리 조리법 또는 재가열 방법, 시간당 필요한 처리능력 및 서비스 조건의 산출
- 사용식기의 형태와 1인당 평균 사용식기 수량 및 시간당 필요한 세척능력의 산출

❷ 설비 구성

주방은 음식과 관련하여 다양한 형태의 작업을 합리적으로 수행하기 위한 곳으로, 시설과 기기의 종류 및 형태는 매우 복잡하고 다양하다.

○ 작업시간

주방 내에서 조리가 원활하게 이루어지지 못하는 이유 중 가장 큰 것은 조리과정의 정체라 할 수 있다. 따라서 조리과정과 관련하여 주방 내 업무시간 측정 및 표준시간을 수립하여 정체가 감소할 수 있도록 효율적인 시간계획을 수립하는 것이 중요하다.

○ 안전관리

안전이란 위험의 가능성이 없는 상태를 의미한다. 안전사고는 사전에 분석 및 조사하고 위험요인을 사전에 제거하는 것이 최선의 방법이지만, 사고의 발생을 개개인의 주의와 인식정도에 따라 효과적으로 대처할 수 있다.

따라서 과학적 조리시설의 효과적 배치와 설비의 선택은 안전 및 위생조건을 개선시킬 수 있다.

2) 주방관리기능의 세분화

주방관리기능의 세분화를 위해서는 시설관리기능, 주방 인적자원관리기능, 위생관리기능, 서비스관리기능이 요구된다.

주방관리의 효율성을 극대화시키기 위한 관리기능은 다음과 같다.

첫째, 고객이 기대하는 시간 내 서비스를 제공할 수 있도록 주방시설 및 장비를 점검하는 기능이다. 둘째, 식자재의 불필요한 낭비를 예방하기 위해 정확한 수요예측이 요구되는 기능이다. 셋째, 쉐프들은 식자재를 직접적으로 접하기 때문에 주방위생, 시설위생, 개인위생을 철저히 할 수 있는 체계적인 교육훈련 프로그램의 개발 및 활용을 할 수 있어야 한다. 넷째, 주방의 업장별 크기와 용도에 따른 적재적소 배치기능을 가져야 한다. 마지막으로, 중앙공급식 주방과 분산식 주방의 관리기능을 수립하여 각 기능별 업무분담을 세분화시켜야 한다.

02 S·E·C·T·I·O·N

주방의 형태 및 시스템

주방의 형태는 음식의 양, 서비스 타입, 음식가격 및 음식제공에 필요한 시간 등에 의해 결정되는데, 전통형, 혼합형, 분리형, 편의형의 4가지 유형으로 구분할 수 있다.

한편, 주방 시스템은 외식업체의 주방에서 재료를 가지고 고객이 원하는 음식을 생산하여 제공되기까지의 일련의 과정을 의미한다.

01. 주방형태에 따른 분류

1) 전통형

다듬기 주방과 마무리 주방이 한 공간 내에서 구분되어 있지 않은 형태의 주방으로, 소형외식업체에 적합하다.

2) 혼합형

다듬기 주방과 마무리 주방이 한 공간 내에서 분리된 형태의 주방으로, 중대형 외식업체에 적합하다.

3) 분리형 주방

다듬기 주방과 마무리 주방이 서로 공간적으로 떨어져 운영되는 형태의 주방으로, 호텔과 같이 여러 다른 개념의 레스토랑이 모여 있는 경우가 대표적인 사례라 할 수 있다. 하나의 중앙주방을 중심으로 여러 형태의 주방이 있고 서로 유기적 관계를 맺고 있다.

4) 편의형 주방

반 조리된 혹은 완전히 조리된 식자재만을 구입하기 때문에 다듬기 주방은 없고, 마무리 주방만 존재하는 형태로, 소규모 외식업체 혹은 체인업체에 적합하다.

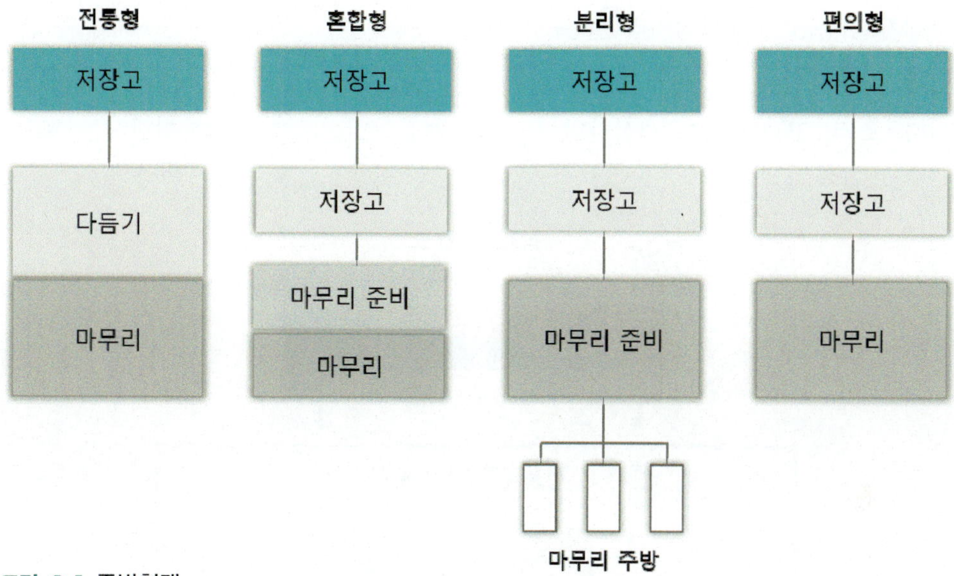

그림 8-1 주방형태

02. 주방시스템에 따른 분류

주방시스템은 식재료의 구매형태, 저장, 음식생산, 서비스 등을 고려하여 전통적, 중앙공급식, 조리저장식, 조합식의 네 가지 주방시스템을 갖추고 있다.

1) 전통적 주방시스템

전통적 주방시스템(Conventional Foodservice System)은 외식업체에서 이용하고 있는 가장 일반적 형태이다. 다양한 가공형태의 식재료를 구입하여 음식은 현장에서 생산된 후, 단시간 냉장 또는 온장보관 혹은 있는 그대로 고객에게 제공되는 시스템이라 할 수 있다.

식재료가 전혀 가공되지 않은 원재료부터 완전처리된 상태까지의 모든 식재료를 구매할 수 있다. 따라서 레스토랑의 노동력이나 인건비의 지출정도를 고려하여 노동력에 여유가 있으면 가공처리가 전혀 안된 식재료를 구입하고, 식재료 비용의 여유가 있으면, 반조리 혹은 완전조리된 식품을 구매할 수 있어 식품가공 연속체의 전체범위에서 식재료구매가 가능한 운영방식이라 할 수 있다.

한편, 상품생산과 관련하여서는 음식생산을 위한 모든 과정이 외식점포 내에서 이루어진다. 조리, 고객제공, 고객식사의 모든 과정이 동일장소에서 이루어진다는 것이다.

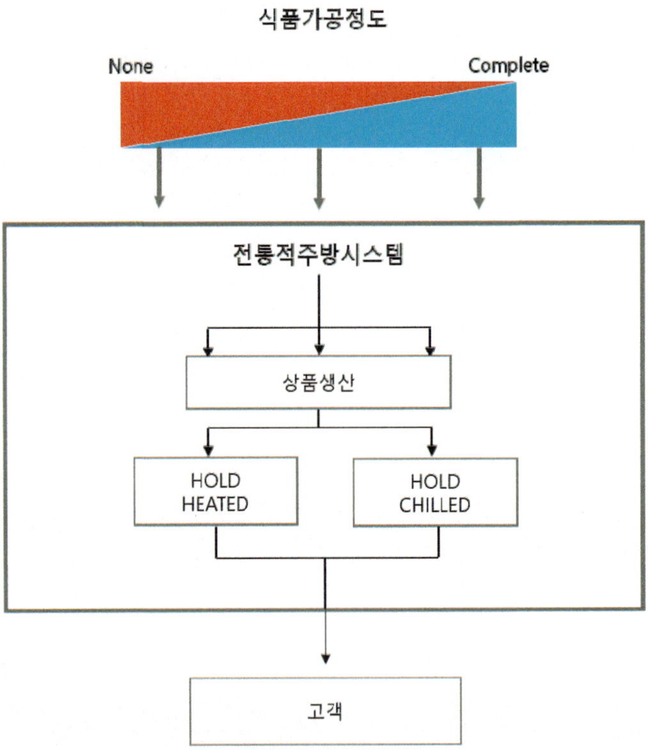

그림 8-2 전통적 주방시스템

2) 중앙공급식 주방시스템

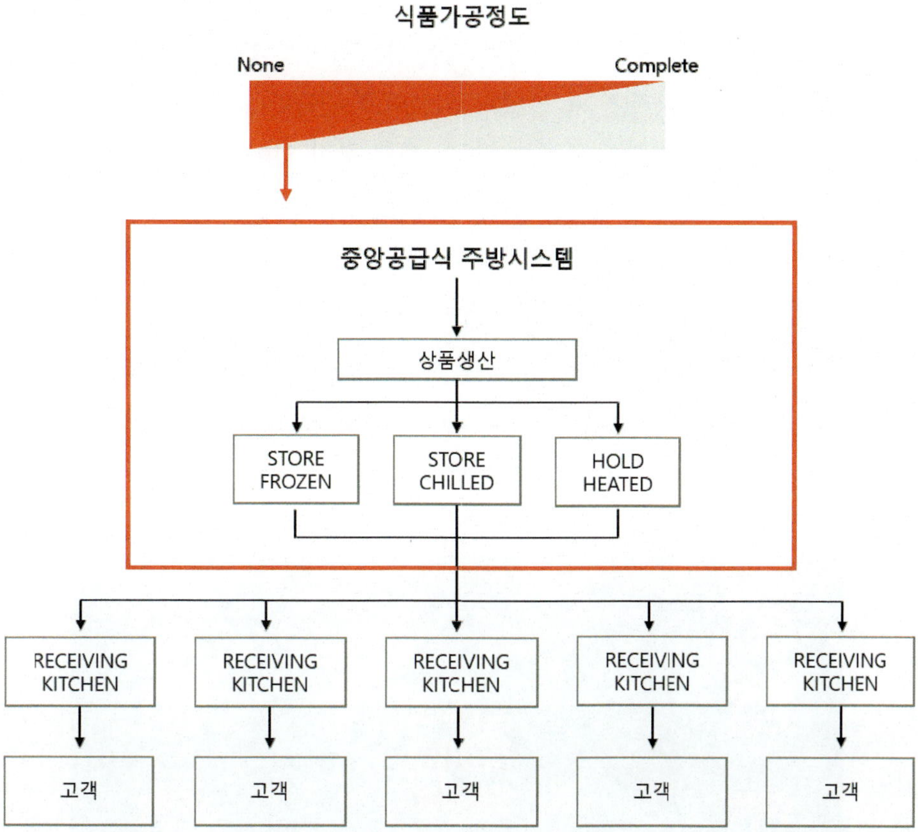

그림 8-3 중앙공급식 주방시스템

외식 프랜차이즈 사업이 확장하면서 중앙집중식 주방시스템(CK : Central Kitchen)의 발달로 이어지고 있다. 중앙집중식 주방시스템은 본사의 가공공장에서 식재료를 다듬고 표준화해 각 매장에 공급하는 시스템이다.

중앙 한 곳에 주방을 두고 반가공이나 완제품 형태로 만든 제품을 가맹 매장에 일괄적으로 공급해 고객에게 동일한 맛을 제공하고, 가맹점은 조리비용절감과 조리면적 최소화 등 다양한 혜택이 있다.

중앙집중식 주방시스템은 외식업계의 프랜차이즈 규모가 커지면서 필수조건이 되었다. 가맹점마다 동일한 식자재와 소스, 레시피를 사용하여 음식 맛의 통일화 및 대량구매와 가공으로 가격경쟁력을 갖출 수 있다.

또한 본사에서 조리과정을 담당하고 가맹점 사업자는 판매에만 전념할 수 있도록 역할을 구분한다. 식자재 조달, 발주, 조리가공, 보관, 배송업무를 총괄하고 판매 현장이 쉽게 음식을 조리할 수 있게 돕는다. 이런 점은 프랜차이즈 확산에도 적잖은 영향을 미쳤다. 가맹점의 경우, 조리기술 확보 없이 외식업에 진출할 수 있고, 외식창업 분야에 따라 전문지식과 기술이 요구되는 부분까지 선택의 폭이 넓어진 것이다. 또한 조리작업 간편화와 조리시간 표준화로 메뉴를 신속히 제공할 수 있다.

장점은 식재료비용이 낮고, 많은 구매력, 식재료 양 조절의 용이성, 원활한 재고관리, 인건비 절감, 음식준비 일정의 유연성, 품질관리를 할 수 있다는 것이며, 단점으로는 건물과 시설에 대한 높은 초기자본투자, 일부작업의 단조로움, 운송비용, 장비 오작동에 대한 영향력이 큼, 품질이 낮다고 인식함, 많은 고객에게 영향을 줄 수 있는 식품안전문제 등이 있다.

그림 8-4 중앙조리장 운영시스템

3) 조리저장식 주방시스템

조리저장식 주방시스템(Ready Prepared Foodservice System)은 숙련된 노동력이 부족하거나 인건비 상승을 극복하기 위해 타 서비스 유형과 함께 이용되기도 하는 방식으로, 조리-냉동(Cook-Freeze), 조리-냉장(Cook-Chill), 수-비(Sou-Vide) 시스템이라고도 한다.

음식은 서비스가 제공되는 현장에서 생산되어 바로 고객에게 제공되지 않고, 냉장 혹은 냉동의 형태로 보관이 이루어지며, 재가열을 통해 고객에게 제공된다.

식재료는 가공처리가 전혀 되지 않은 원재료부터 완전처리된 상태까지의 모든 식재료를 구매하여 사용할 수 있다.

장점은 음식을 조리하고 저장 및 보관을 하기 때문에 스케줄링이 유연하고 인건비를 효율적으로 통제할 수 있다. 그리고 다량의 음식을 한 번에 준비하여 보관 후 사용할 수 있기 때문에 인건비가 절감된다. 단점은 일부음식이 냉동과정에 적합하지 않아 사용 가능 메뉴가 제한적이고, 음식보관 및 저장을 위한 초기자본 투자가 많이 소요된다는 것이다. 또한 대량생산을 위한 레시피 수정이 필요하고, 한 번에 많은 양의 음식을 생산하는 시스템이기 때문에 식중독과 같은 식품안전문제가 발생할 경우, 고객에게 많은 영향을 줄 수 있다. 따라서 HACCP 프로그램을 이용한 엄격한 통제가 필요하다.

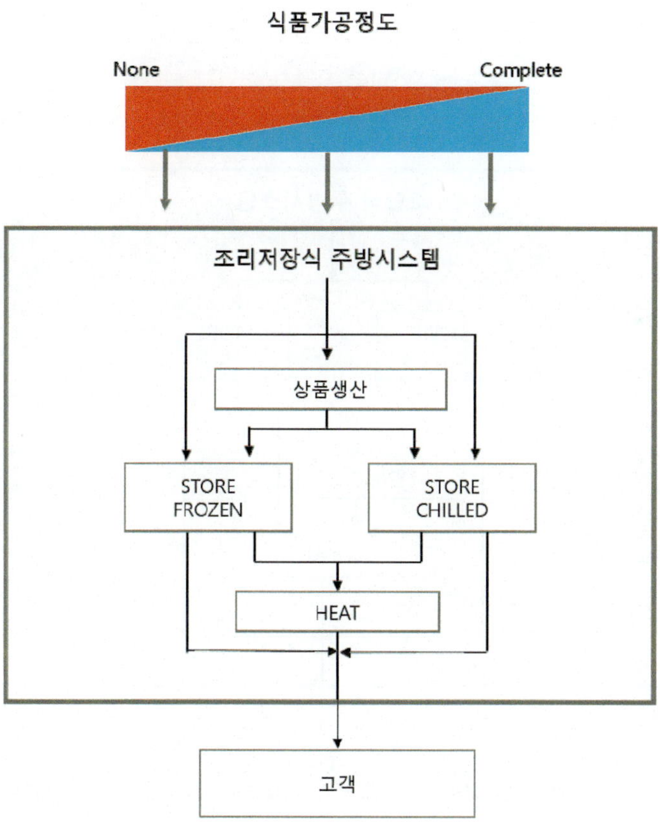

그림 8-5 조리저장식 주방시스템

4) 조합식 주방시스템

조합식 주방시스템(Assembly Foodservice System)은 환경의 변화로 인해 고가의 인건비와 노동력에 대한 보완재로 사용될 수 있다. 완전가공된 식재료를 구매하기 때문에 식재료비용이 많이 소요되지만 인건비가 적게 든다는 특징을 가지고 있다.

대부분 완전가공식품이나 편의식품을 구매하여 최소한의 조리과정을 거친다. 또한 준비와 조리의 생산과정이 없기 때문에 최소의 인건비와 기기를 위한 공간만으로도 운영이 가능하다. 그러나, 식품구매비용이 크다는 것을 고려해야 한다.

장점은 낮은 인건비, 최소한의 시설을 들 수 있으며, 단점으로는 높은 식재료 비용, 제한된 메뉴의 다양성, 고객들이 저품질이라고 인식하는 경향 등이 있다.

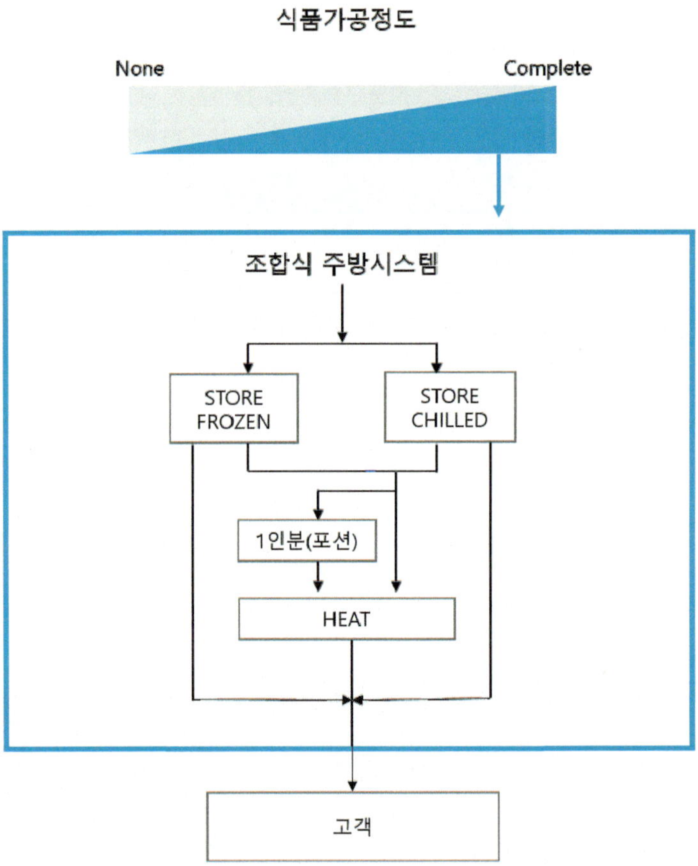

그림 8-6 조합식 주방시스템

03. 주방설계

주방의 설계는 외식업체의 운영에 매우 중요한 부분으로, 일반적인 주방의 기능뿐만 아니라 업체의 개성적 분위기 창출을 위해서도 의미가 있다고 할 수 있다.

주방설계는 정해진 조건 아래에서 식자재 반입부터 음식물 생산, 고객으로의 서비스까지 모든 과정을 고려하여 음식물의 질과 주방의 효율성을 증대시키기 위한 일련의 계획이라 할 수 있다.

1) 주방설계 순서

주방설계순서는 다음과 같다.

❶ 판매메뉴의 수와 종류, 조리방법을 결정한다.

❷ 조리장소(메인주방, 객석 등), 최대 예상판매량에 따른 주방기구의 종류와 규격, 수량을 결정한다.

❸ 냉장고, 냉동고 등 창고스페이스와 가스레인지 등의 공간을 확보하고, 열기구, 냉장 및 냉동고는 반드시 일정거리를 두어야 한다.

❹ 1시간 내 최대 판매수 등 생산량 설정, 주방기기별 생산능력을 체크한다.

❺ 작업동선을 확보한다(기구와 기구 사이 최소 1.2～1.3m).

❻ 식재료 가공도에 의해 전처리 스페이스를 확보하고, 조리속도를 빠르게 할 수 있는 주방기구를 선정한다.

❼ 위 조건에 맞추어 주방 레이아웃을 설정한다.

❽ 주방위치는 객석에서 제품을 서빙이 편리한 동선을 전제로 설정한다.

❾ 좌석회전율이 높은 식당은 주방면적이 넓어야 한다.

❿ 주방은 점포의 평면형태에 따라 합리적으로 설정한다.

⓫ 방수, 배수, 트렌치공사, 그레이스트랩 설정 후 시멘트를 마감하고 바닥재는 미끄럽지 않게 처리한다.

⓬ 온수공급라인 및 배수시설을 확보한다.

⓭ 에어컨, 간판 등을 고려하여 합리적으로 전기용량을 설정한다.

⓮ 도시가스 설치지역여부 체크 및 후드설치도면 확인, 가스납품계약서를 체결한다.

⓯ 닥트 설비 도면확인, 주방기구 배치도 체크, 주방기구 종류, 규격 및 리스트를 작성하여 주방기물을 선정한다.

다음 <표 8-1>은 업태별 평균 주방면적을 보여주고 있다.

표 8-1 업태별 주방면적(평균)

업 태	내 용	비 고
패밀리레스토랑	30~40%	창고페이스트 포함
요리주점, 선술집	18~30%	
커피숍	10~15%	
패스트푸드점	20~25%	

출처 : 임현철 외(2017). 외식창업실무지침서

2) 주방기구 선정 시 체크사항

주방기구 선정 시 체크사항은 다음과 같다.

❶ 주방기구 부품의 종류, 수, 재질 등을 체크한다.

❷ 주방책임자와 충분한 논의와 메이커의 설명을 듣고 선정한다.

❸ 견적가격이 어떠한 유통단계에서 작성되었는지를 파악한다.

❹ 향후 애프터서비스(AS) 보장을 체크한다.

❺ 가능하다면 일괄납품, 설치계획, 소모율 높은 부품은 최소 6개월분을 확보한다.

❻ 대형점포의 경우, 고가라도 우수메이커 제품을 사용한다.

❼ 조리사 협회나 컨설팅 자문기관에 자문을 구한다.

3) 주방배치방법

❶ 좁은 주방: 병렬형 구조(2줄형 주방)

서로 마주보는 두 벽면에 작업대를 배치한 모양으로, 효율성을 극대화시킬 수 있는 배치방법이다. 한편, 양쪽 벽면을 전부 수납공간으로 사용할 수 있어 편리하나 두 작업대 간격이 지나치게 넓어지면 오히려 불편하기 때문에 800㎜정도의 적당한 간격을 두도록 한다.

❷ 넓은 주방: ㄷ자형 구조(3줄형 주방)

병렬형 주방과 비슷하나 주방 모퉁이에 있는 공간을 살려 작업대 및 선반기기들을 놓아 데드 스페이스(Dead Space)를 최소화하여 수납공간을 확보할 수 있다.

❸ 넓은 주방: ㅁ자 구조(4줄형 주방)

대규모 주방에 적합한 배치방법으로, 구조적으로 가장 이상적이고 효율적인 주방구조라 할 수 있다. 그리고 각 주방작업에 해당하는 동선에 겹쳐짐이 없다.

03 S·E·C·T·I·O·N

주방관리의 기능적 계획

주방관리의 핵심적인 컨셉은 기능적 계획이라 할 수 있다.

기능적인 계획에서 첫 번째 단계는 요구되는 음식서비스 기능에서 행해지는 모든 필요한 기능을 가시화하는 것이다. 이것은 경험이 많은 기획자에 의해 쉽게 도출되지만 계획에 능숙하지 않은 사람들은 기능상의 목차를 만드는 것이 유용하다는 것을 발견할지도 모른다.

영업을 행하는 방법은 또한 사용되는 일종의 부품, 완성된 생산품의 질과 사람이 포함된 기술을 포함하는 재료의 형태에 따라 달라진다. 업무에 영향을 주는 가변적인 선택과 평가는 디자이너의 책임 중 하나이다.

업무는 기능상의 기본 컨셉에 의하여 목차에 기입되고 계획과정을 위한 체크리스트로 사용될 수 있을 것이다.

1) 컨셉의 흐름

기능의 검증과 시각화와 그들의 관련된 업무는 컨셉의 유동을 논의하는 것이 더 용이하게 만든다. 재료, 직원, 고객, 설비와 양식, 레스토랑 운영 등에 포함되는 어떤 요소의 이동이 검증수단이 된다.

계획과 관련되어 가장 중요한 컨셉의 유동은 효율적인 운영을 위해 필요한 이동의 양을 최소화하기 위해 시설을 계획하는데 사용하는 많은 부수적인 요소가 있다. 이것의 가장 공통점은 유동 일람표이다.

유동 일람표는 특정한 기획과 관련된 여러 가지 기능들 사이의 원재료의 흐름을 보여주는 것에 의해 개발되었다. 유동 일람표는 오직 중요한 재료의 흐름을 보여준다. 일람표에 보여진 기능들은 유동의 방향을 나타내는 화살표로 연결된다. 다른 화살의 형태는 다른 재료의 흐름을 식별하는데 적합할지도 모른다. 또한 유동 일람표는 기능들이 궁극적으로 실행되는 물질적으로 위치된 지역에서 계획자들을 원조한다.

2) 기능적 요건

기능과 업무를 검증하기 위한 또 다른 이유는 그것들을 행하기 위해 필요한 다양한 물질적인 필요조건들을 개발시키기 위함이다. 고려된 기본 필요조건은 설비와 공간이다. 각각의 기능이나 업무를 위해 계획자들은 사용되는 설비의 형태를 결정할 것이고, 이것은 공간 필요조건의 개발로 이끌어진다. 예정표와 스케줄의 신중한 분석이 요구되어지기 때문에 설비의 성능은 보통 이때 결정되어지지 않는다. 기능과 공간의 필요 조건개발에서 계획자는 어떻게 특별한 기능을 위한 각각의 업무들을 구성요소와 연관된 제조법에 의해 수행되는지를 결정해야 한다.

기능과 업무의 단순한 감정은 필요하게 될 공간과 같은 현실적 상황에 있어 계획자들을 경계태세를 취하게 한다. 계획자는 공간의 크기를 결정할 필요는 없지만 어떤 특별한 업무가 층수와 작업공간과 적재공간이 필요한지를 고려할 필요가 있다. 설계자는 시설운영을 위한 기본 컨셉을 개발할 것이다. 이것은 현재의 영역을 계획하는 것 보다 더 중요하다고 할 수 있다. 즉, 운영방법을 계획하는 것은 시설을 위한 기능상의 계획을 위한 핵심이다.

3) 검수

대부분의 주방의 식재료 구매는 유사한 형태를 띤다. 식재료와 주류 구매, 그리고 재고는 취급되는 재료들의 종류와 양에 따라 달라진다.

식재료 수령 시 적용되는 검수절차는 다음과 같다.

첫째, 식재료는 입고 즉시 검수해야한다. 식재료의 상태를 파악해서 반품과 사용할 것을 선택한다. 납품된 식재료는 전수검수를 통해 세밀하게 검수해야 한다.

둘째, 식재료는 주방이 바쁘지 않을 때 공급받을 수 있도록 조정해야 한다. 그래야 검수를 철저히 할 수 있고 공간활용도 되기 때문이다.

셋째, 모든 식재료를 저장할 때 공급된 날짜와 보관기일을 사전에 기록하여 보관해야 선입선출을 할 수 있다.

넷째, 사전에 재고기준량을 파악하여 입고된 식재료의 물량을 계산하여 냉장고나 냉동고를 정리정돈 해야 한다.

다섯째, 조리사에게는 식재료 받는 방법을 철저히 훈련시켜 조리사가 품질의 이상 유무를 쉽게 판별할 수 있도록 해야 하며, 냉장이나 냉동식품을 받을 경우에는 온도를 측정할 수 있어야 한다. 제조된 식품의 경우에는 제조일자를 정확히 확인해야 하며 손상된 식품이나 해동시켰다 재냉동시킨 식재료를 확인할 수 있어야 한다.

마지막으로, 식재료를 받는 곳은 조명이 밝고 청결한 장소이어야 하며, 벌레나 곤충이 없어야 한다.

한편, 식품위생에 있어서 적절한 보관은 유해한 환경으로부터 모든 식품을 안전하게 보호할 수 있는데, 식품의 보관원칙을 살펴보면 다음과 같다.

첫째, 먼저 들어온 것은 먼저 사용한다. 즉, 선입선출 원칙이다. 먼저 들어온 식품의 사용을 위해 저장 칸의 앞쪽에 두는 것이 좋으며, 모든 식품에는 입고날짜를 기록하여 선입선출 원칙을 지키도록 한다.

둘째, 변질오염 가능성이 있는 식품은 세균증식 위험온도 7.2～60℃를 피해 저장한다.

셋째, 식품은 반드시 식품저장고와 같은 지정된 장소에 보관한다. 계단 밑이나 출입구 등 식품저장고 이외의 장소에는 절대 보관하지 않는다.

넷째, 모든 식품을 청결하게 포장하여 해충 등으로부터 오염을 막고, 식품을 원래 포장에서 다른 곳에 보관할 때는 뚜껑이 있는 용기에 담아 보관한다.

다섯째, 식품저장고는 깨끗하고 건조한 상태를 유지해야 한다.

마지막으로, 식품 운반도구는 청결하고 위생적인 상태로 관리해야 한다. 재고관리는 식재료의 제조과정에 있는 것과 판매이전에 있는 보관중인 것을 최상의 상태로 유지하고 출고할 때까지 손실 없이 합리적인 방법으로 보관하는 것을 말하는데, 과다보유 시 재료비 과다지출 및 식재료 손실을 초래하며 필요이상의 유지관리비와 저장공간을 차지하게 된다.

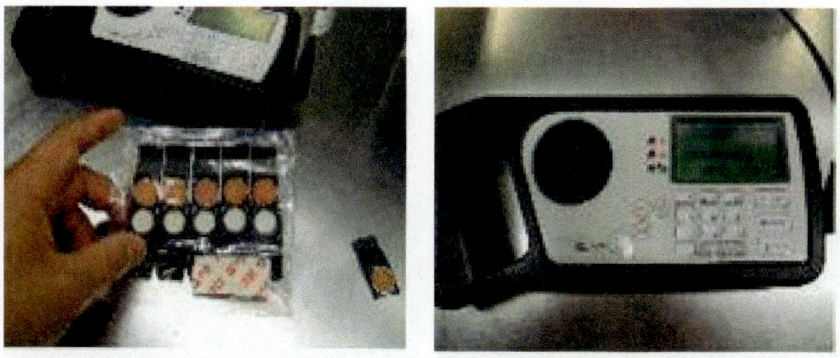

그림 8-7 농약잔류량 검사

4) 보관

식재료의 보관에 대한 계획은 건조보관, 냉장보관, 냉동보관 그리고 식재료외의 품목 등을 말한다.

❶ 건조보관

식재료를 건조보관하기 위한 공간의 온도는 10~20℃사이에서 유지되어야 하며 요구되는 최대습도는 50%이다. 이러한 이유로 모터나 컴프레셔 등과 같은 열발생 장비는 필요가 없다. 수증기나 뜨거운 물을 운반하는 파이프는 이 구역에서 열의 전달을 최소화 시키기 위해서 절연된다.

차가운 물의 습기나 냉장지역으로부터 나오는 습기를 차단하는 것도 중요하다. 그리고 식재료를 벌레나 해충으로부터 보호하는 계획은 위생상으로 꼭 요구된다. 이러한 컨셉은 재료를 얻기 위해서 요구되는 이동량을 감소시키기 위해서 다양한 보관공간을 제공받아야 한다.

❷ 냉장 및 냉동보관

냉장보관은 0~4℃사이로 유지되어야 하며 신선한 육류, 야채 그리고 과일 유제품, 이월재고 등의 보관에 사용된다. 많은 계획가들은 커다란 하나의 워크인 냉장시설 대신에

구석구석에 좀 더 작인 리치 인 냉장시설을 배치한다. 리치 인의 사용은 주방에서 일하는 사람들의 동선을 최소화시킬 수 있으며, 워크 인과 리치 인 냉장고들의 복합은 식당 시설을 위해 매우 중요하다고 할 수 있다.

▲ 건자재 창고

▲ 냉장보관창고

5) 준비

음식준비에는 어류, 육류, 가금류, 야채, 샐러드, 샌드위치 준비 등이 있다. 특별 전문 레스토랑에서는 그곳의 주 메뉴와 관련하여 조금 다르거나 추가적인 직무들이 있을 수 있다.

예를 들면, 해산물 조리공정을 위한 어류와 어패류 준비 등이 대표적이다.

6) 조리

모든 육류와 야채들을 조리하는 것에 덧붙여 조리구역은 생산과 서비스직무 사이의 중추역할을 한다. 예를 들면, 픽업방식의 서비스 공간은 주 조리 구역 바로 근처에 위치해 있다.

조리구역의 설계는 패스트푸드점과 같이 아주 제한된 메뉴를 제공하는 레스토랑부터 고급 레스토랑이나 대규모 공공시설 레스토랑까지 다양하게 이루어진다.

04 S·E·C·T·I·O·N

위생관리

01. 위생의 개념

인체를 형성하고 또 생명을 유지하는 데는 각종 영양소가 필요하다. 이러한 영양소들은 식품으로부터 섭취된다. 그러나, 식품에 각종 세균이나 기타 인체에 유해한 물질이 함유되어 있다면 이것은 인간의 생명을 위협하는 결과를 가져올 것이다. 따라서 식품을 취급하는 사람들과 위생의 관계는 특별하다고 할 수 있다. 특히, 조리사들에게 위생은 모든 것에 우선한다 해도 과언이 아니다.

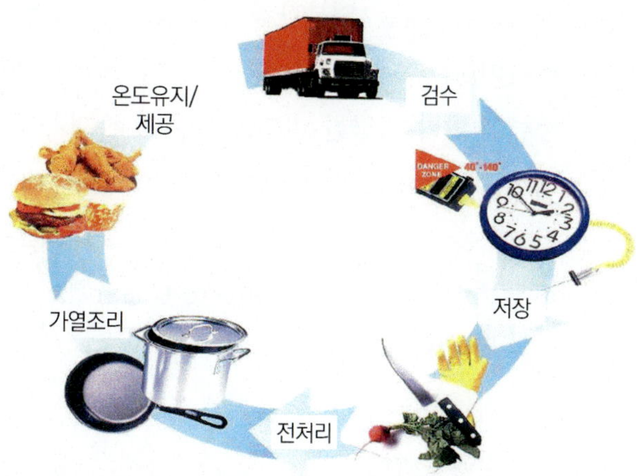

우리가 여기서 말하는 위생은 조리업무 전반에 관한 위생이라 할 수 있다. 즉, 최종적으로 얼마나 위생적인 요리를 고객에게 제공하느냐이다. 따라서 조리사 개개인은 건강에 신경을 써야 하고, 위생관념이 투철한 동시에 위생수칙의 준수는 습관화되어야 할 것이다. 또한 조리시설의의 환경은 위

생적이고 안전해야 한다. 하지만 인력과 시설이 완벽하다 하더라도 식품을 반입, 검수, 조리하는 과정이 위생적이지 못하다면 아무런 소용이 없을 것이다.

따라서 위생이란 조리사의 개인위생, 주방환경위생, 위생적으로 처리된 식품 등 어느 한 부분이라도 소홀히 생각해서는 안 되며, 모든 제반요소가 다 갖추어졌을 때 식중독과 같은 위해를 막을 수 있을 것이다.

02. 위생관리

1) 개인위생관리

표 8-2 손세척 효과

구 분	종류	물	씻기 전	씻은 후	제거율(%)
비누 미사용	수도	고인 물	2,400	1,600	33
	우물	고인 물	2,400	1,520	37
비누사용	수도	흐르는 물	2,400	8	99

※ 비누거품으로 손을 깨끗이 씻은 다음 수도꼭지에 손을 접촉하거나 행주 손수건을 사용해서 물기를 제거하는 방법은 다시 오염시키는 행동임을 명심해야 함

식품취급자는 외부환경이나 식품, 화장실 사용을 통해서 살모넬라균(Salmonella), 노로바이러스(Norovirus), 세균성 이질(Shigellosis) 등에 쉽게 오염되며 취급하는 식품의 종류에 따라 다양한 미생물이 손에 존재하게 된다. 따라서 식품의 위생을 확보하기 위해서는 대변, 피부, 코 및 식재료 등에 있는 세균이 손을 통해 식품으로 재오염되는 경로를 차단하는 것이 필요하고, 이를 위한 올바르고 잦은 손세척이 필요하다. 특히, 미국의 질병통제센터(Center for Disease Control & Prevention)는 개인위생으로 손세척을 제시하기도 하였다.

상처는 여러 질환을 음식에 전염시킴은 물론 다른 조리사에게도 감염시키므로 반드시 위생처리된 반창고를 감싼 후 라텍스 장갑으로 상처를 완벽하게 보호해야 한다. 가장

효과적인 방법은 손에 상처가 있을 경우, 조리업무를 수행하지 않는 것이다.

또한 위생관리를 위해 청결한 위생복, 위생모, 위생장갑 앞치마 등을 착용해야 한다. 하지만 위생복과 위생모, 앞치마 등을 착용하여도 더럽거나 제대로 착용하지 않으면 주방위생관리에 지장을 초래한다.

2) 식품위생관리

식품위생은 식품, 첨가물, 기구 및 용기와 포장을 대상으로 하는 음식에 관한 위생으로 정의를 내리고 있다(식품위생법, 제 1장 2조 7항).

조리사들은 식품을 모든 위해요인으로부터 안전하게 보존하고 정성껏 조리하여 최종적으로 위생적이고 안전한 요리를 고객에게 제공해야 할 의무와 책임이 갖는다.

위생적인 운영을 위해서는 식재료 공급단계에서부터 철저한 위생관리가 이루어져야 한다. 좋은 식재료를 구매하더라도 변질이나 세균에 감염되면 아무런 가치가 없기 때문이다.

다음은 식품의 위해요인을 방지하기 위한 구체적인 방법을 제시하고 있다.

- 세균성 식중독 및 경구전염병의 원인균이 식품에 오염되지 않도록 해야 한다.
- 오염된 것은 절대로 식용해서는 안 된다.
- 식품을 부패시키는 미생물에 오염되지 않도록 살균 후 저온에서 단기간 저장한다.
- 반입, 저장, 조리 과정 등에서 유독 또는 유해물질 등의 혼입을 방지한다.
- 식품 첨가물은 사용량의 한계를 넘지 않도록 한다.
- 모든 과일류 및 채소류 등은 흐르는 물에 깨끗이 씻어서 사용한다.
- 과일, 야채류 등의 재배에 사용되는 농약의 종류와 유해성 등을 알아두고 경각심을 가지며 완전 세척방법을 연구한다.

- 불량 및 부정식품의 반입을 막기 위해 식품에 관한 각종 정보를 수집하고 식품 판별법을 연구하여 식품의 검수 시 그 지식을 활용한다.
- 위생적으로 의심스러운 식재료가 있을 경우 연구기관 또는 소비자 단체 등을 활용하여 그 여부를 확인할 수 있도록 하는 등 보다 적극적인 자세로 대처한다.

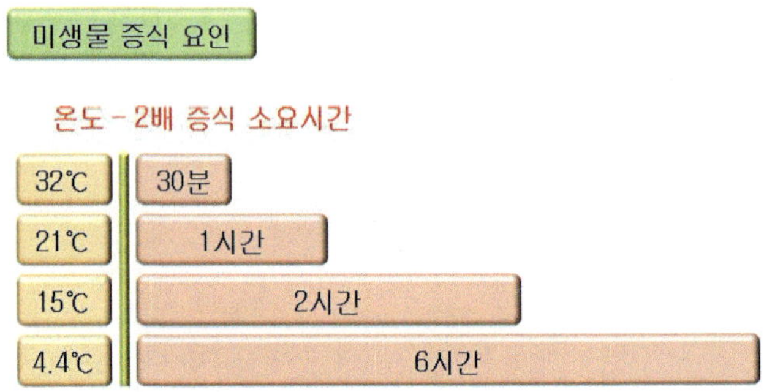

그림 8-8 미생물 증식시간 및 온도

3) 주방위생관리

식품과 접촉하는 주방의 모든 기구와 기기 등은 위생적으로 안전하게 관리되어야 한다. 또한, 주방시설과 장비를 사용하는데 있어 위생적인 운영이 될 수 있도록 세심한 설계와 배치가 이루어져야 한다.

구체적인 주방위생관리는 다음과 같다.

- 주방은 1일 1회 이상 청소한다.
- 벽, 바닥, 천장 등을 효과적으로 청소하고, 파손 시 즉시 보수한다.
- 주방 내 온도는 16~20℃, 습도는 70%정도가 적합하며, 항상 통풍을 유지해야 한다.
- 주방 내 조명은 50~100Lux정도가 가장 좋으며 자연채광이 비추어야 한다.
- 식재료 반입 시 빈 상자는 주방에서 치워 해충의 번식을 막아야 한다.
- 정기적인 방제소독을 실시해야 한다.
- 각종 해충을 제거할 수 있는 근본적인 시설과 관리대책이 수립되어야 한다.
- 주방 관계자 외부인 출입은 금지해야 한다.
- 주방에서 잡담이나 장난을 하지 않는다.
- 폐유는 하수구를 통해서 버리지 않는다.

03. 식중독

식중독은 음식물이 미생물이나 화학물질에 의해 오염되거나 변질된 것을 섭취하여 인체에 유해한 영향을 주는 것이라고 한다. 이러한 식중독은 다음과 같이 분류해 볼 수 있다. 따라서 식중독을 일으키는 미생물이나 기타 식중독의 원인균 또는 화학물질의 특성을 파악하여 식중독 예방에 최선을 다해야 한다.

1) 세균성 식중독

❶ 감염형

음식물에서 증식한 세균 및 인체의 내장에서 증식한 세균에 의해 일어나는 식중독의 형태를 의미한다.

표 8-3 감염형 식중독 세균

식재료	식중독 균
어패류 육류 어패류 및 육류 가공품 야채 샐러드 우유 및 유제품 조류	살모넬라균 비브리오균 병원성대장균 원치균

❷ 독소형

음식물에서 세균이 증식할 때 발생되는 독소를 섭취하여 일어나는 식중독을 의미한다.

표 8-4 독소형 식중독 세균

식재료	식중독 균
어육가공품 수육가공품 우유 및 유제품	포도상구균

2) 화학성 식중독

❶ 자연독

식재료에 함유되어 있는 독소류에 의한 식중독을 의미한다.

표 8-5 자연독에 의한 식중독 세균

식재료	식중독 균
북어의 간 또는 눈	테트로드 톡신
모시조개	메네루핀
검은조개	미틸로 톡신, 삭시 톡신 등
감자	솔라닌
독버섯	무스카린, 콜린 등
밀, 보리, 호밀	맥각균
적변색의 꽁치 및 고등어	히스타민(기타 알레르기성 식중독)

표 8-6 첨가물 함유독소

첨가물질	함유독소
착색료	오라민, 로다민, 메틸렌 블루, 피크린산 등
감미류	둘신, 사이크라민산염 등
방부제	붕산, 포르말린, 클로라민류 등
표백제	롱가릿트, 평광염류 등
중금속류	구리, 아연, 납, 비소, 안티몬 등
기타	포름알데히트, 석탄산, 살충농약 등

❷ 첨가 혼입독

식품첨가물 및 용기 또는 포장 등에는 기준치 이상 함유된 유해성분과 야채, 과일류 등에 묻어 있는 살충농약, 각종 공해 등에 의하여 오염된 식재료 사용 등으로 인하여 발생되는 식중독을 의미한다.

3) 부패식품

부패되었거나 부패진행 중에 있는 식품을 섭취하였을 때 일어나는 식중독을 말한다.

4) 식중독 예방

❶ 세균성 식중독 예방

표 8-7 세균성 식중독 예방법

예방법	내 용
식중독균 오염방지	· 근무자는 위생수칙을 지키며 주방 제반설비를 항상 깨끗이 유지 · 식재료 검수는 철저히 시행하며 방제소독을 철저히 시행 · 조리사는 정기적인 건강진단과 예방접종을 받아서 청결함 유지
오염균의 증식 억제	· 일단 조리된 음식은 즉시 사용
함유균 및 독소 파괴	· 조리 시 충분한 가열 · 조리기구 및 용기 등의 철저한 세척과 소독

❷ 화학성 식중독 예방

표 8-8 화학성 식중독 예방법

화학성 식중독 형태	예방법
자연독	· 자연독을 함유한 식재료 조리 시 부위를 확실히 제거(복어 등)
첨가 혼입독	· 식품 첨가물은 지정된 품목을 규격 및 기준 등에 맞게 사용 · 채소, 과일 등은 깨끗이 씻어서 사용. 이물질 주의
부패식품에 의한 식중독	· 부패된 식재료를 사용하는 일이 없도록 사용 전 반드시 재검수 · 음식물의 재사용 시 변질여부를 반드시 확인

5) 식품과 미생물의 관계

❶ 미생물의 개념

미생물이란 개체가 매우 작아서 육안으로 볼 수 현미경으로만 식별 할 수 있는 생물군을 말한다.

식품과 관계있는 미생물 중에는 식품부패, 발효, 식품과 함께 체내에 들어와 질병을 일으키는 것, 식품을 오염시켜 중독을 일으키는 것 등 여러 형태로 존재한다. 따라서 식품은 제조, 가공, 보존, 조리 등의 과정에서 미생물에 의하여 오염되기가 쉬운 것이다.

❷ 미생물의 분류

미생물은 유연관계에 의한 분류보다는 형태나 생물학적 성질에 따라 분류하는데 세균, 곰팡이, 효모, 리케차, 바이러스, 조류 및 원생동물 등이 있다.

세균

구균, 간균, 나선균의 세 가지 형태가 있는데, 협막, 아포, 편모 등을 가지며 2분법으로 증식한다. 세균성 식중독, 경구전염병이 병원체와 식품의 부패 등에 작용하는 부패세균이 대표적이다.

효모

효모의 형태는 구형, 타원형, 난형 등이 있으며, 운동을 하지 못하고 출아법으로 번식한다. 주로 식품의 발효나 빵 제조 등에 활용된다.

곰팡이

곰팡이는 하등균류의 하나로서 동식물에 기생하며 포자로 번식한다. 누룩, 메주 등의 곰팡이처럼 유익한 것도 있지만 식품을 변질시키거나 독소를 만들어 인체에 해를 주는 것도 있다.

리케차

세균과 바이러스 등의 중가에 속하는 것으로, 원형, 타원형의 형태를 갖는다. 운동성이 없고 살아있는 세포 속에서 이분법으로 증식하며 전염병의 원인이 되는 것도 있다.

바이러스

바이러스는 형태, 크기 등이 일정하지 않고 순수배양이 되지 않으며, 살아있는 세포에서만 증식한다. 미생물 중에서 크기가 가장 작으며 경구전염병의 원인이 되기도 한다.

○ 조류

엽록체를 가지는 간단한 식물로서 대부분 물속이나 습한 곳에 있다. 단세포로 된 것과 다세포로 된 것이 있으며 질병을 일으키는 것은 거의 없고 주로 유용하게 쓰인다.

○ 원생동물

단일세포로 된 최하등의 미세한 동물종류가 많고 온갖 곳에 살며 동물에 기생하기도 한다.

❸ 미생물과 환경

미생물은 수분, 영양소, 온도 산소 및 수소이온농도 등이 적당한 환경에서 증식한다.

○ 수분

미생물의 모체를 구성하는 재료가 된다.

○ 영양소

미생물이 필요로 하는 영양소에는 탄소원, 질소원, 무기염류, 발육소 등이 있다.

○ 온도

증식가능 한계온도는 최저온도, 최적온도 등으로 구분되며, 세균의 종류에 따라 각각 다르다. 일반적으로 세균은 0℃이하와 80℃이상에서는 발육하지 못하며 대체로 고온보다는 저온에 저항력이 크다. 세균은 일반적으로 저온균, 중온균, 고온균으로 구분할 수 있는데, 일반적인 특성은 다음과 같다.

- 저온균 : 저온보존식품의 부패를 일으키는 세균으로서 최적온도는 15~20℃, 증식가능 온도는 0~25℃이다.
- 중온균 : 병원균을 포함한 대부분의 세균이 이에 속하며 최적온도는 25~37℃, 증식가능 온도는 15-55℃이다.
- 고온균 : 온천수 등에 살고 있는 세균이 이에 속하며 최적온도는 50~60℃, 증식가능 온도는 40~75℃이다.

○ 산소

대기 중에 있는 유리산소를 호흡에 이용하는 호기성 세균과 유리산소를 싫어하는 혐기성 세균이 있다. 특히 혐기성 세균에는 유리산소가 있어도 호흡에 이용하지 않는 통성 혐기성 세균과 유리산소가 있으면 오히려 호흡을 하지 못하는 편성 혐기세균이 있다.

○ 수소이온농도

일반적으로 세균은 중성 혹은 알칼리성에서 번식하고 효모나 곰팡이는 산성에서 잘 번식한다. 또한 수소이온농도가 적당하지 않으면 아포를 형성하는 균이 있는데, 아포는 열이나 약품에 대해 저항력이 매우 강해서 100℃에서 끓여도 파괴되지 않는다.

6) 소독

전염병의 예방과 세균성 식중독 등의 예방을 위하여 식품이나 용기 등에 부착된 병원균을 사멸시켜야 하는데, 이와 같은 병원미생물을 사멸시키는 것을 살균이라고 하며, 모든 미생물을 사멸시키는 것을 멸균이라 한다.

식품위생에서 소독이란 병원 미생물 및 부패, 변패의 원인이 되는 미생물을 살멸시키는 것 등을 말하는데, 살균과 같은 의미로 사용된다.

소독방법으로는 가열, 자외선, 방사선 및 화학적 살균법과 여과법이 있다.

❶ 가열 살균법

화염은 불에 태워도 타지 않는 물건을 소독할 때 사용되며, 소각은 세균에 오염된 물건을 태울 때 사용된다.

건열멸균은 건열멸균기에 넣어 150～160℃에서 30분간 가열하는 방법이고 증기멸균은 살균솥에 넣어 100℃에서 1시간동안 가열하는 방법이다. 간헐멸균은 1일 1회씩 3일을 연속하여 100℃의 습열에서 15～20분간 가열하는 것으로 아포를 죽일 때 사용된다.

고압증기멸균은 오트클레브에 넣어 2기압에서 15～20분간 처리하는 것으로, 멸균효과가 탁월하여 통조림 등에 사용된다.

❷ 여과법

균을 죽이는 것이 아니라 액체식품, 물, 공기 등에서 여과기로 걸러내는 것을 말한다.

❸ 자외선 살균법

자외선을 이용하는 살균으로, 파장의 범위가 2600~2800A일 때 가장 살균력이 강하며 햇빛을 이용하여 일광소독을 하기도 한다.

❹ 화학적 살균법

수은화합물, 할로겐유도체, 산화제, 방향족화합물 등의 화학적 성질을 이용한다.

❺ 수은화합물을 이용한 살균

0.1% 염화제이수은 수용액을 사용하는데 독성이 강하기 때문에 식품이나 식기 등의 소독에는 사용할 수 없다.

❻ 할로겐 유도체를 이용한 살균

○ 염소

주로 음료수에 사용되는데 잔류 염소가 0.1~0.2ppm이 되도록 한다. 채소, 과일이나 가열이 부적당한 용기, 기구를 소독할 때에는 유효염소량을 50~100ppm으로 희석한 용액에 2분 이상 담근다.

○ 표백분

우물, 수영장 등의 소독에 사용한다.

❼ 산화제

○ 과산화수소

3% 수용액을 사용하여 소독한다.

○ 오존

산성이 강하며 살균 및 악취제거에 사용된다. 물이 있을 때 살균력이 강해진다.

⑧ 방향족화합물

○ 석탄산

3~5% 수용액을 사용하여 기물이나 오물 등을 소독한다. 순수하고 안전하므로 살균력 표시의 기준이 된다.

○ 크레졸

50% 비누액을 물에 타서 1~2%의 용액으로 만든 후 수저 등을 소독할 때 사용한다.

○ 역성비누

보통 비누에 비해 세척력은 약하지만 살균력이 강하고 냄새가 없으며, 자극성이나 부식성 등이 없어 수저, 식기, 행주 및 도마 등의 소독에 쓰인다.

04. 주방 위생교육

위생교육의 목적은 위생적이고 안전한 음식을 고객에게 제공하는 데 있다.

식품위생법 제 27조 제 2항에 영업을 하고자 하는 자는 미리 위생에 관한 교육을 받아야 한다. 또한 제 3항에 따르면 영업자는 특별한 사유가 없는 한, 제 2항의 규정에 따라 위생에 관한 교육을 받지 아니한 자를 그 영업에 종사시키지 못한다고 규정하고 있다. 그리고 식품으로 인하여 생기는 식중독과 같은 잠재적인 위험성 역시 조리사에게 모두 인식되어야 한다고 하고 있다.

최근, 조리사가 식중독 예방과 통제에 중요한 역할을 하고 있다. 따라서 조리사는 식품 안전성을 위해 위생과 관련한 많은 지식을 가지고 있어야 하고, 이들을 대상으로 정기적인 위생교육이 수행되어야 한다.

이러한 측면에서 외식산업의 조리사 교육훈련은 매우 중요하다고 할 수 있다.

CHAPTER 09

외식사업 구매관리

학습목표

01. 구매관리의 개념, 목적 및 특성을 이해한다.

02. 식자재 구매형태, 구매시장조사, 구매방식 및 계약유형을 확인한다.

03. 검수관리의 개념, 검수직원의 역할, 검수기준, 검수법 종류를 숙지한다.

04. 재고관리와 출고관리의 개념을 확인한다.

도입 사례

까다로운 식자재 쉽게 구하는 외식업체의 스마트한 노하우

최근 자영업과 프랜차이즈의 현실은 그리 녹록치 않다. 통계청 자료에 의하면, 5년 생존율이 18.9%에 그친다고 한다. 국내에서 가장 트렌디하고 핫한 번화가인 홍대, 강남, 신촌, 대학로 등에서 외식업을 운영하고 있는 경영주들도 최근 지속적인 경기불황과 물가 상승으로 인해 소비자들의 발걸음이 뚝 끊겨 고민이 이만저만이 아니다.

자영업, 프랜차이즈 점주들은 높아진 식재료 원가 때문에 가격이 비싸진 것이 현재 경기 불황의 가장 큰 원인으로 꼽았다. 높은 식재료가 판매가격의 상승을 불러오면서 사람들의 외식에 대한 큰 부담을 느끼고 외식비를 부담하는 것을 꺼린다는 것이다.

외식업자들 같은 경우에는 식재료를 구입하기 위한 프로세스가 매우 불편하여 매일 바뀌는 식재료 시세 때문에 직접 발품을 팔아야 하고 각 식재료 품목별로 각각 다른 식자재 업체에게 공급해야 하기 때문에 한 업체에서 모든 품목을 대량으로 주문할 수 없어 식재료 원가가 더 높아진다고 한 목소리로 이야기 한다.

특히 까다로운 식자재들로는 냉동수산물, 일반수산물 등을 들 수 있다. 매일 바뀌는 시세 때문에 수산물 직거래를 통해 좋은 식재료를 공급받을 수 있기 때문에 외식업체의 고민이 매우 크다고 할 수 있다. 예를 들면, 킹크랩, 스노우 크랩, 냉동 킹크랩, 러시아 대게, 꽃게 등 게 종류나 업소용 연어, 생선, 오징어 등 일반수산물 같은 경우가 대표적이다.

이러한 불황을 극복하기 위해 최근 젊은 창업자들은 '생계형' 자영업, 프랜차이즈 점주가 아닌 본인만의 퀄리티 높은 식재료를 바탕으로 독창적인 브랜드를 만들어 고객들에게 다가갈 수 있는 외식업자 경영주들이 늘어나고 있다. 게다가 스마트하고 트렌디한 경영 노하우로 외식업계의 성장을 이끌고 있다는 점이 돋보이고 있다.

이들이 가장 중요하게 생각하는 부분은 퀄리티 높은 식재료를 어떻게 저렴하게 공급할 것인가에 대해 고민하고 있다. 이에 최근에는 업소용 식자재를 간편하고 한 번에 주문할 수 있는 '오더플러스' 앱이 관심을 받고 있다. 최근, 오더플러스는 외식업자들에게 필수적인 앱 중 하나로 인식되고 있다.

간편한 업소용 식자재 주문, 공동구매를 통한 식재료 원가절감, 전국적인 식자재 유통망을 통해 까다로운 업소용 식자재까지 원활하게 제공하여 트렌디한 식자재 공급 방식으로 외식산업을 선도하고 있다.

농수축산, 가공식품은 물론 포장용기까지 모든 식자재를 한 곳에서 비교하고 주문, 결제, 재고관리까지 한 번에 할 수 있는 가장 큰 장점이라 할 수 있다.

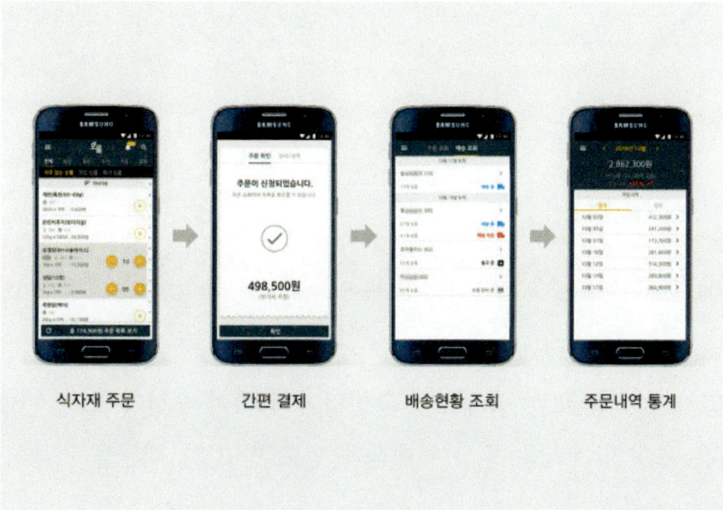

출처: 폴리뉴스(2019). 까다로운 식재료 쉽게 구하는 외식업자의 스마트한 노하우.

01 S·E·C·T·I·O·N

구매관리 개요

01. 구매관리 개념

구매란 소비자가 제품 또는 원재료를 구입하기 위하여 생산자 또는 판매자와 상담을 하고 유형 혹은 무형의 계약을 통하여 제품을 인도 받고 그 대금을 지불하는 모든 과정을 일컫는다.

구매관리란 생산활동 과정에서 생산계획을 달성할 수 있도록 생산에 필요한 양호한 자재를 협력업체로부터 확보하여 적절한 시기에 필요한 수량만큼을 최소의 비용으로 구입하기 위한 관리활동을 의미한다. 이를 좀 더 세분화 하여 살펴보면 다음과 같다.

첫째, 관리상 필요로 하는 조건과 규격에 맞는 품질의 물품을 선정한다.

둘째, 필요로 하는 구매량을 결정한다.

셋째, 시장조사를 통해 최적의 공급자를 선정한다.

넷째, 유리한 조건으로 구매할 수 있도록 협상을 한다.

다섯째, 필요한 시점에 필요한 수량이 납품되도록 관리를 한다.

여섯째, 구매활동에 관계되는 검수, 저장, 입출고, 원가관리 등의 사무 처리를 명료하게 하는 활동이다.

02. 구매관리 목적과 특성

외식산업은 가장 큰 경비항목이 식음료 재료비이다. 따라서 식음료 재료비의 원가관리를 중심으로 하는 일련의 경영관리기술이 가장 절실히 필요한 부문이 외식기업 구매관리론이다.

그리고 외식기업 구매의 특성 중 타 업종과 가장 구별되는 것이 다품종 소량구매라는 것이다. 이는 외식기업의 성과가 고객만족도에 따라 영향을 받기 때문에 외식기업의 특성상 고객성향을 파악하고 선도하기 위해서는 다양한 상품개발의 전제가 이루어져야 한다. 또한 식자재의 신선도, 청결도와 위생분야에도 세심한 주의를 기울여야 한다. 따라서 이러한 특성으로 인하여 외식기업 구매는 각 품목별 저장량, 일일 소모량과 월 평균 소모량 등에 대한 가격과 적정량의 수치가 있어야 한다. 또한 관계부서와의 정확한 협의를 통하여 사용계획에 따른 가격과 적정량의 수치를 확인하여 외식기업 구매효율성을 추구해야 한다.

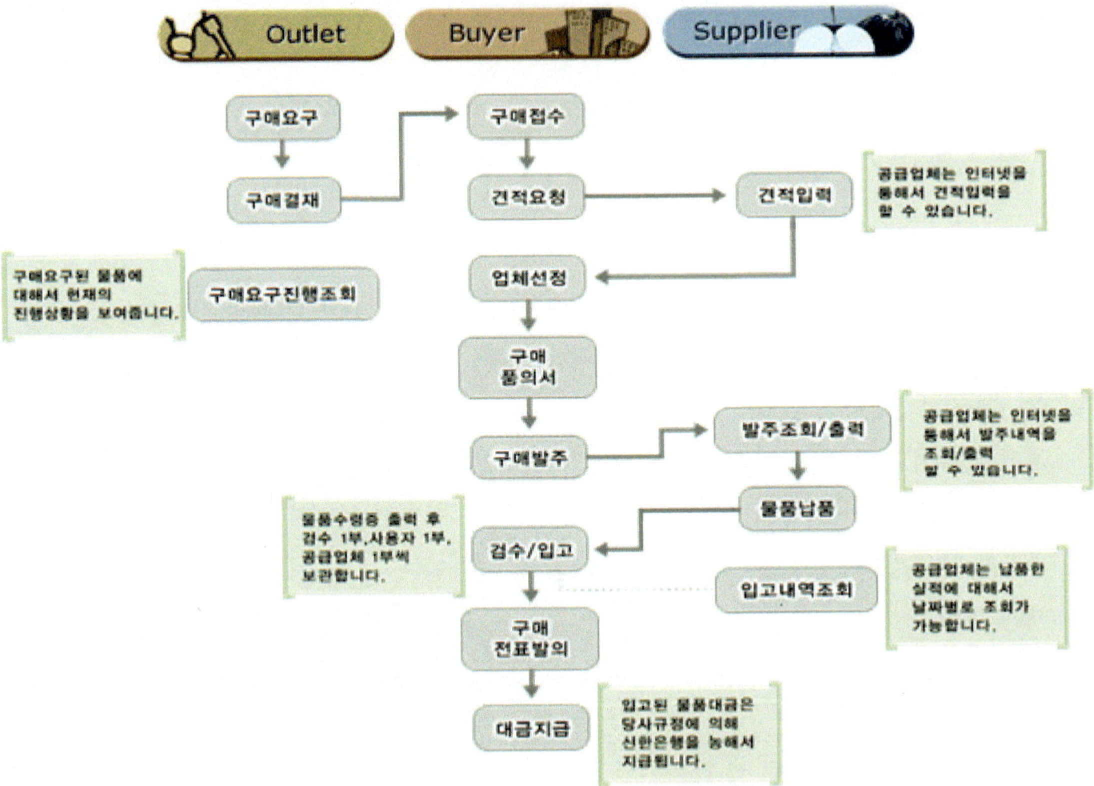

Outlet
Buyer
Supplier
구매요구
구매결재
구매접수
견적요청
견적입력
공급업체는 인터넷을 통해서 견적입력을 할 수 있습니다.
구매요구된 물품에 대해서 현재의 진행상황을 보여줍니다.
구매요구진행조회
업체선정
구매 품의서
구매발주
발주조회/출력
공급업체는 인터넷을 통해서 발주내역을 조회/출력 할 수 있습니다.
물품납품
물품수령증 출력 후 검수 1부,사용자 1부, 공급업체 1부씩 보관합니다.
검수/입고
입고내역조회
공급업체는 납품한 실적에 대해서 날짜별로 조회가 가능합니다.
구매 전표발의
대금지급
입고된 물품대금은 당사규정에 의해 신한은행을 통해서 지급됩니다.

그림 9-1 구매흐름도

02 SECTION

구매형태와 가격, 계약

01. 식자재 구매형태

식자재는 야채, 생선, 과일, 유제품 등과 같이 신선함을 유지하여 단기간에 사용해야 하는 부패성 재료와 밀가루, 설탕, 오일, 등 캔이나 박스 등의 저장용기에 보관되어 장기 보관 할 수 있는 저장성 재료로 대표적으로 나눌 수 있다.

따라서 식자재의 구매형태는 제품의 특성에 따라 조금씩 다르기 때문에 각각에 맞는 시스템을 구축해서 운영해야 한다.

1) 일일 식자재 구매

일일 식자재 구매는 주방에서 익일 소모될 비저장성 재료의 사용량을 예측하여 Daily Market List(일일 발주 요구서)를 통해 구매요청하게 되며, 최상의 신선도를 유지해야 되기 때문에 납품시간 및 보관기간에도 주의를 기울여야 할 것이다. 또한 관련 주방부서에서 구매주문량을 결정함에 있어서는 기본적인 적정재고수량(Par Stock)을 체크해야 한다. 또한 일일품목의 재료들은 날씨, 기온과 계절 등에 따라 가격의 변동과 품질의 차이가 심하기 때문에 구매자는 수시로 관련부서와의 협조를 해나가야 할 것이다.

2) 저장성 식자재 구매

저장성 식자재 구매는 재료특성 상 특정기간에만 생산되는 계절성 재료, 수입자재와 같이 인도기일이 긴 재료, 대량구매를 통하여 저렴한 단가로 구매가능한 재료, 특정 소비 계절의 단가상승에 대비하기 위해 저장하는 재료 및 인플레이션으로 인해 단가가 상승할 우려가 있는 재료 등으로서 냉동식품류, 건조식품류, 조제과일류, 향신료 및 오일 등의 자재들이 포함된다.

따라서 구매담당자는 빠르고 정확한 정보를 입수하여 사전에 단가가 상승할 우려가 있는 제품들에 한에서는 신속하게 구매하여 사전에 원가상승요인을 차단하도록 노력해야 할 것이다.

02. 구매시장조사

시장조사는 상품조사, 판매조사, 소비자조사, 광고조사 및 잠재수요조사 등 각 분야가 모두 포괄되지만 식자재 구매시장조사는 품목, 품질, 수량과 가격 등 구매시장의 실태를 파악하여 적절한 구매방법을 찾아내어 비용절감과 이익증대를 추구하기 위한 것이다.

특히, 구매를 위한 시장조사에서는 가격관련 조사가 가장 선행되어야 할 것이다.

1) 가격결정

가격결정은 모든 조건을 합리적으로 고려한 후 이루어져야 한다. 가령, 구매담당자가 제품가격만을 고려하여 물건을 구매를 할 경우에는 원하는 규격과 질 좋은 제품을 공급받기가 어려울 것이다. 또한 시장에 희소하여 가치가 있는 제품이 꼭 행사에 필요할 경우 협력업체들의 도움을 전혀 받을 수 없을 것이다.

따라서 구매담당자는 단지 가격만을 가지고 제품을 판단할 것이 아니라 품질, 수량, 납기, 가격 그리고 시장상황 등 전체적인 요소들을 고려해야 한다.

2) 가격결정 영향요인

가격결정 영향요인은 다음과 같다.

❶ 상품원가 및 특성

상품의 가격결정에 있어서 상품원가는 가장 기본적이라고 할 수 있다. 상품원가는 해당 상품의 생산에 투입되는 재료비, 인건비 및 간접비 등을 총괄적으로 지칭하는 것으로, 이들의 합계액이 제품의 제조원가이다.

❷ 시장상황

시장의 경우에는 시장의 규모나 위치, 유동인구 그리고 구매빈도나 구매관습 등의 특수성이 가격결정에 많은 영향을 미친다. 특히, 제품의 희소성으로 인하여 시장에 공급이 부족할 경우, 시장가격결정에 직접적인 영향을 미치기 때문에 중요한 요소로 작용한다.

❸ 경쟁업체의 가격

제품의 가격결정은 외부기업의 가격전략에 따라 변경되거나 수정되기도 한다.

❹ 유통과정의 복잡성

식자재 유통과정은 일반제품에 비하여 유통과정이 훨씬 복잡하다. 그리고 유통과정 중 도매상이나 소매상 등 중간과정이 많은 경우 제품가격은 상승될 수밖에 없다.

3) 가격기능 요인

❶ 가치척도기능

가격은 제품가치의 척도로서 이용되고 있다. 하지만 반드시 제품의 품질과 가격사이가 비례하는 것은 아니다. 따라서 가격을 제품구매의 유일한 가치판단기준으로 보기보다는 다양한 요소를 고려하여 상품구매를 해야 한다.

❷ 수요, 공급조절기능

시장에서 수요와 공급원리에 따라 가격을 통해서 자동적으로 수급을 조절하고 자원을 배분하는 것을 말한다.

❸ 상품화 정책의 반영으로서 기능

제품에 들어가는 생산원가나 판매비로 나타나는 가격과 소비자 가격과는 상당한 차이가 있을 수 있는데, 이는 시장에서의 독점적 위치 또는 전략적인 차원에서 고객인식에 따라 정해지기도 한다.

03. 식자재 구매방법

1) 집중구매

본사 또는 중추적인 곳에서 일괄적으로 조직전체의 필요 물품을 집중시켜 구매하는 방법이다.

집중구매의 장점과 단점은 다음과 같다.

○ 장점

첫째, 체조직의 필요 물량을 집중시킴으로써 대량구매를 할 수 있고, 구매가격을 인하시킬 수 있다.

둘째, 구매조직이 하나이기 때문에 유기적으로 움직일 수 있어 구매방침과 업무절차의 효율성이 극대화 될 수 있다.

셋째, 협력업체와 유기적인 관계를 통해 품질관리를 최상으로 유지할 수 있다. 불필요한 제품구매를 사전에 방지할 수 있어 원가절감에 기여할 수 있다.

마지막으로, 제품구매에 있어 구매직원의 업무효율성을 높일 수 있어 구매기능이 향상 될 수 있다.

○ 단점

첫째, 중앙집권식 구매방법은 구매규격을 통일시키기 때문에 각각의 지점마다 독창적 메뉴를 기대하기가 어렵고 다양성을 추구할 수 없다.

둘째, 한 곳에서 모든 구매업무를 진행시키기 때문에 장소적으로 원거리에 위치한 지점의 경우에는 긴급구매 요청 시 적시적소에 제품수령이 불가능할 수 있다.

2) 분산구매

현장구매라고도 하며 각 조직 내 부문별로 필요한 물품을 분산하여 독자적으로 구매하도록 하는 방법으로, 조직 내 특성에 의해서 필요한 물품을 구매하기 위한 방법이다.

분산구매는 다음과 같은 장점과 단점이 있다.

○ 장점

첫째, 구매절차가 간단하고 능률적이다

둘째, 독립적 구매가 가능하다

셋째, 긴급구매 요청 시 유리하다.

○ 단점

첫째, 집중구매에 비하여 비용이 많이 들고 구입원가가 비싸진다.

둘째, 제품을 배송해주는 협력업체의 위치에 따라 구매가능여부가 좌우된다.

3) 정기구매

반복적으로 사용되는 제품의 구입 시에 이용되는 구매방법으로 제품수량이 표준재고량보다 미달되었을 경우 또는 생산계획 등에 따라 정기적으로 구입하는 경우가 있다.

4) 수시구매

관련부서에서 긴급하게 구매요청을 해올 경우 비정상적으로 긴급하게 구매가 이루어지는 방법이다.

04. 계약유형

1) 일반경쟁계약

❶ 의미

입찰 및 계약 등에 관한 사항을 신문 또는 기타 방송매체 등을 통해서 널리 공고하여 입찰자를 모집하고 상호 경쟁시켜 가장 타당성 있는 입찰가격과 조건들을 제시한 입찰자에게 낙찰 시키는 계약방법이다.

❷ 절차

공고 → 입찰 → 개찰 → 업체조사 → 낙찰/계약체결

그림 9-2 구매계약절차

○ 공고

구매입찰을 위한 일반적인 공고기간은 10~20일정도인데 다음과 같은 내용을 포함한다.

○ 계약조건

- 입찰참여자에 대한 자격조건
- 계약조건 및 입찰 진행의 절차와 일시 그리고 장소 등
- 입찰 보증금 및 입찰시효 등에 대한 사항
- 기타 입찰 내용에 따라 추가적으로 필요한 사항

○ 입찰

참여자 본인이 직접 가져오거나 입찰조건이 명시된 방법으로 우편을 통해서도 가능하다.

입찰자격에 대해서는 원칙적으로 제한이 없다는 것이 제한경쟁계약과 지명경쟁에 의한 계약의 차이점이다.

❸ 일반경쟁계약의 장점 및 단점

구매자가 공급자와 계약을 하기에 앞서 미리 일반인에게 구매계획을 널리 알려 모든 공급 희망자들로 하여금 계약에 참가할 수 있게 하여, 그 중 가장 유리한 조건을 제시한 공급희망자를 선정하여 계약을 성립시키고자 하는 계약방식을 말한다.

○ 장점

- 기회를 균등하게 부여한다.

- 새로운 거래처를 발견할 수 있다.
- 불법적인 거래를 배제할 수 있다.

○ 단점

- 입증되지 않는 거래처의 참여를 배제할 수 없다.
- 절차가 복잡할 가능성이 있다.
- 입찰자들끼리 담합을 도모할 가능성이 있다.

2) 제한경쟁에 대한 계약

❶ 의미

계약공고 시 일정한 자격요건을 구비한 상대만이 경쟁입찰에 참가할 수 있도록 제한하고, 유자격만으로 경쟁하게 하여 가장 경쟁력이 있는 입찰자만을 선정 및 계약을 체결하는 방법이다.

❷ 제한경쟁에 대한 계약의 장점과 단점

○ 장점

- 불성실한 협력업체의 참가를 배제할 수 있다.
- 자격 있는 협력업체만의 참가로 인해 경비가 절감되고 절차가 간소화될 수 있다.

○ 단점

- 계약 독단성을 조성할 여지가 있다.
- 협력업체간 담합소지가 있다.

3) 수의계약

❶ 의미

계약내용을 잘 이해하고 수행할 수 있을 것이라고 판단되는 자격을 지닌 특정인과 계약을 체결하는 방법이다. 특정 거래처와의 계약이 유리하다고 판단될 때와 경쟁입찰 시 낙찰자가 없어 유찰될 때에도 이와 같은 방법으로 계약을 체결한다.

❷ 수의계약 요건

- 계약의 목적 또는 특성상 경쟁이 되지 않는 경우
- 급한 사정으로 인해 경쟁에 의할 수 없을 경우
- 소액구매의 경우

❸ 수의계약의 장점과 단점

장점

- 절차가 간소하여 경비절감이 가능하다
- 협력업체와의 사정을 알고 있으므로 안정된 거래가 가능하다.

단점

- 새로운 협력업체를 찾는 것이 어려울 수 있다.
- 공정성이 결여될 수도 있다.

표 9-1 식자재 구매방법 및 주요대상

구분		구매방법	주요대상
식료	저장성 식자재	· 월 1~2회 창고 보관 및 불출 · 특별품: 분기별 Stock ⇨ 집중구매	· 수입육(쇠고기, 양고기, 사슴고기 등) · 냉동수산물(새우, 샥스핀, 연어 등) · 냉동농장물(송이/호박/쌀/냉동야채류 등) · 수입 가공품(치즈/파스타/향신료 등)
	Daily Market 식자재	· 전일 Order→납품→영업장 직도 · 15/30/90일 간격 단가계약 ⇨ 수시 Daily 구매	· 육류, 가금류(안심, 등심, 갈비, 돈육, 계육 등) · 야채, 과일(신선야채, 제철과일, 저장과일 등) · 활어, 선어(광어, 갈치, 바다가재, 패류 등) · 냉동수산물(참치, 연어, 메로 등)
음료	주류	⇨ 수시 구매	· Wine류, 국산주류, 수입주류 등
	음료	⇨ 수시 구매	· 생수, 주스류, 커피, 탄산음료 등

출처: 김이종(2015). 호텔경영론. 새로미

03 S·E·C·T·I·O·N

식자재 검수관리

01. 검수관리 개념

검수란 구매명세서에 의해서 주문되어 배달된 물품의 수량, 규격, 품질, 수율 등이 구매하려는 해당 식재료와 일치여부를 검사하고 일치할 경우 받아들이는 일련의 관리활동이다.

따라서 검수요원은 식재료에 대한 표준구매명세서를 정확히 숙지하고 있어야만 하며 품질, 규격, 수량 등을 해당 검수기준표에 의해서 정확히 검사하고 기타 가격, 계약조건 등 제반조건을 검토 및 평가하며 반입시킬 것인지 반품할 것인지에 대하여 신속히 결정하는 능력을 갖추어야 한다.

식음료 원가요소 중에서 최대의 원가요소가 직접재료비라는 것을 감안할 때, 기준미달의 식재료를 인수함은 곧 낮은 수율이나 식음료 품질저하를 초래함으로서 궁극적으로 비용상승을 가져와 식음료 원가관리의 효율성을 떨어뜨리며 레스토랑 경영성과에 차질을 가져오게 된다는 점에서 중요한 의의를 갖게 된다.

02. 검수직원의 역할

검수직원은 외식기업에서 중요한 역할을 수행하게 된다. 즉, 검수된 물건을 평가하고 정확한 수량을 컴퓨터에 입력(Posting)하는 책임뿐만 아니라 제품의 질을 관리해야 하고 협력업체의 납품차량 및 위생상태 등 제품이 외식기업에 입고되는 가장 첫 출발점이기 때문이다.

1) 검수직원의 요건

○ 식음자재에 대한 충분한 지식

입고되는 모든 물품에 대한 철저한 검사를 하기 위해 관련자재에 대한 풍부한 지식을 갖추고 있어야 한다.

○ 숫자에 대한 감각과 컴퓨터 활용역량

외식기업의 검수직원은 모든 명세서에 단가와 수량 등 정확한 숫자를 확인해야 하고, 모든 자료를 컴퓨터에 입력하여 업무를 진행하기 때문에 컴퓨터 능력이 필수적이다.

○ 정직하고 믿을 수 있는 성격

협력업체 직원들이 질이 나쁜 제품을 공급하려하거나 검수직원을 매수하려 할 때에는 단호하게 업무를 진행할 수 있는 성격이어야 한다.

2) 검수 절차

검수절차는 다음과 같다.

첫째, 거래명세서(Invoice)에 서명하기 전, 검수장(Lodging Dock)에서 물품수량과 무게 등을 확인한다. 즉, 주문한 수량과 카운트한 수량, 무게 그리고 유효기간을 비교한다.

둘째, 제품의 질이 좋지 않거나 주문하지 않은 제품은 받지 않는다.

셋째, 가격에 맞지 않는 제품이 있을 경우 관리자 혹은 주방장에게 보고한다.

마지막으로, 거래명세서 상의 수량이 받은 물건의 수량보다 많은 경우, 신용장(Credit Request) 또는 제품반환 명세서(Goods Return Docket) 등을 작성해야 한다. 받은 수량이 거래명세서 상의 수량보다 많으면 차이 나는 수량만큼 받지 않는다.

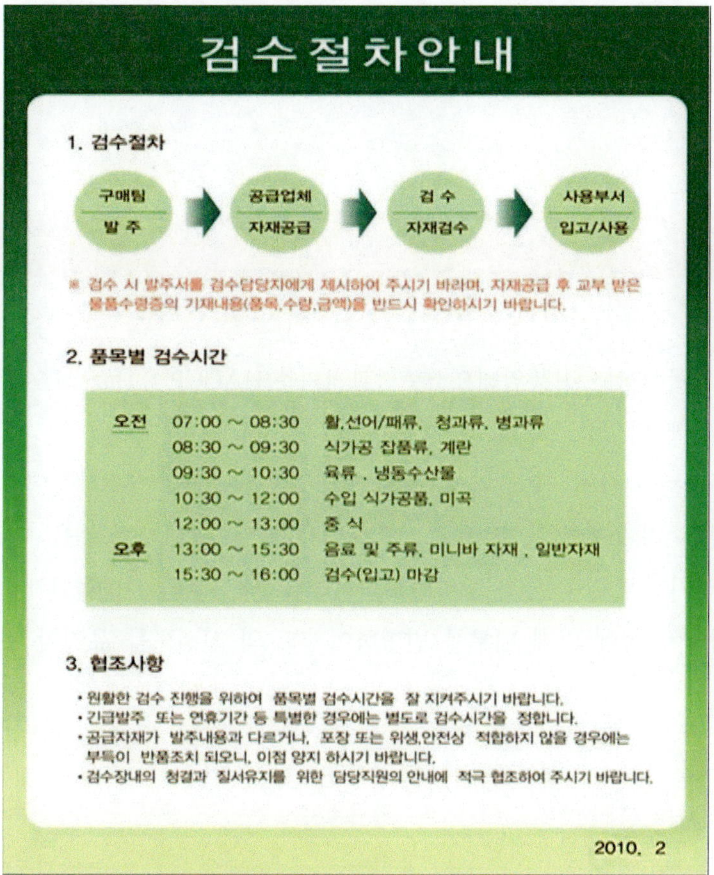

그림 9-3 구매계약절차

3) 제품 다루기

첫째, 제품의 질이 나쁜 경우, 즉시 공급업자에게 돌려보낸다.

둘째, 제품이 이동되는 곳에서부터 창고까지에는 곤충이나 설치류가 없도록 해야 한다.

셋째, 식자재는 항상 위생적인 형태로 이동되고 보관되어야 한다.

마지막으로, 모든 제품은 적절한 환기가 되도록 관리해야 한다.

일반적으로 외식기업의 검수절차와 관련하여 기본기준은 제시되고 있지 않기 때문에 호텔 검수관리의 사례를 제시하였다. 제품마다 제조일이 모두 다르기 때문에 유통기간이 끝나는 날도 모두 다르다고 할 수 있다. 따라서 제품의 손상을 막기 위해서는 최대한 유통기한이 긴 제품을 받아야 한다.

그러나, 납품업체는 유통기한이 짧은 제품을 납품을 하려고 하는 경우가 있을 수 있다. 따라서 이에 대한 조치의 일환으로 아래와 같은 유통기한 보유품목 검수 입고기준이 필요한 것이다.

03. 검수기준

최근 외식기업에서는 식품위해요소중점관리기준(HACCP : Hazard Analysis Critical Control Point)에 각별한 관심을 가지고 있다.

특히, 납품되는 제품이 최초 외식기업에 입고되는 시점이 검수부분이기 때문에 아래와 같은 기준을 가지고 납품차량 및 운반구, 용기 및 포장기준 등을 마련하고 있다.

다음은 외식기업에 납품을 하는 차량모습들이다. 대부분의 차량들은 냉장, 냉동, 일반제품 등에 따라 기능에 맞게 내부를 변형하여 최고의 신선도를 유지할 수 있도록 하고 있다.

▲ 식자재 하차모습

▲ 차량온도측정

납품 차량·운반구, 용기·포장 기준

당사에서는 식,음료 자재의 위생, 안전확보를 위하여 아래와 같이 납품차량·운반구 및 용기·포장에 대한 점검기준을 정하여 알려드리니, 적극 협조하여 주시기 바랍니다.

1. 차량·운반구

- 납품 차량과 운반구는 항상 청결한 상태를 유지해야하며, 운반 중 눈, 비, 고온 등으로부터 자재가 보호되며 이물질이 혼입되지 않도록 해야 합니다
- 냉동,냉장제품은 적절한 온도를 유지하여 품질유지가 가능한 상태로 공급해야 하며, 냉장,냉동차량은 항상 정상적으로 작동되어 온도측정 시 아래기준에 적합해야 합니다. (냉동 : −18℃ 이하, 냉장 : 5℃ 이하)
- 차량과 장비, 운반구는 정기적으로 세척을 하여 위생적인 상태를 유지해야 합니다.
- 공급업체가 타 물류업체에 의뢰하여 자재를 공급하는 경우에도 위와 같은 위생적이고 안전한 상태가 확보될 수 있도록 적절한 조치를 취해야 합니다.
- 검수장내에서는 차량 안전과 운반구의 취급 등에 각별히 유의하여 주시기 바랍니다.

2. 용기·포장

- 모든 자재의 용기와 포장은 관련법규에 따른 위생적이고 안전한 재질이어야하며, 물리적, 화학적으로 내용물이 오염되기 쉬운 구조이어서는 아니됩니다.
- 제품의 용기나 포장상태가 아래와 같은 경우에는 부득이 입고가 제한됩니다.
  - 파손 또는 깨어지거나 찢어진 경우.
  - 캔은 녹슬거나 찌글어진 경우 또는 변질되어 부풀어 올랐거나 새는 경우.
  - 위생, 안전상 적합하지 못하다고 판단되는 경우. (이물질 혼입 또는 묻은 경우 등)
- 중량이 무거운 제품은 취급이 용이 하도록 밴딩 등 필요한 조치를 해야 하며, 지류 박스인 경우에는 취급 중 쉽게 훼손되지 않는 견고한 재질이어야 합니다.
- 채소,과일,수산물 등을 소량씩 나누어 포장, 공급하는 경우에는 위생적인 취급 및 교차오염 방지를 위해 타제품 포장용기를 사용하거나, 한번 사용된 일회성 포장재 등은 재사용 하지 않도록 유의해야 합니다.
- 반복,재사용하는 합성수지 용기류 등은 정기적으로 세척하여 청결한 상태를 유지해야 합니다.
- 용기,포장과 관련하여 필요할 때에는 관련 증빙을 제출해 주시거나 또는 관련 업무에 적극 협조하여 주시기 바랍니다.

2010. 2

그림 9-4 검수기준(납품차량, 운반구, 용기, 포장기준)

당시에서는 유통기한 보유품목(자재)에 대한 검수 입고기준을
아래와 같이 정하여 알려드리니, 적극 협조하여 주시기 바랍니다.

1. 유통기한 별 입고기준

구 분	검수 입고기준	비 고
유통기한 3일 제품	당일 제조품	
유통기한 5일 제품	당일 제조품	
유통기한 7일 제품	제조일로 부터 3일내	
유통기한 30일 제품	제조일로 부터 15일내	
유통기한 1년 제품	제조일로 부터 6개월내	
유통기한 18개월 제품	제조일로 부터 12개월내	
유통기한 2년 제품	제조일로 부터 16개월내	
유통기한 30개월 제품	제조일로 부터 20개월내	
유통기한 3년 제품	제조일로 부터 24개월내	

2. 기타 사항

- 본 기준은 모든 품목에 공통으로 적용되며 (식자재, 음료, 주류, 가공품, 일반자재), 상기 예시 이외의 품목은 전체 유통기한 1/2이내의 제품을 입고기준으로 합니다.
- 일반적인 유통상황 외 부득이한 경우로 판단될 때에는 별도의 기준을 정하여 적용합니다. (수입지연, 품귀현상 시 등)
- 자재 공급 시에는 가능한 한 유통기한이 동일한 제품을 공급하여 주시기 바랍니다.
- 유통기한 표시가 불분명하거나 지워진 경우, 또는 상기 기준에 미치지 못하는 경우에는 부득이 반품조치 되오니 유의하시기 바랍니다.

2010. 2

그림 9-5 검수기준(유통기한, 보유품목, 검수입고기준)

대부분의 외식기업 검수에서는 식음료자재 품목군 별 검수기준을 가지고 있다. 다음은 몇 가지 구체적인 사례를 보여주고 있다.

1) 육류

❶ 쇠고기 안심부위 검수기준

- 요추와 흉추 안쪽에 있는 가늘고 긴 부분으로 최고급의 부위로 일컬어진다.
- 막대모양의 안심이 두 개 밖에 나오지 않기 때문에 지육대비 생산수육이 적다.
- 지방질이 거의 없고 육즙이 많기 때문에, 변색이 빠르므로 주의해야 한다.
- 고기의 조직이 부드럽고 연하며 겉면에 지방과 얇은 근막이 형성되어 있다.
- 등심 안쪽에 위치한 부위로 연하고 고기 결이 곱다.
- 고기 결이 가늘고 지방이 적으며 매우 부드러우나, 노출 시 변색에 주의해야 한다.

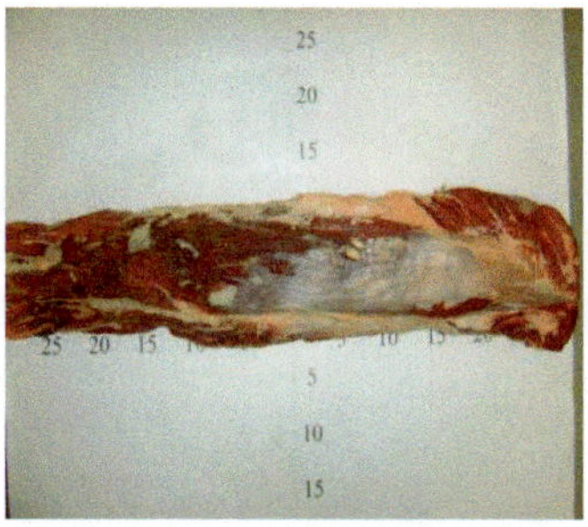

- Number: 120.002
- Unit of Measure: kg
- Weight:
- Sweetness:
- Season: 사계절
- Origin&Area: 국내산

그림 9-6 쇠고기 안심부위 검수

❷ 쇠고기 목심부위

- 다양한 근육이 있으며, 안쪽에 발골자국이 선명하고 두꺼운 힘줄이 여러 갈래로 갈라져 표면에 나타난다.
- 지방이 적당히 막혀있어 풍미가 좋은 편이다..
- 복측 절단선은 안장근으로 부터 약 75mm 떨어지게 절단하고, 등쪽 절단선은 직선이 되게 절단한다.

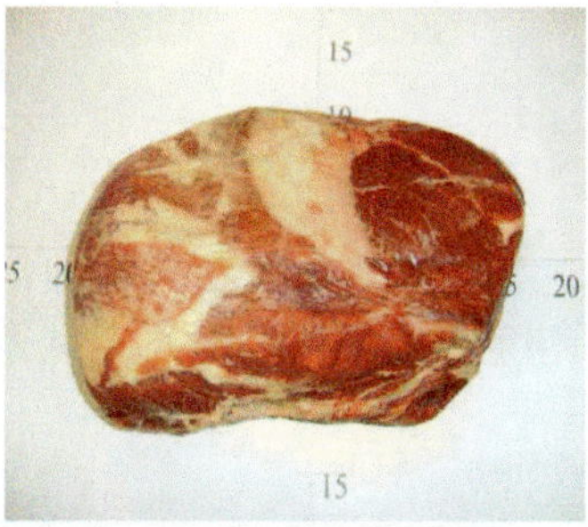

- Number: 120.050
- Unit of Measure: kg
- Weight:
- Sweetness:
- Season: 사계절
- Origin&Area: 수입산(호주)

그림 9-7 쇠고기 목심부위 검수

2) 과일 및 채소류

❶ 오이

- 오이 속에 씨가 없어야 하고, 육질은 단단해야 한다.
- 규격은 곧고 일정해야 하며 무거워야 한다.
- 신선하고 선명한 녹색을 띠어야 한다.

- 벌레가 있거나 짓무른 것이 없어야 한다.
- 담백한 맛과 수분함량이 많아 시원한 맛이 강해야 한다.

- Number: 120.050
- Unit of Measure: kg
- Weight: 300g
- Sweetness:
- Season: 연중 출하가능(하우스 병행)
- Origin&Area: 충청도, 전라도

그림 9-8 오이 검수

❷ 가지

- 신선도가 강하고 외부표면이 매끄럽고 윤기가 있어야 한다.
- 벌레가 먹거나 구멍 또는 곰팡이가 있거나 짓물러서는 안 된다.
- 잘랐을 때 안이 꽉 차있어야 하며 성숙한 씨가 있어서는 안 된다.
- 굵기는 일정해야 하고 곧아야 한다.
- 너무 딱딱해서는 안 된다.

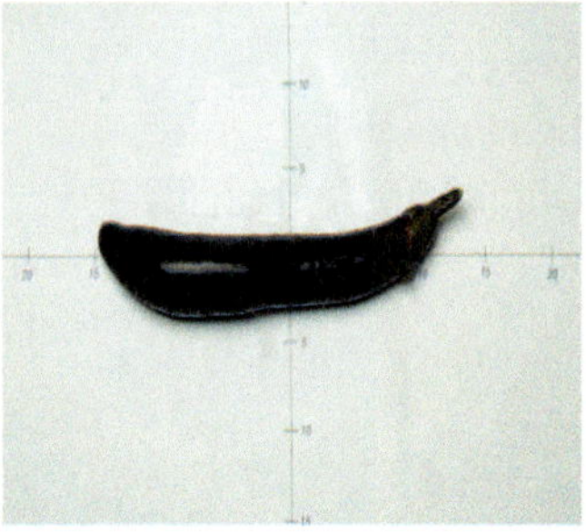

- Number: 155.096
- Unit of Measure: kg
- Weight: 300g
- Sweetness:
- Season: 연중 출하가능(하우스 병행)
- Origin&Area: 충청도, 전라도

그림 9-9 가지 검수

❸ 메론

- 표피가 그물모양으로 짜임새가 있고 선명하며 꼭지가 마르지 않아야 한다.
- 과육이 단단해야 한다.

- 먹을 때 단맛과 향이 좋아야 하며 너무 후숙이 되어 무르면 안 된다.
- 나주산 세지가 품질이 좋다.

- Number: 155.072
- Unit of Measure: kg
- Weight: 1.5kg 내외
- Sweetness: 12~14도 내외
- Season: 연중
- Origin&Area: 국내산 나주

그림 9-10 메론 검수

특히, 과일류는 항상 일정한 당도의 과일이 입고될 수 있도록 철저히 검수를 실시해야 한다.

그림 9-11 과일류 당도 테스트

과거에는 바코드 없이 물건을 수령하고 입고시켜 재고관리에 많은 어려움이 있었지만, 최근에는 많은 외식기업들이 바코드 시스템을 도입하여 재고관리의 효율성을 높이기 위해서 검수관리에서 바코드 부착을 활용하고 있다.

예를 들면, 식자재는 유통기한 체크가 매우 중요다. 최근, 바코드 시스템을 도입하여 유통기한 체크리스트(Check List)와 슬로우 무빙 리스트(Slow Moving List) 등에 널리 사용된다.

즉, 이는 재고관리의 효율성을 개선하기 위한 것이지만, 검수관리에서부터 작업이 이루어져야 효율적인 재고관리로 이어질 수 있는 것이다.

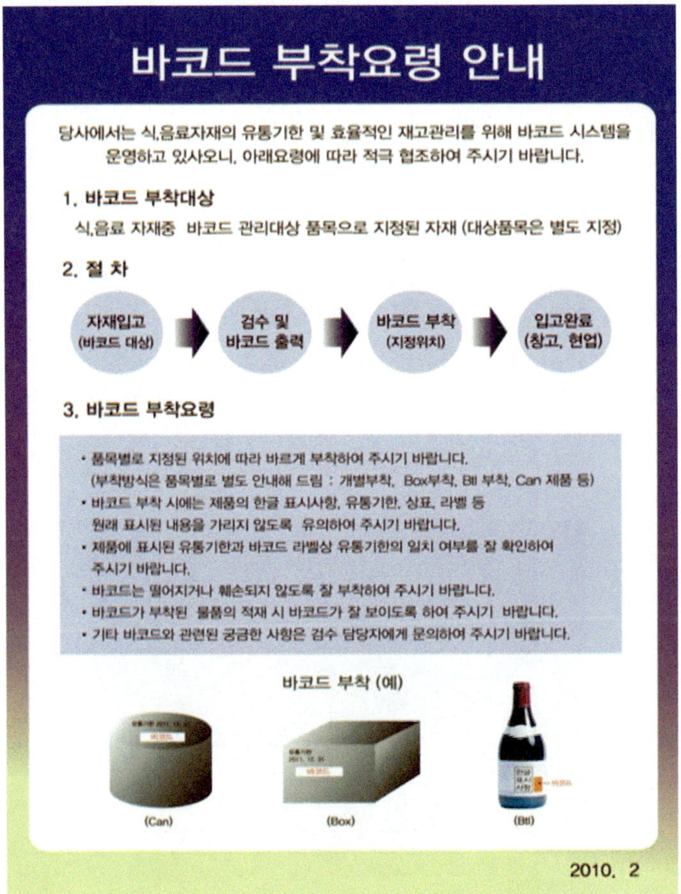

그림 9-12 바코드 부착요령

04. 검수법의 종류

외식기업에 납품된 식재료는 검수라는 첫 관문을 통과해야 한다. 그러나 외식기업에 납품되는 전체품목을 일일이 검사한다는 것은 시간과 비용의 낭비일 수도 있는 것이다.

따라서 품목에 따라서 적절한 검수법을 이용하는 것이 필요하다.

1) 송장검수법

가장 흔히 또 널리 사용되는 검수법은 송장검수법(Invoice Receiving)이다. 기본적인 모든 여타의 검수법은 송장검수법을 기본으로 하고 있다.

송장 개개품목의 수량, 가격과 기타 사항들을 기록하고 있는 문서이며, 앞에서 언급한 구매주문서(Purchase Order)와 비슷하다. 송장은 배달된 식자재와 함께 보내지는 것이 일반적이다.

검수원은 송장을 보고 배달된 품목들의 수량, 품질, 특성, 가격 등을 대조한다. 또한 구매주문서와 송장을 대비하여 더욱 확실히 검수사항을 확인할 수 있다. 송장검수법의 일반적인 절차는 다음과 같다.

첫째, 협력업체로부터 배달원이 도착하면 우선 검수도크(Receiving Dock)를 열고 송장과 구매주문서를 통해 정확한 수량을 파악한다.

둘째, 배달된 식자재의 품질을 검사한다.

셋째, 각 품목의 단가와 총액을 납품업자의 견적서와 송장을 비교하여 조사한다.

넷째, 수량이나 품질 또는 가격 등이 주문과 다를 경우 즉시 구매담당자를 소환하여 납품업자와 이와 같은 사항을 처리하도록 한다. 가격의 차이는 가급적이면 빨리 전화로 납품업체에 알린다. 납품업자는 견적서에 제시한 가격과 다른 가격을 송장에 기입하는 실수를 범할 수도 있기 때문이다.

다섯째, 모든 품목에 검수날짜를 기입할 수는 없지만, 모든 품목마다 검수날짜를 기입해두면 오래된 식자재를 우선적으로 사용할 수 있어 식자재가 변질되어 폐기하는 낭비를 줄일 수 있다.

2) 표준수위 검수법

표준수위 검수법(Standing Order Receiving)은 송장검수법과 유사한 방법이지만 검수절차가 전자에 비해 느슨하다. 송장대신 배달티켓이 물품과 함께 검사원에게 보내진다.

주로 동일한 물품을 정기적으로 같은 납품업체로부터 공급받을 때 사용한다.

3) 무표식 검수법

무표식 검수법(Blind Receiving)은 물품정보 이외에는 다른 정보가 없어 품목별 이름, 가격, 수량, 특징 등만을 기록하여 보내진 자료를 보고 검수하는 방법이다

4) 크레디트 메모

크레디트 메모(Credit Memorandum)는 배달된 식음료 재료의 품질이나 수량 등에 차질이 발견되었을 경우 반품하지 않더라도 그것이 올바른 수량, 가격이나 품질 또는 구매명세서에 의한 것이 아님을 명확히 함으로써 외식기업이 납품업자에 대한 신용관리를 도모하려는 목적으로 이용되는 서식이다.

04 S·E·C·T·I·O·N

재고관리 및 출고관리

01. 재고관리 개념

외식기업의의 재고관리란 조리 및 판매에 필요한 재고를 어떤 품목으로 얼마나 보유할 것인가를 결정하고 효과적인 자본효율을 달성할 수 있도록 적정수준을 운영하며 구매한 자재를 적기, 적소, 적품으로 공급 가능하도록 저축, 분배하는 과학적 관리기술이라고 할 수 있다.

1) 재고관리의 목적과 기능

재고관리는 수요와 공급사이의 불일치에 대한 완충작용을 도모하여 원활하게 작업이 이루어지도록 하는 것이다.

재고관리는 비용을 절감하며 가외 운영자본을 조성하고 투자수익을 향상시키며 고객만족도를 증진시키는데 있다.

2) 재고관리의 방법

❶ EOQ(경제적 주문량)

경제적 주문량(EOQ : Economic Order Quantity)은 수요가 확정적이며 균일품목에 대한 가장 기본적인 재고모델이며, 수요가 균일하다는 의미는 수요가 연속적이며 항상 동일한 수요율을 가짐을 말한다. 이 모델은 역사가 오래 되었지만 아직까지 널리 활용되고 있다.

그러나, 경제적 주문량 모델은 매우 제한된 가정을 바탕으로 하고 있으므로 아주 단순하고, 실제 문제에 있어서는 이들 가정을 변형하거나 일부 삭제할 필요성이 제기되고 있다. 경제적 주문량 모델은 다음과 같다.

- 수요량은 알려져 있고, 일정하며 계속적이다.
- 납품기한은 알려져 있고 일정하다.
- 주문량은 일시에 배달된다.
- 재고 부족이 허용되지 않는다.
- 비용구성이 고정적이다.
- 원하는 물량만큼의 공간, 능력 그리고 자본이 충분하다.
- 품목은 단일품목이다.

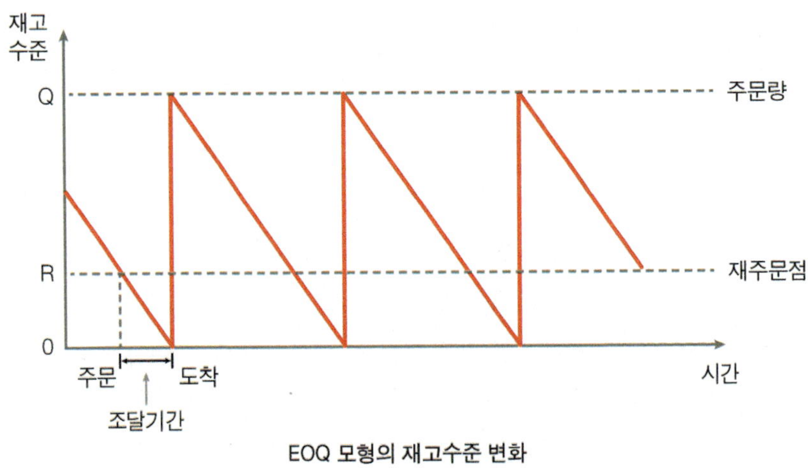

그림 9-13 경제적 주문량 모델

이상과 같은 가정아래 발주비용의 경우 발주량이 적으면 주문횟수가 늘게 되어 발주량이 증가하는데 반하여, 재고유지비는 발주량이 커지면 평균재고량이 증가할 뿐 아니라 그 비용도 늘어나기 때문에 결국 이들 비용의 합계가 최소가 되는 발주량이 가장 경제적이라는 논리가 된다.

그림 <9-13>은 경제적발주량의 결정모델을 보여주고 있다.

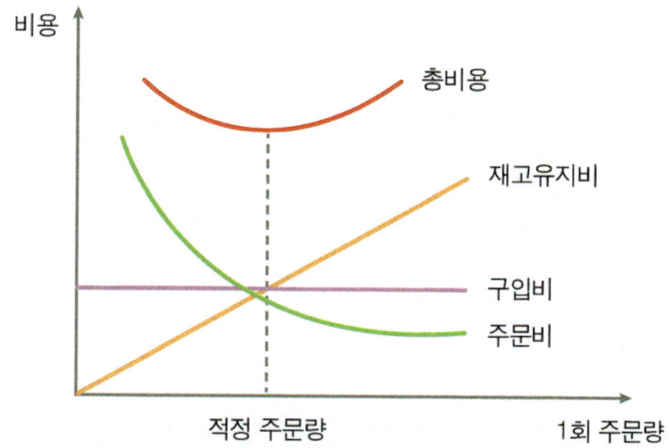

그림 9-14 재고에 관련된 비용요소

표 9-2 경제적 주문량 산출식

<table>
<tr><td>연간 총비용</td><td colspan="2">$TC = DC + \frac{D}{Q} \times S + \frac{Q}{2} \times H$</td></tr>
<tr><td rowspan="3">경제적 주문량</td><td colspan="2">$Q^{*} = \sqrt{\frac{2DS}{H}}$</td></tr>
<tr><td>연간 주문횟수</td><td>$\frac{D}{Q^{*}}$</td></tr>
<tr><td>주문주기</td><td>$\frac{Q^{*}}{D}$</td></tr>
<tr><td>재주문점</td><td colspan="2">$R = D \times L$</td></tr>
<tr><td>기호 정의</td><td>TC: 연간 총비용
C: 단위당 구입비
Q: 1회 주문량
R: 재주문점</td><td>D: 연간수요 (단위기간당수요: d)
S: 1회 주문비 (생산시는 생산준비비)
H: 재고유지비 (단위당 연간유지비)
L: 조달기간</td></tr>
</table>

❷ 80/20 관리기법

80/20 관리기법(80/20 Inventory Control Method)은 구매품의 20%가 매출원가의 80%를 차지한다는 법칙으로 20%를 차지하고 있는 구매물품은 나머지 80%를 차지하고 있는 구매물품에 비해 구매활동의 전체과정에 있어서 집중적으로 관리하자는 내용이다.

❸ ABC 재고관리기법

ABC 재고관리기법(ABC Management)은 딕키(H.F. Dickie)에 의해 개발된 것으로, 이는 다수의 재고품목을 그 수량과 금액에 따라서 ABC의 3가지 그룹으로 분류하여 보다 중요한 품목에 재고관리의 중점을 두고자 하는 방식이다.

즉, ABC 이론은 구매 및 물품에 대해 연간 사용액을 산출해서 사용액별로 A등급, B등급, C등급으로 분류하고, 구매 및 재고물품의 중요도나 가치에 따라 차등적으로 관리하는 방법을 의미한다.

A품목은 총 재고품목의 15～20%에 해당하는 수량으로 60～70%의 가치를 지닌 품목이다. C품목은 수량이 재고품목의 60%나 되지만 가치는 10%에 불과한 품목을 말한다. B품목을 A품목과 C품목의 중간에 해당하는 품목이다.

ABC 등급을 표로 나타내면 다음 <표 9-3>과 같다.

표 9-3 ABC 관리기법

(단위: %)

등급	내용	전품목에 대한 비율	총 가치에 대한 비율
A	고가치품	10~20	70~80
B	중가치품	20~40	15~20
C	저가치품	40~60	5~10

식자재의 경우 A품목의 경우 고가치, 고가품으로 육류, 생선류, 어패류 등이 이에 해당하며 이 품목들은 소요량과 보유량 등을 정확히 산출하고 발주량을 계획하는 것이 중요하다. B품목의 경우는 중가치, 중가품으로 과일류 및 채소류 등이 이에 해당되며, A등급에 비하여 중요도가 낮은 품목들이다.

C품목의 경우 저가치, 저가품으로 밀가루, 설탕, 유제품 등이 이에 해당되며 이 품목들은 재고량이 많기 때문에 안전재고를 고려한 경제적 수준에서 유효기간을 검토한 후 수개월분을 대량으로 일괄 구입하는 품목들이다.

❹ MRP 기법

1970년 이후부터 전통적인 재고관리 시스템에 의문을 제기하기 시작하였고 재고를 보유하지 않고도 재고를 보유하고 있는 것과 똑같은 효과를 거둘 수 있는 시스템이 고안, 설계되었으며 이것이 자재소요계획(MRP : Material Requirement Planning)이다.

이 기법은 제품수요의 변화나 설계변경을 전 생산시스템에 즉시 Feed-Back하여 다양한 변화에 모든 제 조직으로 대응시키고 전 생산 시스템이 취한 행동의 진도를 생산계획과 대비하여 관리할 수 있으므로 재고투자를 최소한으로 줄일 수 있으며, 생산변화에 적절하게 대처할 수 있고, 재고품목별로 장래에 관한 소요량을 산정을 할 수 있으며, 재고관리가 장부보다는 조치지향적인 이점을 가지게 한다.

❺ JIT 기법

적시생산기법(Just In Time)은 1970년대 중반에 일본의 토요타 자동차회사에서 개발하여 사용한 생산 방식으로 생산에 필요한 제품과 부품을 적시적소에 공급하는 것을 원칙으로 하는 개념이다.

적시생산기법은 생산에 불필요한 내용은 낭비라고 보고 이러한 낭비를 원천적으로 제거하려는 생산관리기법이다. 생산에서 낭비라고 하면, 과잉생산, 대기, 수송, 공정재고, 동작과 노력 및 제품결점 등을 말한다. 이 기법은 근본적으로 손실의 배제에 있으며 불필요, 불합리, 불균형 등을 추방하는데 있다.

02. 출고관리 개념

출고란 구매나 여타의 경로를 거쳐 업장에 입수된 물품을 조리부서나 실사용자에게 공급하는 일련의 과정을 말한다. 또한 이 과정에서는 조리부서에 보내진 식자재에 대한 통제와 관리를 수반하며, 원가관리에 필요한 정보를 제공하는 수단이 된다. 일부 식자재는 상황과 종류에 따라서 검수 도크에서 창고를 거치지 않고 직접 출고되는 경우도 있다.

이와 같이 즉시 출고되는 것을 저장출고(Storeroom Issue)에 대비하여 직접출고(Direct Issue)라 한다.

직접출고는 구입 당일 소모될 식자재에 해당하는 경우가 많다. 따라서 구입당일 날 소모되지 않는 모든 식자재는 저장출고에 의한다.

한편, 출고재의 종류는 식품에 따라 검수구역에서 직접 출고되는 비저장품의 출고와 건조, 냉장 및 냉저장 상태에 있던 물품이 출고되는 저장품의 출고가 있다.

❶ 비저장품의 출고

비저장품은 매우 상하기 쉬워서 필요한 시점 직전에 구입해야 할 경우가 대부분이다. 이러한 식자재는 짧은 시간 내에 부패하기 쉽고, 구매 후 보관시간이 경과할수록 그 가치는 파괴되어, 결국 사용시점에 가서는 사용불능이 될 수도 있다.

이러한 물품으로는 신선한 과일, 채소, 빵류 및 유제품 등이 이에 속한다. 그리고 정확한 원가정보를 얻어 효율적인 원가관리를 달성하기 위해서는 비 저장품 출고재는 반드시 구입 당일 소모되도록 하여야 한다. 만일 구입당일 그 자재를 사용하지 않을 경우 구입당일 기록된 식자재원가가 비정상적으로 높은 결과를 낳게 되기 때문이다.

❷ 저장품의 출고

저장품은 창고에 보유되어 1일 이상 재고로 유지되는 품목을 말하며, 즉각적으로 소모되지 않아도 어느 한도 내에서는 그 품질의 현격한 저하가 염려되지 않는 식자재들이다. 이는 하루 이상, 종류에 따라서는 수개월간 재고로써 보유될 수 있는 것들이며 일례로 적정한 상태에서 보관만 된다면 육류는 꽤 오랜 기간 동안 보관할 수 있다.

모든 식자재들은 예측수요에 의거하여 구매되어 즉시 사용되지 않고, 필요가 발생되는 시점에서 사용된다. 이때 출고된 양의 구매가격은 사용당일의 비용으로 계산된다.

❸ 출고요청서 및 출고절차

출고요청서는 주방직원에 의해 신청되는 양식이며, 저장실로부터 필요한 식자재의 품목과 수량 등을 기록한다. 모든 출고요청서는 주방장이 사전에 점검을 하여 과연 필요한 자재가 정확한 양이나 수량으로 요청되는지 살펴보아야 한다. 적절하다고 판단되면 총주방장의 최종승인을 얻어 주문에 응할 저장관리 담당직원에게 양식을 보낸다.

공급요청서에는 이를 신청하는 부서명, 직원명 등을 날짜와 함께 기입한다. 이 요청서에는 한 장 이상의 사본이 부착되어 요청서를 내는 부서와 더불어 원가관리자와 재고관리담당자에게도 각각의 사본을 보내준다.

CHAPTER 10

외식사업 고객관계관리

학습목표

01. 외식 서비스의 개념 및 형태를 확인한다.

02. 외식기업의 고객관계 프로세스인 고객만족의 개념 및 결정요인, 서비스 프로세스, 고객접점을 숙지한다.

03. 외식판매 프로세스인 생산과 소비와 관련하여 On-premise 및 Off-premise, 스마트 판매를 이해한다.

도입 사례

초면고객 응대관리의 실리적 접근

❖ 관심과 관찰이 선행되어야 함

라포(Rapport)는 주로 상담분야에서 자주 사용하는 용어다. 라포의 의미는 고객과 직원 간의 신뢰관계를 말한다. 레스토랑에서 가장 놓치기 쉬운 것이 초면고객이다. 초면고객은 모든 것에 낯설어 하고 긴장을 한다. 만약, 초면고객을 위해 아무것도 노력하지 않으면 90% 이상의 고객이 재방문하지 않는다는 조사결과도 있다.

초면고객에 대한 응대 관리는 우선 관심과 관찰이 선행되어야 한다. 매출감소의 주요 원인으로 70%가 무관심이라는 조사결과도 있다.

❖ 고객의 자존감을 높여주는 서비스가 필요하다

고객에게 지속적 선택을 받으려면 '저요!' 라고 외치면서 고객의 관심과 마음을 얻을 때까지 노력해야 하는데 우리는 과연 그렇게 하고 있는지 되돌아봐야 한다. 노력하지 않으면 어떠한 변화도 일어나지 않는다.

무관심은 서비스를 만들어내는 마음의 에너지와 열정을 고갈시킨다. 고객에게 자신의 좋은 감정을 배려하지 않는다는 의미다. 이처럼 고객에게 관심을 기울이지 않으면서 장사가 안되면 경기불황 탓만 한다.

초면고객의 감정은 어린아이와 같다. 조금만 관심을 기울이면 금방 마음의 문을 연다. 처음 방문했는데 관심을 보이면 낯선 무인도 땅에서 혼자 외롭게 살다가 사람을 만난 것처럼 반갑게 여기지 않을까? 자신의 존재감을 느낄 것이다. 따라서 직원은 초면고객에 대한 지속적인 관찰과 관심을 표현해야 한다.

❖ 좋은 첫인상

초면 고객에게는 좋은 첫인상을 주도록 노력해야 한다. 우선 초면고객에게는 진심어린 마음으로 정중한 태도로 인사하며 테이블 안내까지 5~10초 동안 좋은 첫인상을 주고 신뢰를 얻는 것이 가장 중요하다. 일을 하면서도 고객이 입장하는 것을 볼 때 하던 일을 멈추고 재빨리 고객에게 다가가 인사를 하는 초동영접을 강조하는 이유다.

초면고객은 낯선 환경에서는 자신의 안전을 위해 주변 모든 정보를 빠르게 수집하고 인상을 판단한다. 식당내부와 직원을 보고 매력적인지, 호감이 가는지 판단하는데 0.1초의 시간이면 충분하다. 최초의 판단 대부분은 눈에 보이는 시각적 요소에 의존하지만 시각적 요소 이외에 분위기, 직원의 서비스 태도, 용모 등과 같은 다양한 요소들을 통해 호감과 비호감을 결정한다.

❖ 지속적 노출로 고객의 호감을 얻음

못생긴 사람도 자주 보면 예쁘다는 말이 있다. 심리학자 로버트 자이온스가 발표한 단순반복노출 효과 이론에 따르면, 처음 만난 사람도 자주 보면 호감이 생긴다.

실제 마트에 가면 TV 광고에서 봤던 상품만 눈에 들어올 것이다. 이처럼 브랜드에 대한 호의적인 감정과 태도는 곧 상품구매로 이어진다. 따라서 레스토랑에서는 같은 직원이 테이블 고객에게 얼굴을 자주 보임으로써 고객에 대한 관심도를 높이고 고객으로부터 호감을 얻을 수 있도록 해야 한다. 단, 정중하고 겸손하고 친절해야 한다. 중요한 것은 고객과의 눈맞춤(Eye Contact)이다. 눈맞춤은 인간만이 할 수 있는 제 2의 언어라 할 수 있다.

이러한 인간의 심리적 관점에서 초면고객과의 라포형성으로 정서적 유대관계를 만들고, 재방문으로 이어지도록 하는 것이 중요하다. 고객과의 연결점을 상품이 아니라 경영진과 직원으로 전환한다면, '상품은 베낄 수 있어도 점주와 직원의 마음은 절대 베낄 수 없다'는 경쟁무기를 가질 수 있다. 거미줄처럼 촘촘한 고객과의 관계망이 지속가능한 음식점을 만든다.

출처: 스타트업투데이(2019). 조원섭의 외식경영전략.

01 S·E·C·T·I·O·N

서비스 개요

01. 외식서비스 개념

서비스의 상호간의 이질성 및 기술 발달에 따른 새로운 정보서비스의 등장으로 정확한 정의를 찾아내기란 매우 어렵다.

서비스의 정의를 살펴보면, 농업을 중시한 시대에는 서비스를 유형의 제품 생산을 목적으로 하지 않는 모든 활동을 서비스로 보았다. 즉, 재화의 형태적인 측면 외에 모든 것을 서비스라고 정의하였다. 이와 같이 서비스의 정의에 대한 관점은 학자의 견해에 따라 내용이 다양하게 나타나고 있다.

미국마케팅협회(American Marketing Association)는 서비스와 관련하여 '판매를 위하여 제공되는 또는 상품의 판매관계에서 준비되는 활동, 편익 및 만족'이라고 정의하였으며, 오락서비스, 호텔서비스, 외식서비스, 전력서비스, 수송서비스, 이발 및 미용 서비스, 수리 및 보수 서비스와 신용서비스 등을 제시하였다.

한편, 외식기업 서비스의 정의를 고찰해보면 다음과 같다.

첫째, 기능적 정의이다. 외식기업의 수입증대에 기여하기 위한 구성원들의 헌신, 봉사하는 자세와 업무에 대한 최선을 다하는 태도, 즉 세심한 봉사정신을 의미한다.

둘째, 비즈니스적 정의이다. 외식기업 활동을 통하여 고객이 호감과 만족감을 느끼게 함으로써 비로소 가치를 낳는 지식과 행위의 총체라 할 수 있다.

셋째, 구조적 정의이다. 외식기업이 기업 활동을 영위함에 있어 고객의 요구에 맞추어 소유권의 이전이 없이 제공하는 상품적 의미, 즉 무형의 행위 또는 편익의 일체라 할 수 있다.

이와 같은 외식기업 서비스는 상품 및 서비스, 분위기, 고객 자신의 사전 이미지 등과 불가분의 관계 하에서 인적, 물적 서비스가 혼합되어 존재하는 개념이다.

외식기업과 같은 환대산업에 있어서의 서비스란 영업효과의 극대화를 위하여 고객에게 제공되는 고급 용역을 지칭한다고 할 수 있다. 즉, 외식기업의 영업효과에 직접적으로 관련되는 촉매요소로서 작용하는 정신적 배려행위인 것이다. 이처럼 외식기업 서비스는 외식 직원의 업무상의 서비스를 일컫는 것이 대표적인 사례라 할 수 있다.

요약하면, 외식기업 서비스의 개념은 '상품 및 서비스를 구매 또는 이용하는 고객을 위해 제공되거나 부수되는 욕구충족의 구체적이고 핵심적인 것으로 소유에 의해 소비자 효용이 발생하기 보다는 행위나 성과에 의해 효용이 나타나는 소유권의 이전이 수반되지 않은 무형 행위 또는 편익의 총체'라고 할 수 있다.

02. 외식서비스 형태

Kotler는 서비스의 형태를 다음과 같이 구분하였다.

첫째, 사람중심형 서비스와 설비 및 시설중심형 서비스로, 사람중심형 서비스는 다시 비숙련 노동에 의한 서비스, 숙련노동에 의한 서비스, 전문직에 의한 서비스로 분류될 수 있다. 그리고 설비 및 시설중심형 서비스는 전화와 같은 자동 서비스, 택시운전과 같은 반숙련 노동을 필요로 하는 서비스, 비행기 조종과 같은 숙련노동을 필요로 하는 서비스 형태로 구분할 수 있다.

둘째, 수술과 같이 서비스 제공 대상자가 서비스 제공시점과 현장에 있어야 하는 경우와 그럴 필요가 없는 경우로 구분할 수 있다.

셋째, 개인서비스와 같이 서비스 제공 대상자가 개인일 수도 있고, 기업서비스와 같이 기업일 수도 있다.

넷째, 서비스 제공자의 목적에 따라 영리와 비영리, 소유형태에 따라 민간과 공공으로 구분할 수 있다.

마지막으로, 시간대별로 사전서비스(Before Service), 서비스제공(In/On Service), 애프터서비스(After Service) 등으로 구분할 수 있다. 자동차 수리를 하고자 하는 고객의 시간낭비를 방지하기 위해 예약으로 받는 것은 사전서비스이며, 직접 수리를 하는 행위는 서비스제공이며, 수리 후 결함이 있을 때 무료로 재 수리를 해주는 것은 애프터서비스에 해당한다.

일반적으로, 서비스라 하면 애프터서비스를 생각한다. 그러나 서비스는 A, B, C, D 네 가지를 입체적으로 제공함으로써 고객을 감동시킬 수 있다.

A는 사후서비스(After Service), B는 사전서비스(Before Service), C는 커뮤니케이션 서비스(Communication Service), D는 기쁨을 주는 서비스(Delight Service)를 말한다. 이들 A, B, C, D 서비스는 고객만족에 상호보완적이며, 결합할수록 상승효과를 갖는다. 따라서 외식기업은 전반적인 서비스 시스템에 반영하여 각 구성원들이 각자의 행동에서 이 개념을 실시할 수 있는 방안을 연구할 수 있는 것이다.

한편, 외식기업은 고객만족을 위해 다음과 같은 서비스를 수행하고 있다.

1) 응시 서비스

고객만족을 위한 서비스는 눈맞춤(Eye Contact)에서 시작하여 끝난다고 해도 과언이 아니다. 사소한 눈길에서 친절함이 전달된다. 고객과의 눈맞춤은 그냥 쳐다보는 것이 아니다. 고객과 눈을 마주치고 느낌을 주고받아야 하는 것이다. 고객과 눈을 마주치고 느낌을 주고받아야 하는 것이다. 그러한 눈길이 고객에게는 친절함으로 전달된다.

눈을 마주치지 않는 것은 상대에게 오해를 불러일으킨다. 그리고 누군가를 무시할 때 혹은 자신감이 없을 때 눈을 마주치지 못하고 외면하게 된다. 어느 누구도 외면당하는 것을 반가워하지는 않는다. 따라서 눈맞춤은 고객만족 서비스의 기본이라 할 수 있다.

즉, 고객과의 부드러운 눈맞춤에서 친절하겠다는 의지가 담겨 나온다. 또한 아주 짧은 시간에 이루어지는 눈맞춤으로 친절과 관심을 표현하고 고객의 욕구를 파악할 수도 있다.

다음은 응시 서비스의 대표적인 방법이다.

- 예절을 표현할 때는 고객의 눈을 바라본다.
- 얼굴과 몸은 고객을 향하고 바라본다.
- 눈동자를 살짝 크게 뜨고 입 꼬리에 살짝 힘을 주어 올리며 눈을 바라본다. 하지만 눈에 힘을 주어 주시하지는 마라.
- 감사와 관심의 마음과 도와드리겠다는 마음가짐으로 고객을 바라본다.

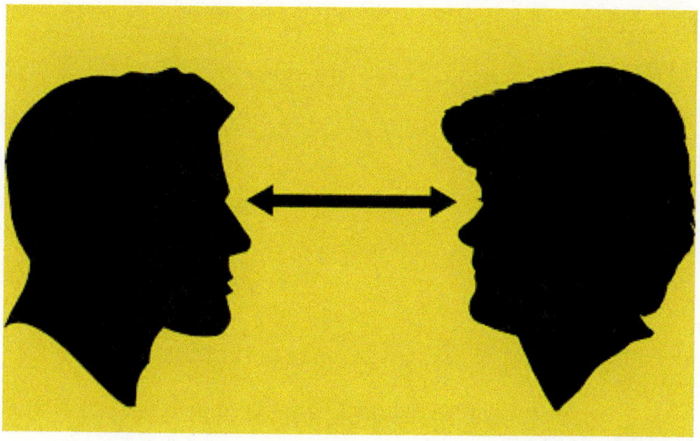

2) 눈높이 서비스

고객의 느낌이나 감정은 너무나 섬세하다. 어제의 나와 오늘의 내가 다르듯이 어제의 느낌과 오늘의 느낌이 달라진다. 고객의 친절에 대한 느낌은 신체위치에 좌우된다.

진정한 서비스를 제공하는 직원은 고객과의 신체높이에 많은 신경을 쓰고 있다. 몸과 얼굴이 함께 고객을 향할 때 정중함과 친절함을 느끼게 된다.

반대로 뒷모습은 거부의 느낌을 전달하게 된다. 따라서 서비스 제공 시, 고객 앞에서 뒷모습을 보이지 말아야 한다. 몸과 얼굴이 고객을 향하고 있다는 것은 고객의 욕구를 수용하겠다는 의미의 전달이다.

고객주문을 받을 때, 상사의 지시를 받을 때 등의 상황에서 자신의 몸을 청하는 사람의 위치로 하여 응시하며 조금 낮추어서 정중함을 표현한다. 그러면 고객의 마음은 일순간 좋은 대접을 받고 있다는 느낌을 받게 된다. 어린이나 몸이 불편한 고객일 경우, 눈높이를 맞추어 접대해야 한다.

고객을 안내할 때는 앞서 가면서도 당신의 몸이 약간 고객 쪽으로 향하게 하면서 안내해야 한다. 사소한 차이로 고객은 당신의 친절을 느끼게 된다. 이처럼 서비스를 제공하는 직원은 그들의 앞모습은 고객의 것임을 명심해야 한다.

다음은 대표적인 눈높이 서비스 방법을 보여주고 있다.

- 당신은 서 있고 고객은 앉아 있는 경우, 상체를 절제된 동작으로 숙인다.
- 당신은 계단 위에 있고 고객은 아래에 있는 경우, 밝고 가벼운 걸음으로 내려가 고객의 요구를 듣는다.
- 고객이나 윗분을 배웅할 경우, 고객의 차나 모습이 모퉁이를 돌 때까지 직원의 시선은 그 쪽을 향하게 한다. 혹시 바라볼지 모르는 고객에게 오랜 여운으로 당신의 친절함이 남을 것이다.

3) 반복 서비스

어떤 일이든 처음부터 능숙하게 처리하는 경우는 드물다. 배우고, 보고 연습하여 경험이 쌓이면 자연스럽고 상황에 적절히 대응하는 전문가가 되어가는 것이다. 따라서 최고의 서비스를 자랑하는 외식 서비스는 먼저 배우는 자세에서 시작해야 한다.

즉, 어디서 누굴 만나든 예절 바른 깍듯한 인사와 웃는 얼굴을 해야 한다. 하루에도 수십 번을 반복하여 인사하고 누구와 마주쳐도 밝게 웃는 것을 두어 달 반복하다 보면 어느 듯 자연스럽게 몸에 익숙해진다. 이러한 적극적인 자세로 웃으며 인사를 나누다 보면 마음도 밝아진다.

자신의 모습을 바꾸는 길은 반복된 연습에서 시작되어 습관적으로 그리고 결국은 자신의 긍정적인 모습으로 변화된다. 이처럼 변화하는 자신을 돌아보고 부족한 부분을 보충해 나가는 적극적이고 긍정적인 자세로 고객을 응대해야 한다.

02 S·E·C·T·I·O·N

고객관계 프로세스

서비스의 핵심은 고객만족(CS : Customer Satisfaction)이다. 그렇다면, 고객을 만족시킨다는 것은 무엇이며 고객만족은 왜 필요한가?

많은 외식기업에서 고객만족 극대화를 위해 심혈을 기울이고 있다. 이는 외식기업 서비스에 있어 최고의 품질을 증명하는 결과이기 때문이다.

01. 고객만족 개념

미국 소비자 문제 전문가인 굿맨(Goodman)은 고객만족을 고객의 니즈와 기대에 부응하여 그 결과로서 상품서비스의 재구매가 이루어지고 고객의 신뢰감이 연속된 상태로 정의를 내렸다.

또한 일부 학자는 고객만족과 관련하여 '고객의 성취반응이므로 정해진 수준 이상 고객의 기대를 충족하는 것으로 품질은 인지되지만 만족은 보통 경험으로 고객의 감정적 과정에 의해 강하게 영향 받는다. 만족은 이렇게 정해진 주관적인 기대수준에 의해 좌우되므로 객관적으로 낮은 혹은 높은 품질로도 개인의 기대에 따라 만족을 얻거나 얻지 못하는 경우가 생긴다. 따라서 고객만족은 고객의 욕구와 기대에 최대한 부응한 결과

제품과 서비스의 재 구입이 이루어지고 더불어 고객의 신뢰감이 연속되는 상태를 의미한다.' 라고 주장하고 있다.

한편, 품질과 만족을 다음과 같이 구분하기도 한다. 품질판단의 기초가 되는 차원은 힌트나 속성 등과 같이 구체적인 데 반해, 만족에 대한 판단은 품질과 상관없이 어떤 차원으로부터 발생할 수도 있다. 즉, 만족은 서비스 제공자가 통제할 수 없는 요소, 다시 말해 품질차원이 아닌 것에 의해 얼마든지 좌우될 수 있다.

예를 들면, 레스토랑에서 신용카드로 대금을 결제할 경우, 카드조회 시 소요되는 시간을 들 수 있다. 또한 만족은 품질외적인 요소, 즉 평등의식이나 공정성 같은 것에 의해서도 크게 좌우될 수 있으며, 귀속, 감정, 인지 및 감정적 과정 등에 영향을 받기도 한다. 결국, 높은 품질에도 불구하고 불만족한 경우를 볼 수 있다. 즉, 레스토랑에서 평소 친근한 직원이 부재중일 때 실망하는 고객이 대표적인 사례라 할 수 있다.

이상으로 볼 때, 외식기업 서비스 고객만족이란 외식서비스 제공에 따른 고객의 일정한 수준 혹은 기대충족의 성취반응이라고 할 수 있다

02. 고객만족 결정요인

1) 고객의 기대에 영향을 미치는 요인

고객만족은 기대이다. 즉, 만족도는 고객의 기대와 서비스 결과에 따라 다양하게 나타난다. 만족의 기준은 고객의 기대보다 인식이 크게 높은 상태를 의미한다.

- 대만족인 경우 : 기대치 <<< 결과치
- 만족 : 기대치 < (또는) = 결과치
- 불만족 : 기대치 >>> 결과치

즉, 고객은 자신의 기대와 실제 서비스 이용의 결과를 통해 인지한 정도를 비교하여 기대보다 크거나 같을 때 만족한다.

또한 고객의 기대에 영향을 미치는 요인들은 구전에 의한 의사소통, 개인적 성격이나 환경적 요인, 과거의 경험, 그리고 서비스 제공자들의 커뮤니케이션 능력 등을 들 수 있다. 서비스에 대한 고객의 평가는 서비스 전달과정 중에 발생하는 데 고객접촉 순간에 서비스에 대한 만족과 불만족을 평가하게 된다.

2) 고객만족의 구성요소

고객만족을 실현하기 위해서는 기본적으로 다음의 3요소가 필요하고 고객의 입장에서 보면 기업이 한 약속을 어떻게 수행했는가 하는 것이다.

- 하드웨어적 요소
- 소프트웨어적 요소
- 휴먼웨어적 요소

먼저, 하드웨어적 요소는 건물의 외관, 매장시설, 내부 인테리어, 분위기 연출 등을 의미한다. 둘째, 소프트웨어적 요소는 서비스 현장에서 취급하는 상품, 서비스 프로그램, A/S 시스템, 부가서비스 체계 등을 말하고, 마지막으로, 휴먼웨어적 요소는 현장에서 근무하고 있는 구성원들이 제공하는 서비스 태도, 커뮤니케이션 능력, 서비스 전문지식 등을 의미한다.

이들 3요소가 조화를 이룰 때, 고객만족 및 고객감동을 극대화시킬 수 있다. 또한 이 3요소 중 하나라도 0점을 받게 되면 타 요소가 100점이라고 해도 결과적으로 0점으로 나오기 때문에 곱하기 논리방식을 지니고 있다.

예를 들면, 레스토랑 시설이 훌륭하고 최고의 쉐프가 최상의 식재료로 최고의 음식을 제공하는 레스토랑에서 다양한 이벤트를 통해 서비스를 제공한다고 할지라도 서비스를 제공하는 구성원들이 불친절하다면 고객의 재방문은 기대하지 말아야 할 것이다.

고객만족에 대한 구성요소를 좀 더 살펴보면, 직접적으로 제공하는 제품과 서비스, 간접적으로는 기업이미지로 구분해 볼 수 있다. 제품에는 품질, 기능, 성능과 같이 상품의 하드웨어적 가치와 디자인, 편리성 등의 상품의 소프트웨어적 가치로 구분해 볼 수 있으며, 서비스는 현장에서 서비스 접점(MOT) 직원의 친절도를 포함하여 매장분위기, A/S

와 같은 사후서비스가 이에 포함될 수 있다.

마지막으로, 기업의 사회적 책임과 관련한 활동, 즉 환경보호나 사회공헌활동에 진정으로 관계하는 기업의 이미지가 고객을 만족시키는 또 다른 요인으로 보고 있다.

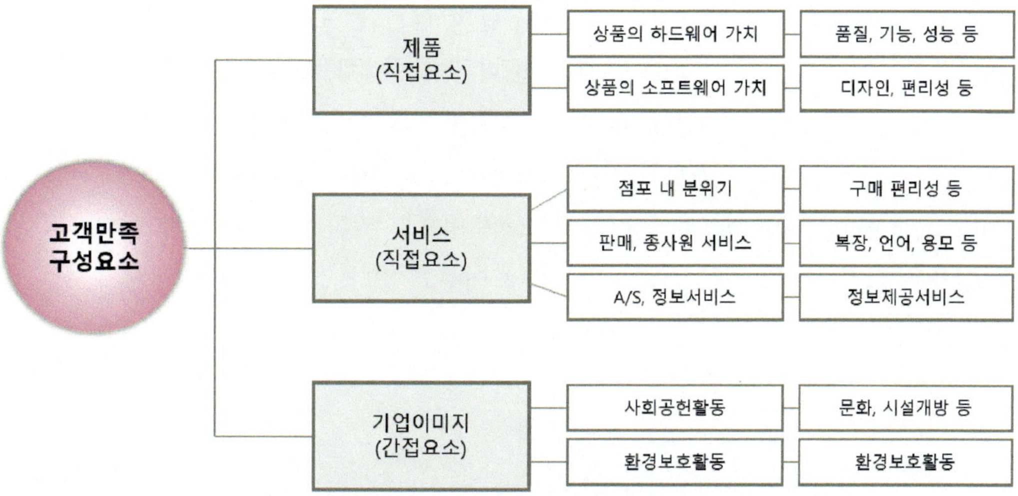

그림 10-1 고객만족의 구성요소

3) 고객만족의 필요성

외식기업에 있어 고객만족은 왜 필요한가?

첫째, 기업의 매출이 신규고객과 기존고객의 반복구매에서 일어나기 때문이다. 새로운 고객을 끌어들이는 것은 기존의 고객을 유지하는 것보다 많은 비용이 든다. 그러므로 신규고객 창출보다 기존고객의 유지가 기업의 생존에 보다 중요하다. 이러한 중요성을 갖는 고객유지의 핵심은 바로 고객을 만족시키는 것이다. 만족한 고객은 반복구매를 하며 다른 사람에게 서비스에 대한 좋게 평가하며 경쟁업체의 브랜드와 광고에 관심을 크게 쏟지 않고 그 회사의 다른 서비스에 대해서도 호의적인 반응을 보내기 때문에 만족한 고객은 단순한 매체광고보다 효과적인 광고수단이 될 수 있다.

고객만족은 불만족한 고객의 행동을 살펴봄으로써 더욱 명확하게 알 수 있다. 한 조사에 의하면, 일반적으로 만족한 고객은 제품에 대한 좋은 경험을 3명의 타인에게 말하는 반면, 불만족한 고객은 11명에게 그 내용을 전달한다고 한다.

결국, 기업의 관점에서 고객만족경영은 그 기업의 좋은 이미지와 시장확대를 위해 매우 중요하다.

둘째, 고객만족에 의한 긍정적인 목적인 이익을 가져다 줄 수 있다.

셋째, 고객만족을 통한 경영성과는 서비스 직원 개개인과 조직 구성원의 존재이유가 되며, 나아가 사회 및 국가의 안정을 꾀할 수 있다.

마지막으로, 서비스 상품은 모방이 매우 쉽다. 예를 들면, 특정 레스토랑에서 개발한 차별화된 서비스가 좋은 성과를 보게 되면 다른 경쟁업체들이 같은 서비스를 고객들에게 제공하는 경우를 볼 수 있다. 따라서 외식서비스 운영기업은 경쟁우위를 위해 고객만족 경영에 주안을 둔다. 그러나, 지속적인 고객만족경영을 위해서는 고객창출도 중요하지만 고객불만을 효과적으로 처리하여 고객충성으로 전환하는 것이 중요하다.

다음은 고객만족을 위한 7가지 법칙을 보여주고 있다.

- 고객을 먼저 알아보자
- 첫인상(First Impression)을 좋게 하라
- 고객의 기대감을 충족시켜라
- 고객의 수고를 덜어주라
- 고객의 의사결정을 용이하게 하라
- 고객의 견해에 초점을 맞추어라
- 고객이 회상하고 싶어 하는 추억을 만들어라

03. 서비스 프로세스 관리

서비스 프로세스란 서비스가 전달되는 절차 혹은 활동 흐름의 과정을 의미하며 서비스의 특성인 비분리성으로 인해 서비스를 받는 고객은 서비스 프로세스 내에서 경험하며 서비스 품질을 결정하게 된다.

1) 구매 전 과정 – 대기관리

대기는 고객이 서비스를 받을 준비가 되어 있는 시간부터 서비스가 개시되기까지의 시간을 의미하는데, 이는 고객이 서비스를 제공받기 전 혹은 후에도 모두 발생할 수 있다.

서비스의 특성이라 할 수 있는 소멸성, 비분리성으로 인해 고객들은 대기상황이 발생한다.

대기는 어쩔 수 없이 발생하지만 모든 고객들이 이러한 상황을 이해하고 당연한 것으로 받아들이는 것은 아니다. 따라서 고객들이 서비스를 받기 위해 소비하는 대기시간은 대체적으로 부정적인 경험으로 인식하게 되므로 대기시간을 효과적으로 관리하는 것이 고객에게 만족을 제공할 수 있으며 서비스 재구매에도 영향을 미친다.

2) 대기관리를 위한 서비스 방법

❶ 예약시스템을 활용하자

고객이 선택한 날짜 및 시간을 받아서 고객들이 방문하자마자 서비스를 제공받을 수 있게 하는 것은 매우 효과적이라 할 수 있다.

❷ 커뮤니케이션을 활용하자

고객과의 커뮤니케이션을 적절하게 활용하여 고객에게 혼잡한 시간대를 피하고 한가한 시간대를 전달하며 그에 맞는 혜택을 제공한다.

❸ 공정한 대기시스템을 구축하라

예약이행을 존중하는 공정한 대기시스템을 구축한다. 먼저 온 고객이 먼저 서비스를 받는 원칙이 준수되어야 함을 의미한다.

3) 체감대기시간 관리

기다리는 시간에 대한 인식을 개선하는 것이 실제로 기다리는 시간을 줄이는 것과 유사한 효과를 나타낸다.

효과적인 대기시관 관리는 다음과 같다.

첫째, 서비스가 시작되었다는 느낌을 제공한다. 즉, 물적 서비스를 이용하여 대기 중

볼거리, 음료 등을 제공함으로써 가급적 고객이 이미 서비스 받고 있다는 느낌이 들도록 한다.

둘째, 예상 대기시간을 알려줘라. 총 예상 대기시간을 시시각각 알려준다.

셋째, 고객의 유형과 심리를 파악하여 대응한다. 고객을 성격에 따라 분류하고 차별적 응대를 해야 한다.

마지막으로, 가상대기를 활용하자. 만약 두 명 이상의 고객이 대기하고 있다면, 한 명이 서비스 과정에 참여하는 동안 다른 고객은 다른 장소에서 먼저 일을 처리할 수 있게 한다면 시간을 효율성을 극대화시킬 수 있다.

04. 고객접점

고객접점(MOT)은 고객이 기업의 시설, 절차, 구성원 등과 같이 다양한 자원과 직/간접적으로 접하는 순간들이 서비스 인상을 결정하고 품질을 결정짓는 '결정적 순간'을 의미한다.

고객접점 요소는 고객의 니즈와 가치를 충족시키기 위해 필요로 하는 순간들, 즉 장소, 사람, 수단을 의미한다. 고객은 접점을 통해 서비스 품질에 대한 지각을 형성하고, 고객만족과 기업이미지를 결정짓는 가장 중요한 역할을 한다. 고객접점 구성요소에는 인적요소(Humanware), 시설적 요소(Hardware), 제도적 요소(Software)가 있다.

인적요소는 서비스 직원의 태도, 표정, 용모, 친절성, 커뮤니케이션 능력과 같이 고객을 응대하는 전문적인 태도를 의미하고, 시설적 요소는 교통, 건물 및 주차시설, 설비, 기자재, 인테리어, 화장실 및 청결상태와 같이 고객이 보고 느끼며 체감하는 공간을 말한다. 마지막으로, 제도적 요소는 예약시스템, 서비스 프로세스, 업무처리과정, 정보제공과 같은 서비스 전달의 절차와 과정을 의미한다.

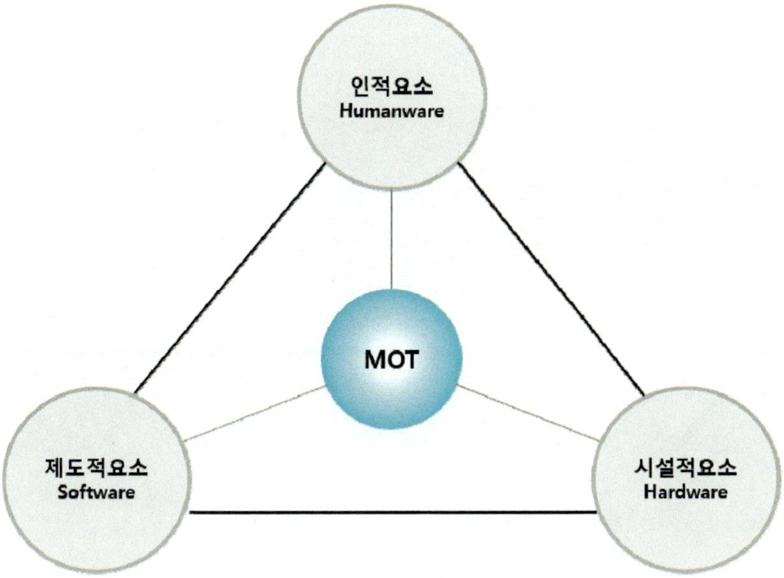

그림 10-2 고객접점(MOT) 3요소

03 SECTION

외식 판매프로세스

서비스에 있어 무형성은 생산과 소비가 동시에 이루어진다는 것이다. 특히, 외식기업의 경우, '커피 한잔과 함께 전달되는 구성원들의 밝은 스마일'과 같이 커피는 제공되기 전 만들어지는 유형의 상품이고, 구성원들의 스마일은 생산과 동시에 소비되는 무형의 서비스이기 때문에 생산과 소비의 동시성을 갖는다고 할 수 있다.

01. 생산과 소비가 동시에 일어나는 외식기업 On-Premise 판매

외식기업의 서비스는 직원들의 음식 및 음료의 제조과정과 전달과정 등의 서비스에 대한 고객의 외식기업에 대한 전반적인 평가를 하므로 매우 중요하다고 할 수 있다.

특히, 무형의 인적서비스는 단순한 서비스 제공이라는 차원에서 벗어나 고객의 심리적 측면을 이해하고 그 욕구를 파악하고 충족시킬 수 있는 방안을 모색하는 적극적인 사고방식이 필요하다.

따라서 외식기업의 모든 구성원은 고객의 욕구를 충족시킬 수 있는 소비지향적 차원의 높은 서비스 스킬을 갖추고, 고객의 욕구변화에 대처하기 위한 정확한 시장조사와 함께 목표시장을 선정하여 서비스품목의 개발과 판매촉진을 위한 효율적인 마케팅활동을 수행할 수 있도록 노력해야 할 것이다.

현재 대부분 외식기업의 서비스는 푸드의 생산과 소비가 동시에 이루어지는 On-Premise 방식으로, 구성원들의 대면서비스에 의한 음식제공이 이루어진다. 대표적인 서비스 방식으로 테이블 서비스, 셀프서비스, 카운터 서비스 방식이 있다.

1) 테이블 서비스

테이블 서비스(Table Service)는 서비스 구성원이 고객의 테이블에 음식을 직접 가져다 주는 방식을 말한다. 이러한 테이블 서비스 방식에는 플레이트(Plate) 서비스, 카트(Cart) 서비스, 플레터(Platter) 서비스, 패밀리 스타일(Family Style) 서비스가 대표적이다.

❶ 플레이트 서비스

고객주문과 동시에 주방에서 주문한 음식을 생산하여 접시에 담아 서버는 음식의 온도를 유지하여 고객에게 신속히 제공한다.

가장 일반적인 서비스 스타일로 직원 1인당 서비스 할 수 있는 고객의 수가 많으므로 인건비가 절약되며 신속한 서비스를 제공할 수 있다. 또한 카트 서비스에 비해 직원 서비스 숙련도가 덜 요구된다. 일반적으로 아메리칸 서비스라고도 한다.

효과적인 Plate Service의 절차는 다음과 같다.

❷ 카트 서비스

카트 서비스는 시간의 여유가 많은 유럽의 귀족들이 훌륭한 음식을 즐기던 전형적인 서비스로 주로 고급 레스토랑에서 사용되고 있다.

고객의 테이블 앞에서 조리기구와 재료가 준비된 조리용 카트를 이용하여 직접 요리를 만들어 제공하거나 게리돈(Gueridon)을 이용하여 접시에 담겨 나온 음식을 Rechauffe나 알코올램프를 사용하여 식지 않게 음식을 덜어주기도 하며, 생선뼈를 제거해 주거나 요리를 잘라주기도 한다. 또한 최근엔 와인 디캔팅으로도 널리 사용되고 있다.

❸ 플레터 서비스

일명 러시안 서비스라고도 한다. 플레터 서비스는 주방에서 완전히 조리된 음식을 큰 플레이트에 담아 고객의 테이블 까지 옮긴 후, 보조기구를 사용하여 직접 고객접시에 음식을 덜어주는 서비스이다.

❹ 패밀리스타일 서비스

잉글리쉬 서비스라고도 하며 실행하기 간편한 서비스로 음식을 큰 접시에 제공하여 고객이 직접 분배하여 먹는 서비스이다.

상대적으로 작은 규모의 레스토랑에서 이용되고 있으며 비교적 격식을 간소화한 서비스이다. 테이블 당 매출이 좋으며 서비스 시간이 짧아 음식온도가 적당하다. 주로 중식당에서 많이 사용되고 있는 서비스 형태이다.

2) 셀프 서비스

셀프 서비스(Self Service)는 서비스 카운터 혹은 음식이 진열된 곳에서 고객이 직접 원하는 음식을 선정하고 운반하는 방식을 말한다. 일반적으로 외식기업에서 널리 사용되고 있는 셀프서비스로는 패스트푸드 레스토랑이 있다. 물론 호텔 뷔페에서도 널리 사용되기도 한다. 그러나, 호텔 뷔페는 고급 음식을 기반으로 취향이 다른 사람들이 자신들의 기호에 맞는 음식을 선택할 수 있도록 운영한다.

즉, 동일 서비스도 고객의 특성, 업종과 업태에 맞게 고객층의 요구를 충족시킬 수 있도록 관리되고 적용되어야 한다.

3) 카운터 서비스

카운터 서비스(Counter Service)는 레스토랑의 키친을 오픈하여 고객이 조리과정을 직접 볼 수 있게 함과 동시에 카운터를 테이블로 하여 음식을 제공한다.

구성원들의 서비스가 많이 필요하지도 않고 고객이 보는 앞에서 요리를 만들어 제공하기 때문에 신속한 서비스가 이루어진다. 또한 위생적이라 할 수 있다.

02. 생산과 소비가 다른 장소인 외식기업 Off-Premise 판매

Off-Premise는 음식을 생산하는 시설과 떨어진 장소에서 고객에게 음식을 제공하는 방식을 말한다. 주로 외부행사 및 이벤트를 위한 케이터링(Catering)이 대표적이라 할 수 있다.

Off-Premise의 주목적은 레스토랑내의 수익창출 외에 외부에서 음식을 판매하여 수익을 극대화시키는데 있다.

즉, 제한된 공간에서 판매되는 것 외에 타 공간의 활용을 극대화시켜 수익을 창출할 수 있다.

1) 케이터링

케이터링(Catering)은 지급능력이 있는 고객에게 조리되어 있는 음식을 제공하는 것을 말한다. 즉, 요리, 음료, 식기, 테이블, 비품, 글라스, 린넨 등 필요한 집기를 준비하여 고객이 지정한 장소에 운반하여 음식을 제공하는 것을 의미한다.

2) 테이크아웃

테이크아웃(Take Out)은 가지고 다니며 먹을 수 있도록 음식을 포장해서 판매하는 것 혹은 포장된 음식을 의미하며, 영국에서는 테이크어웨이(Take Away)라고 한다.

국내 음식점에서 포장을 해주는 서비스가 없었던 것은 아니지만, 테이크아웃이란 말이 일상화되기 시작한 것은 스타벅스로 대표되는 원두커피 전문점이 인기가 급상승하면서 테이크아웃 문화가 정착되었다고 할 수 있다.

3) 배달

배달(Delivery)은 완성된 음식이 생산장소와 전혀 다른 장소에서 구매되거나 소비되는 방식을 말한다. 즉, 고객이 원하는 장소에서 음식을 먹을 수 있도록 소비장소로 음식을 운반해 주는 서비스이다.

최근 배달 앱이나 전문 배달서비스 기업이 등장하면서 외식기업의 배달시장이 급격히 성장하고 있다.

4) HMR

HMR은 가정간편식(Home Meal Replacement)으로, 가정식사를 대체할 수 있고, 가정 외에서 판매되며, 완전하게 조리가 완료된 식품 또는 가열이 필요한 식품형태로 구매하여 간단히 조리할 수 있는 음식을 말한다. HMR은 크게 요리용 간편식(RTP : Ready to Prepared), 조리용 간편식(RTC : Ready to Cook), 반조리용 간편식(RTH : Ready to Heart), 즉석 간편식(Ready to Eat)으로 나눌 수 있다.

03. 스마트 판매

스마트 판매는 고객과의 거래과정에서 기술기반 서비스, 모바일 서비스 등을 이용하여 고객의 편의를 증가시켜주는 판매방식이라 할 수 있다. 다음은 외식기업에서 널리 활용되고 있는 스마트 판매의 다양한 형태를 보여주고 있다.

1) 키오스크

디지털 키오스크는 터치스크린에 고객이 직접 주문부터 결제까지 할 수 있어 주문결제시간을 단축시켜주고 구성원의 인건비도 절약할 수 있다. 디지털 키오스크는 패스트푸드에서 널리 활용되고 있다.

2) 스마트 주문 및 결제시스템

O2O(Online to Offline) 시스템을 활용한 주문과 결제가 가능한 시스템이다. 스타벅스의 사이렌 오더, 베스킨라빈스의 해피오더, SK플래닛의 시럽오더 등이 대표적이라 할 수 있다.

3) SNS 메신저 주문 및 결제 시스템

SNS 메신저 주문 및 결제 시스템은 이용하기가 편하고 사용빈도가 높은 메신저를 활용하여 원하는 서비스를 제공받을 수 있다.

예를 들면, 미국에서는 페이스북 메신저로 날씨확인 및 음식주문을 할 수 있고, 중국에서는 위챗으로 음식배달 및 호텔예약을 할 수 있다.

CHAPTER 11

스마트 외식산업

학습목표

01. 최근 외식산업의 트렌드 및 주요 이슈를 확인한다.
02. 외식산업에서 식품안전관리를 이해한다.
03. 4차 산업혁명과 스마트팩토리를 확인한다.
04. 메뉴주문 및 결제시스템의 변화를 이해한다.
05. 푸드테크의 개념 및 시스템을 이해한다.

도입 사례

4차 산업혁명과 푸드테크

푸드테크(Food Tech)는 이미 우리 생활 깊숙한 곳에 자리 잡고 있다. 배달음식을 앱으로 주문하고 식자재 배송 서비스를 이용하며, 농수산물을 모바일로 직접 비교해서 구매하는 것 등을 푸드테크 라고 할 수 있다. 식품은 쉽게 상할 수 있기 때문에 오프라인에서만 거래되는 것을 당연하다고 여겨왔지만 정보통신기술(ICT)과 음식과 만나면서 푸드테크가 식품시장의 새로운 영역을 형성하고 있다.

푸드테크는 2017년을 기점으로 기하급수적으로 성장했고, O2O(온·오프라인연계) 서비스를 포함해 생소한 분야까지 침투하고 있다. 푸드테크의 종류는 무궁무진하다. 음식과 정보통신기술이 만난 모든 분야의 산업이 푸드테크이다. 음식의 검색, 추천, 배달, 식재료 배송 등을 포함해 생체 재료, 기능성 식품, 대체식품 등이 포함되는 개념이다. 스마트팜, 스마트키친 등도 푸드테크에 속한다고 할 수 있다. 푸드테크의 핵심은 우리 생활의 핵심적인 부분을 차지하는 식품을 보다 편리하고 효율적으로 소비하고자 하는 욕구에서 출발한 것이다.

미국 경제매체인 비즈니스 인사이더에 따르면 창업 5년 내에 기업가치 10억 달러를 넘긴 스타트업 10곳 가운데 2곳이 푸드테크 기업이라고 한다. 독일의 푸드테크 기업 '딜리버리히어로'는 지금까지 총 13억 달러에 달하는 투자를 유치하였고, 기업 가치가 무려 30억 달러를 넘어서고 있다.

대표적인 푸드테크 시스템으로는 다음과 같다.

❖ O2O 서비스

푸드테크의 가장 대표적인 산업은 바로 O2O 서비스이다. 국내의 대표적인 음식 배달 서비스인 배달의 민족, 요기요, 배달통, 푸드플라이, 헤이브레드 등이 여기에 해당된다. 요리된 식품 외에도 식재료를 배달하는 배민프레시, 헬로네이처, 언니네텃밭 등도 이 분야에 속한다. 빅데이터를 기반으로 하는 맛집 추천 및 예약서비스인 망고플레이트, 식신, 다이닝코드와 레시피 공유 서비스인 해먹남녀, 만개의 레시피도 있다.

❖ 스마트 키친

첨단 IT 기술을 접목해 훨씬 편리한 요리 환경을 조성하는 스마트 키친도 푸드테크의 일종이다. 삼성이나 LG 등 국내 유수의 기업들도 스마트 키친 산업에 투자하고 있으며 최근 미국에서는 '스마트

키친 서미트'가 개최되기도 했다. 스마트 키친 서미트에서는 오븐에 음식을 넣었을 때 오븐 속 내장 카메라가 음식을 인식하여 자동으로 완벽한 상태로 조리해주는 '준 지능형 오븐', 흙 없이도 각종 채소 등 재배가 가능한 정원용 주방기구 '아바 바이트' 등이 소개되었다.

❖ 요리로봇과 3D 프린팅 기술과 푸드테크의 결합

CES 2018에서 선보인 요리 보조 로봇은 재료를 준비할 동안 오븐을 예열하거나 커피머신을 작동하는 건 물론 냉장고 안의 재료가 부족하면 온라인으로 주문까지 해준다. 아예 요리를 대신해 줄 셰프 로봇의 도입도 멀지 않았다. 영국의 몰리 로보틱스가 개발한 이 셰프 로봇의 팔에는 수십 개의 모터, 관절, 센서가 달려 있어 재료 손질부터 칼질까지 능숙하게 해낸다. 첨단 3D 프린팅 기술과 푸드테크의 결합도 기대되는 분야다. 이미 미국의 한 스타트업은 6분 안에 피자 한 판을 만들 수 있는 3D프린터를 개발하였고, 파스타 면을 자유자재로 뽑아내는 3D 프린터도 판매하고 있다.

푸드테크의 발전은 식품 문화의 변화를 이끄는 열쇠이며 우리의 식품 문화 자체를 완전히 변화시킨다. 기존에 식품을 소비하기 위해 쏟았던 시간이 단축되고 번거로움이 줄어들게 되며 식품을 소비하는 방식까지도 크게 변화되고 있다.

출처: 블록체인 AI 뉴스(2019). 4차 산업혁명과 푸드테크(Food Tech).

01 S·E·C·T·I·O·N

외식산업 트렌드

01. 최근 외식산업 트렌드

외식산업에서도 제 4차 산업혁명에 관심을 갖고 융·복합 등을 통해 신기술과 서비스 등을 선보이고 있다. 모바일 기술의 사용 확대와 온디맨드(On-Demand) 방식을 기반으로 하는 푸드테크, 패스트푸드업계와 커피전문점을 중심으로 지능형 주문 시스템인 키오스크, 인공지능 서비스 로봇인 '장금이'의 4개 국어(한국어, 영어, 중국어, 일본어)로 메뉴를 소개하며, 외국인 관광객들에게 우리나라 전통음식을 알리는 역할 및 국내 관광객의 경우에도 음식에 관한 계획은 필수적으로 포함시키고 있는 추세이다.

호드립슨 미국 컬럼비아대학 공학부 교수는 '이미 3D 프린터들은 전통적 조리 방식보다 더 지속가능하고 흥미로운 방식으로 가정 맞춤형 음식들을 만들어 내기 시작했다'고 주장하였다. 푸드 3D 프린팅은 카트리지 안에 원료와 영양소, 감미료 등을 담고, 프로그램에 따라 음식을 만들어낸다. 푸드 3D 프린팅이 활성화되면, 조리분야에서 획기적인 변화로 현재 재료를 혼합해 프로그램에 따라 간단한 케이크 등을 제조할 수 있는 수준에 있다. 미국 3D 시스템즈는 설탕을 정교한 모양의 사탕으로 만드는 셰프젯을 개발하였으며, 허쉬사와 공동으로 초콜릿 프린터 코코젯도 제조하고 있다.

과거와 같은 구태의연한 이분법적 경쟁구도에서 벗어나 이업종 간, 기업 간 협업을 통한 융·복합이 제4차 산업혁명 시대의 생존법으로 부각되고 있다. 장기불황에다 미래예측이 불가능한 '뉴 애브노멀(New Abnormal) 시대'에 살아남기 위해서는 외부충격에 유연하게 대응할 수 있도록 외식산업계의 체질을 개선해야 한다.

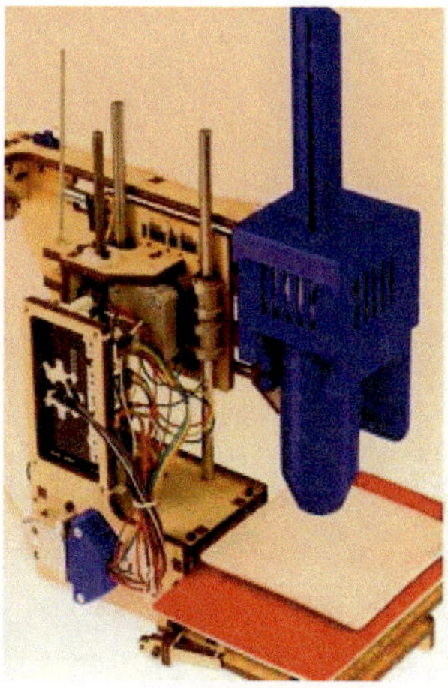

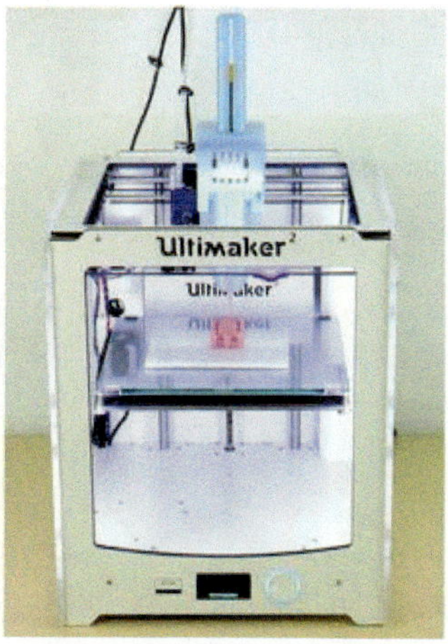

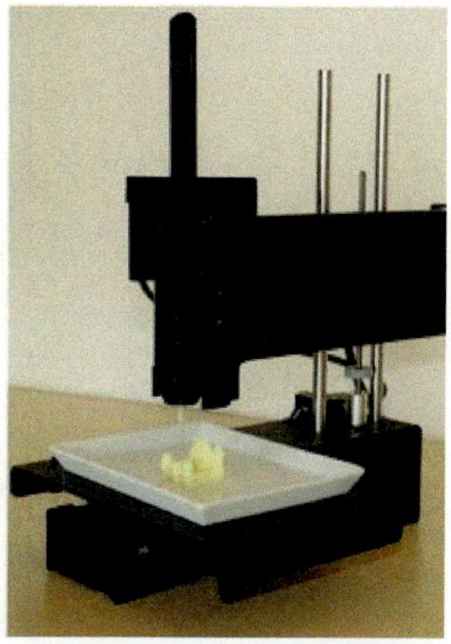

02. 외식산업 변화의 주요 배경 및 이슈

1) 국가식품 시스템의 변화

최근, 각 국가는 국민들에게 영양가가 있고, 안전한 식량에 대한 접근성을 제고하기 위해 식품시스템을 점검하려는 시도가 선진국들을 중심으로 이루어지고 있다.

국제 곡물가격의 폭등, 자유무역의 확대, 그리고 기후변화 협약에 따른 이산화탄소 배출절감 등 국내외적으로 먹거리와 관련한 환경이 변화하고, 또한 소비 측면에서도 먹거리에 대한 안전성, 건강성, 편리성, 기호성 등 소비자의 니즈가 바뀌고 있는 상황에서 국민들에게 영양가 높고 안전한 식품을 친환경적으로 생산해 적절하게 공급하기 위해서는 우리식품의 수요 및 공급체계에 대한 전반적인 검토가 요구되고 있다.

따라서 외식산업의 주요 변화를 이해하기 위해서는 국가식품 시스템의 변화요인을 살펴볼 필요가 있다.

첫째, 기후변화 및 기상이변과 글로벌 식품시스템이다. 전 세계적으로 발생하는 기상이변은 곡물가격 급등, 가격 불안정, 식량안보의 위협을 가져오며 식량생산에 악영향을 미치고 있다. 또한 오염된 식품으로 인한 질병증가 및 식품유래 질병으로 인한 의료비용 증가 및 생산성 저하를 가져오고 있다. 한국보건사회연구원에 따르면, 평균 기온 1.2도 상승 시 식중독 환자가 6.3% 증가한다고 하였다.

둘째, 식품시장의 글로벌화 및 개방화를 들 수 있다. 식품산업의 글로벌화로 글로벌 식품기업 해외진출이 가속화되고 있다. 또한 수출입 식품이 증대되어 국내 식량자급률이 30% 이하인 국제 식품사고가 증가하고 있다.

셋째, 인구구성 변화에 따른 식품소비형태의 변화이다. 노령인구 및 평균수명 증가와 같은 인구학적 변화를 가져오고 있고, 독신가구 및 노인가구 증가와 같은 가족구성의 변화를 가져오고 있다. 또한 가정의 식생활 예산 증가, 외식 및 편의식품의 소비증가는 여성의 경제활동을 증대시키고 있다.

마지막으로, 식품의 안전성, 품질 및 건강문제에 대한 관심증대를 들 수 있다. 식생활 변화로 인해 쌀 소비량이 감소, 채소 및 과일 소비량이 증가하고 있다. 그리고 대형유통업체, 인터넷 쇼핑, 택배물량 증가와 같은 유통환경이 변화하고 있다. 또한 식품공급환경의 변화로 식품첨가물 사용이 일반화되어가고 있다. 국내 농림축산 식품부에 따르면, 식품구입비용 중 40% 이상이 가공식품이라고 하였다.

2) 외식산업 주요 이슈 및 향후 대응방안

최근 외식산업의 이슈 및 대응방안으로, 크게 네 가지 분야로 구분할 수 있다.

첫째, 사회고령화와 건강노년 욕구해소이다. 사회적 이슈라 할 수 있는 인구고령화로 인해 의료비가 증가하고 있으며, 이로 인해 삶의 질 저하가 급격히 진행되고 있다. 또한 보건의료 패러다임의 변화로 질병치료에서 예방으로 바뀌고 있다. 이를 위해 빅데이터 기반 개인 맞춤형 영양기능성 및 건강식품 기술의 개발이 요구되고 있다.

둘째, 글로벌 시장에서의 선도적 지위확보이다. 현재 세계 농식품 시장규모는 5.8조 달러에 이르고 있다. 또한 건강기능식품 시장점유율은 기능성 식품규모가 2,200억 달러에 비추어볼 때 0.1% 정도에 불과하다. 따라서 식품 및 바이오 기능성 소재기술 개발이 요구되고 있다.

셋째, 소비자 중심 차세대 식품안전 확보를 들 수 있다. 전세계 감염질병의 30%가 식품유래질병으로부터 발생하고, 소비단계의 식품안전관리에 대한 관리수단이 현재로서는 없는 실정이다. 따라서 IoT 융합 식품품질, 안전 및 유통관리 기반 기술개발이 요구되고 있다.

마지막으로, 식품의 중소 및 중견 기업의 지속가능한 성장이다. 현재 세계 100대 식품기업에 한국은 한 곳도 없다. 따라서 식품산업을 육성할 수 있는 원천기술이 요구되고 있다.

표 11-1 외식산업 분야 주요 이슈 및 기술개발분야

외식분야 4대 빅 이슈	기술개발 분야
사회 고령화와 건강노년 욕구해소	빅데이터 기반 개인맞춤형 영양기능성 및 건강식품 기술
글로벌 시장에서 선도적 지위확보	세계일류 2세대(2G) 식품·바이오 기능성 소재기술
소비자 중심 차세대 식품안전 확보	BT · IoT 융합 식품품질·안전·유통관리 기반기술
식품 중소·중견기업의 지속가능 성장	식품산업 육성 원천기술

출처 : 김종훈(2018). 제 4차 산업혁명 식품산업의 대응 및 향후과제. 한국식품연구원.

02 S·E·C·T·I·O·N

식품안전관리

최근, 4차 산업혁명과 관련하여 핵심기반기술인 블록체인을 활용하고자 하는 움직임은 여러 분야에 걸쳐 이루어지고 있다. 블록체인 기술은 기존의 중앙집중식으로 관리하던 구조를 탈중앙화하여 분산형 관리체계를 유지하는 것으로 중앙에서 관리하는 중개자를 필요로 하지 않는 데이터 분산처리기술을 말한다.

블록체인 기술은 데이터 및 서류의 위변조가 불가하여 거래의 투명성이 높고, 네트워크에 참여하는 참여자들이 실시간 모니터링이 가능한 장점이 있어 신속성이 높은 특징은 식품 분야에도 많은 활용이 가능하므로 국내외 식품안전관리에 적용하고 있는 사례를 다수 볼 수 있다.

식품 안전관리는 1차 생산단계부터 소비단계까지 매우 복잡하며 단계별로 다수의 생산자와 제조자, 유통업자 등이 관여하고 있으므로 안전관리의 문제가 발생하지 않도록 공급망 관리를 지속해야 한다. 이러한 공급망 관리 측면에 있어서 미국의 대형 유통업체인 월마트는 IBM과 함께 미국 내 망고 유통과정에 발생하는 주요 데이터를 입력 · 저장 · 공유할 수 있는 블록체인 기반 플랫폼을 개발하여 공급망 단계별로 냉동망고가 상한 원인을 찾는 식품추적에 활용하여 적용하고 있다.

블록체인 기술을 통해 유통사기 문제점을 최소화 하고 원인파악에 소요되는 시간과 비용을 절감하고 리콜 수를 최소화 하는데 활용하고 있다. 우리나라의 경우에도 삼진식품과 삼성 SDS 블록체인 플랫폼을 기반으로 삼진어묵의 유통과정 전체를 블록체인으로 관리하여 소비자가 어묵 포장 QR코드를 찍으면 원산지, 수입날짜, 제조날짜, 제조 공장의 온도·습도의 이력까지 확인할 수 있는 플랫폼을 17년도부터 시범사업을 실시하여 데이터를 수집하고 있다.

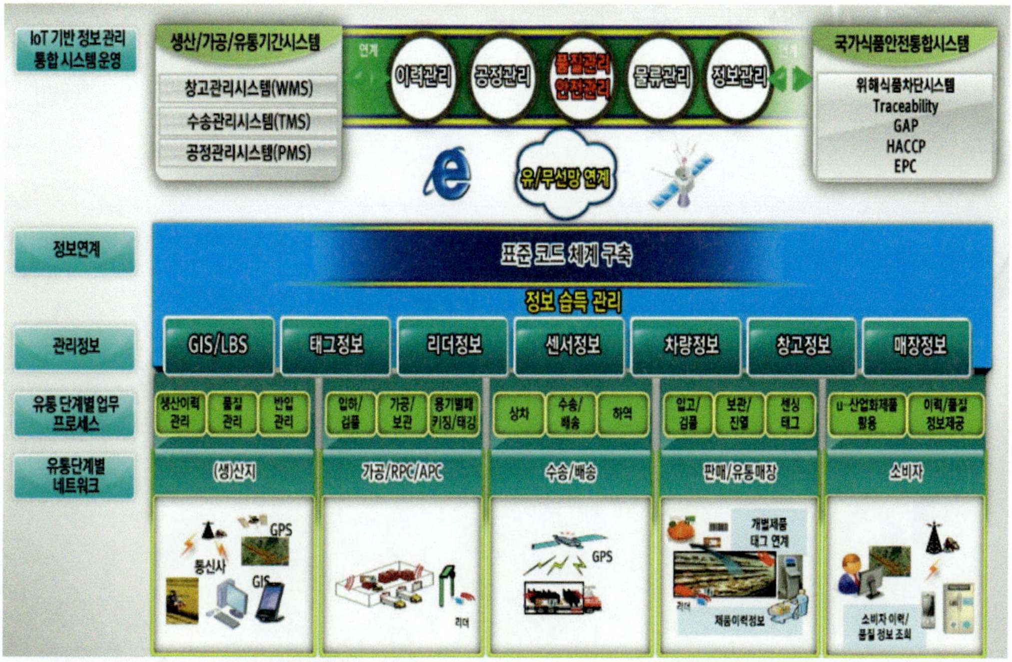

그림 11-1 IoT를 이용한 식품안전유통 시스템

식품의약품안전처에서도 현재 운영되고 있는 HACCP 제도와 수입식품 안전관리에 적용하기 위해 노력하고 있다. 2019년도 식약처 중점 추진과제로 스마트 HACCP 공장 도입을 위한 사업을 추진하고 있다. IoT, CPS 기반으로 제조 전 단계를 자동화·디지털화 하는 것으로 가치사슬 전체를 하나의 공장처럼 실시간 연동시키는 생산체계를 갖추는 것을 목표로 하고 있으며, 2019년 사업 초기에는 IoT 기반 CCP 자동 모니터링을 적용하여 기록과 저장이 자동 전송되는 시스템을 갖추어 살균공정이 있는 200개 업체를 대상으로 시범사업을 운영하고 있다. 또한 중장기적으로는 블록체인을 도입하여 세척·소독일지, 교육일지 등 모든 문서를 위변조가 불가능하도록 하여 22년까지 구축하는 것을 목표로 하고 있다.

해마다 지속적으로 증가하고 있는 수입식품 안전관리는 현행 검사인력 부족으로 인해 부적합 제품적발 수준이 저조하므로 지속적으로 증가하는 수를 관리할 수 있는 검사체계 혁신이 필요한 상황이다.

지능형 수입식품 통합시스템 도입을 통해 현행 수입검사 분류정보를 하나의 통합 데이터모델로 기반을 조성한 이후에 위해도 기반 분석시스템을 통한 유해한 수입식품이 수입되지 않도록 안전관리를 강화할 예정이며, 블록체인을 도입하여 수입신고서의 위변조 불가하도록 하며 수입신고서 검토를 자동화하여 현행 검사 인력부족 등의 문제를 해결하고 있다.

그림 11-2 스마트 HACCP

03 S·E·C·T·I·O·N

스마트팩토리

01. 4차 산업혁명과 스마트팩토리

최근, 4차 산업혁명 시대에는 사물인터넷, 빅데이터, 인공지능 기술 등을 통해 공급망과 물류체인 전체를 실시간으로 최적화하고 제약 요인을 극복하려고 한다는 것이 중요하다.

예를 들어 특정 모델의 제품 수요가 특정 지역에서 갑자기 늘어났다면, 이러한 데이터가 소매점으로부터 제조공장으로 곧바로 인터넷망을 통하여 전송된다.

스마트팩토리(Smart Factory)에서는 이러한 데이터에 반응하여 곧바로 해당 모델의 생산을 늘리게 된다. 스마트팩토리란 설비와 기계에 센서(IoT)가 설치되어 데이터가 실시간으로 수집 및 분석되어 모든 상황들이 일목요연하게 보이고, 이를 분석하여 목적된 바에 따라 스스로 제어되는 팩토리를 말한다. 따라서 그 모델의 생산에 필요한 부품의 수요가 갑자기 늘어나게 되고 공장의 재고가 빠르게 소진된다. 그러면 부품재고가 소진될 때까지 기다리는 것이 아니라, 최초에 소매점으로부터 공장에 추가 제작 요청이 들어왔을 때부터 미리 특정 제품을 추가 생산하거나 관련 부품이 부족해질 것이라고 예측하고, 공장의 통합관리 시스템에서 그 부품들을 실제 생산에 들어가기도 전에 미리 자동으로 주문을 보내게 되는 것이다.

이때 협력업체별로 현재 상황, 자체 보유재고나 여유 생산능력을 감안하여 각각 주문할 부품 종류 및 수량을 자동으로 최적화하여 주문을 낸다. 주문은 인터넷망을 통해 수많은 협력업체에 전송되고, 협력업체는 이에 맞추어 부품을 생산해서 조립업체의 공장에 전달하게 된다. 그러면 그 부품으로 무사히 생산을 마치고 제품을 소매점으로 보내는 것이다.

이러한 복잡한 과정을 최적화하기 위하여 공장과 유통망에서 축적된 데이터를 바탕으로 학습된 인공지능 수급예측 알고리즘이 중요해지고 있다.

그러나, '원자재 생산에서 중간재 생산, 최종 완성품 생산에서 도소매 점포를 거쳐 소비자에게 인도'까지 이르는 공급망 전체를 아무리 최적화한다고 해도, 이 계획에 맞추어 실제로 물건이 제때 정확하게 전달되지 않으면 아무런 소용이 없다. 따라서 물건이 계획대로 이동하고 있는지를 트래킹하는 것이 중요하다.

과거 대량생산 시대에는 개별 아이템별로 트래킹할 필요가 없고, 대량의 화물묶음에 대해서만 트래킹하면 되었다. 그런데, 현재의 다품종 생산시대에는 더 이상 그럴 수 없다는 것이 문제이다. 또한 상품 이동정보가 굉장히 빠른 주기로 업데이트되어야 하므로 담당자가 수기로 입력하는 것으로는 적절한 대응을 할 수가 없는 것이다.

그래서 화물의 작은 묶음 단위로 센서를 부착하고, 이 센서에서 자동으로 정보를 송신하고, 사물인터넷망을 통해 이 정보를 자동으로 수집 및 공유하려는 시도가 나타나게 된다. 예를 들면, 화물을 트럭에 싣고 달리면 어떤 화물인지, 현재 어느 위치에서 달리고

있는지, GPS 정보를 무선 인터넷망을 통해서 실시간으로 전송하며, 실시간으로 배송추적을 하고 위치정보를 업데이트하는 것이 대표적이라 할 수 있다.

02. RFID

화물 및 물류망의 다양화, 유연화에 대응한다는 차원에서 보면, 센서를 부착하여 태깅하는 단위가 작아질수록 유리하다. 그러나, 센서 구입비용이 급증하면, 데이터의 송수신을 위한 통신비용 부담도 증가하게 된다.

과거에는 큰 묶음 단위로만 트래킹을 할 수 있었는데, 요즘은 RFID(Radio Frequency IDentification), 전자태그 등 저가의 센서 및 사물인터넷전용의 저용량 저가 무선 네트워크의 보급으로 인해 이러한 문제가 상당 부분 해결되고 있다. 이러한 측면에서 RFID는 혁명을 가져올 것으로 기대되고 있다. 기본적으로 바코드와 비슷한 기능을 하지만, 바코드처럼 직접 인식기를 들이댈 필요가 없으며 몇 미터 이상, 최대 100미터까지도 인식이 가능하다.

UHF 라디오 전파에 반응하는 작은 태그이고 교통카드 비슷하게 작은 칩이 들어 있는데, 교통카드와 달리 직접 접촉할 필요가 없으며, 가격도 저가형이 널리 보급되고 있다.

물론, 바코드 스티커만큼 싸지는 않기에 모든 개별 상품 아이템별로 붙이기는 어렵고, 인식오류 문제 등 보급의 장애요인도 있을 수 있다.

한편, 데이터를 무선으로 전송하는 단말이 엄청나게 많아지면 통신비가 부담되는데, 사물인터넷의 경우에는 일반 무선인터넷에 비해서 전송속도를 줄인 대신에 통신요금을 훨씬 저렴하게 만든 저가형 사물인터넷 전용 무선통신 규격이 보급되고 있다. 사물인터넷 기기는 접속 단말 수가 굉장히 많은 대신, 개별 단말별로 사용하는 데이터 용량은 대단히 작은 경우가 많기 때문이다.

03. 콜드체인과 블록체인

RFID는 바코드의 연장선상에서 어떤 상품인지를 식별하는 기능이상을 하기는 어렵다. 따라서 콜드체인을 관리하기 위해서는 센서가 더 복잡해지고 온도 및 습도 측정기능도 있어야 한다. 또한 제품과 가까운 위치에 부착되어 있어야 하며, 온도와 습도를 언제나 실시간으로 지속적으로 측정해야 한다. 의약품이나 식품은 배송 중에 전체적으로는

그림 11-3 콜드체인의 흐름도

맞추었더라도, 몇 시간 동안 목표 온도에서 벗어나면 그 사이에 상할 수도 있기 때문에 매우 어렵다고 할 수 있다.

또한 콜드체인에는 신뢰의 문제도 작용한다. 화물을 운반하는 책임자가 여럿이므로 최종 소비단계에서 문제가 발견되었다면, 긴 물류 단계의 어느 단계에서 문제가 발생했으며, 누구의 책임이냐를 가려내기가 쉽지 않기 때문이다. 그래서 콜드체인 관리에서 블록체인을 활용하려는 시도가 이루어지고 있다. 신선제품이 여러 단계를 거쳐서 이동할 때 그동안 온도가 어떻게 관리되었는지, 블록에 일정 간격으로 계속 제품별 온도가 기록되고, 최종 소비지로 배송이 완료될 때까지 블록이 계속 추가된다. 사후 기록 변조가 어려운 블록체인의 특성상, 최종 수령자는 앞의 모든 단계에서 제품의 온도 관리에 문제가 없었는지 확인할 수 있게 된다.

04 S·E·C·T·I·O·N

메뉴주문 및 결제 시스템의 변화

최근, 외식산업에서도 4차 산업혁명에 관심을 갖고 융복합 등을 통해 신기술과 서비스 등을 선보이고 있다. 특히, 모바일 기술과 사용 확대, 3D 프린팅 기술의 발전으로 외식 산업계에도 큰 변화가 예상되고 있다.

01. 온디맨드(On-Demand) 방식

외식업계의 4차 산업혁명은 온디맨드(On-Demand) 방식을 기반으로 하는 '푸드테크'로부터 시작되고 있다. 온디맨드는 수요자의 주문에 따라 서비스와 재화 등을 공급한다.

특히 음식 배달 분야에서 활발하다. 불과 몇 년 전만해도 전화기를 들고 메뉴와 주소 등을 불러주고 직접 돈을 건네줘야 마무리됐던 음식 배달이 이제는 스마트폰 어플리케이션에서 클릭 몇 번으로 해결된다.

국내 외식업계에 푸드테크란 용어를 확산시킨 업체는 배달 앱 배달의 민족을 운영하는 ㈜우아한 형제들이다. 우아한 형제들은 지난 2011년 배달 앱 서비스를 시작하면서 푸드테크란 말을 처음 사용한 것으로 알려져 있다.

02. 키오스크

패스트푸드 업계와 커피 전문점을 중심으로 지능형 주문 시스템이 확대되고 있다. 메뉴의 다양화, 주문의 효율화, 인건비 절약의 효과가 있어 향후 더 확대될 전망이다. 맥도날드는 푸드테크 시스템 도입에 적극적이다.

맥도날드 미래형 매장은 디지털 키오스크를 설치해 고객이 카운터 앞에서 기다리는

그림 11-4 주요 배달전문 APP

시간을 줄였다. 디지털 키오스크를 이용하면 기본 메뉴는 물론 소스와 채소, 치즈 등 원하는 재료를 조합한 시그니처 버거도 주문할 수 있다. 또한 위치추적 기능을 탑재한 진동벨을 이용해 고객의 테이블로 서비스한다. 맥도날드는 전 세계적으로 약 2600개의 매장이 미래형 매장으로 변신했고 프랑스의 경우 고객 만족도가 70%에서 88%로 증가하기도 하였다.

롯데리아는 '무인 포스' 설치를 늘려가고 있다. 무인 포스를 이용하면 주문이 몰리는 점심, 저녁 시간에 대기하지 않고 주문이 가능하다. 또 전산 시스템을 통해 제휴카드 할인부터 카드 결제까지 한 자리에서 이뤄진다. 또한 키오스크 스크린에 옴니채널과 증강현실을 활용한 '재미있는 매장'을 선보이고 있다. 롯데리아 재미있는 매장은 스마트폰 근거리 무선 통신 기술인 비콘 서비스를 통해 이벤트 메시지를 안내하고 고객은 증강현실 키오스크 스크린에서 다양한 게임을 즐길 수 있다.

스타벅스는 사이렌오더 시스템을 안착시켰으며 외식기업 놀부도 시럽오더와 O2O 제휴 등을 통해 매출을 증대시키고 있다.

03. 디지털 메뉴판

디지털 메뉴판은 주문에서 결제에 이르기까지 한 자리에서 가능하다. 고객은 디지털 메뉴판을 이용해 터치스크린으로 손쉽게 메뉴를 주문하고 주문된 메뉴는 자동으로 주방에 전달되며 결제까지 할 수 있다.

디지털 메뉴판의 장점은 다음과 같다.

- 특정 메뉴를 집중시킬 수 있음
- 판매가격 융통성 개선
- 메뉴교체 시 비용절감
- 고객만족도 증대
- 프로모션 메뉴 판매량 증대

- 경영상 효율성 증대
- 평균 매출의 상승
- 주문의 정확성 극대화
- 거래 마진이 높아짐

05 SECTION

외식과 IT 기술의 융합 푸드테크

01. 푸드테크 개념

최근 외식업계에서 '푸드테크' 용어가 확산되고 있다. 푸드테크는 식품(Food)과 기술(Technology)이 식품 관련업과 IT기술의 접목을 뜻한다. 빅데이터 분석을 통해 맛집을 추천해주는 서비스부터 배달 서비스, 주문서비스, B2B까지 분야도 다양하다.

푸드테크는 고객 편의성을 기본으로 외식업 종사자들에게도 꼭 필요한 시스템으로 발달하고 있다. 스마트한 요소를 가미한 실험적인 시도에서 매출증진에 실질적인 도움을 주며 점차 대중화에 나서고 있다.

국내에서 푸드테크란 단어가 처음 사용된 것은 '배달의 민족'이다. 외식시장에서는 외식과 IT의 융합을 보다 명확하고 알기 쉽게 표현하기 위해 만들어낸 신조어라 할 수 있다.

푸드테크에서 말하는 IT 기술은 기본적으로 적은 투자금으로 기업의 비용을 줄여주고 매출을 높여 수익성을 창출할 수 있도록 지원해주는 역할을 의미한다. 단순히 이색적인 시스템을 통해 고객의 이목을 끄는데 그치는 것이 아니라, 외식업체에 실질적인 매출 상승이 이뤄져야 진정한 푸드테크 기술이라고 말할 수 있다.

외식산업에 있어 푸드테크의 강점은 고객이 선택할 수 있는 폭을 다양하게 제시하는 종합 프레젠테이션, 혹은 방대한 메뉴판의 역할을 하는 것이다. 푸드테크는 고객의 빠른 선택에 도움을 줘 불필요한 물리적 노동 시간을 최소화시켜주며, 매장에서는 관련 기술을 통해 빠른 고객 대응이 가능해진다. 특히 관련 플랫폼을 통해 테이크아웃, 배달 등의 비중을 높일 수 있어 고객수와 회전율을 높여주고 추가적인 매출까지 기대할 수 있게 해준다.

02. 푸드테크 시스템

외식업체에서 활용할 수 있는 푸드테크는 기본적으로 자체구축 보다는 이미 IT 전문기업에서 만들어 놓은 다양한 관련 플랫폼을 활용하는 것이 훨씬 효율적이다. 외식과 IT 산업의 융합은 현재 도입기에 있기 때문에 진입장벽이 매우 낮다고 할 수 있다. 또한 시장 활성화 초기 단계에서 IT기업과 서로 협조할 수 있는 개념으로 다양한 혜택을 받으면서 제휴할 수 있는 기회가 많다고 할 수 있다.

대표적인 외식산업 푸드테크 시스템으로서는 배달·추천 서비스와 디지털 주문 서비스로 구분할 수 있다.

1) 배달·추천 서비스

기존의 외식업계는 배달 서비스를 시행하는 곳과 그렇지 않은 곳으로 나뉘었다. 물론 아이템의 특성에 따라 배달을 하지 않고 내점고객 위주로 운영하는 곳도 많았다. 하지만 이는 대부분 내부적인 운영효율성을 꾀하기 위한 것으로, 고정 배달인력을 보유하기에는 매장별 리스크가 높기 때문에 어쩔 수 없이 배달 서비스를 시행하지 못하는 경우가 대부분이었다.

따라서 외식업계는 이러한 고객의 니즈를 반영하여 IT 산업과 연계한 배달 대행 서비스를 발전시켰다. 이는 애플리케이션이라는 모바일 툴을 통해 고객 접근을 용이하게 하고, 여기에 추가적으로 각종 프로모션이나 바로 결제 서비스 등의 시스템을 도입, 고객편의를 도모함으로써 매장의 배달확대를 돕고 있다.

최근엔, 다양한 배달 서비스 애플리케이션 업체들이 풍부한 인프라를 바탕으로 기존에 배달을 하지 않던 업소들의 배달을 돕는 서비스도 진행하고 있다.

한편, 포털사이트의 블로그 검색에 의존하던 맛집 추천도 보다 전문화된 IT기술과 결합해 신뢰할 수 있는 정보를 제공하고 있다. 맛집 관련 다양한 콘셉트의 애플리케이션 서비스가 대거 상용화되어 활발하게 사용되고 있다. 최근 맛집 추천이나 예약 서비스는 빅데이터를 기반으로 하는 경우가 많은데, 이러한 빅데이터의 경우 각종 포털사이트에 산재한 외식과 관련된 다양한 정보를 각각의 애플리케이션이 추구하는 방식의 알고리즘을 바탕으로 분석해 사용하고 있다.

2) 디지털 주문서비스

모바일 애플리케이션 기술이 발달함에 따라 주문 서비스도 IT 기술을 접목해 더욱 발달하고 있다. 스마트 주문 서비스를 이용하면 출근길이나 점심시간 등 사람이 붐빌 때 카페에서 음료를 구매하기 위해 줄을 서 기다릴 필요가 없으며, 결제 역시 모바일 애플리케이션을 통해 할 수 있어 시간을 대폭 줄여준다. 대표적인 사례로 SK 플래닛의 '시럽오더(Syrup Order)'를 들 수 있다. 현재, O2O(Online to Offline) 시장에서 가장 빠르게 성장하고 있다.

한편, 모디슈머를 대상으로 개인의 취향에 맞게 맞춤형 메뉴를 주문하는 DIY형 메뉴를 접목한 디지털 시스템이 이목을 끌고 있다. 모디슈머(Modisumer)란 '수정하다(modify)'와 '소비자(Consumer)'의 합성어로, 기존 조리법을 따르지 않고 자신만의 방식으로 재창조해내는 소비자를 뜻한다. 외식업계에서도 고객이 개성을 추구하는 고객의 니즈를 충족해주고자 소비자가 직접 메뉴를 제작할 수 있는 DIY형 메뉴가 주목받고 있다.

예를 들면, 샌드위치 프랜차이즈 써브웨이는 빵 종류부터 안에 들어가는 각종 재료와 소스까지 고객이 원하는 대로 선택할 수 있게 제공한다.

이와 같이 외식산업에서 푸드테크 시스템은 효율과 합리적 운영의 키워드가 간절해진 세상이라 할 수 있다. 손맛과 친절한 서비스만으로는 외식업소 운영에 따른 문제점을 극복할 수 없다.

최근, 외식산업에 IT기술을 접목한 실용적인 푸드테크들이 등장하면서 경영주들은 자신의 업소에 맞는 기술을 도입해 운영상의 편의를 도모하고 있으며, 적재적소에 맞는 인력 구성, 효율적인 운영 시스템 발굴, 식재료 발주와 재고 관리, 인건비 정산 등 이제는 단순 편의를 넘어 운영상의 효율과 동시에 부가가치를 높이기 위한 실용적인 플랫폼과 IT기술 개발로 발전하고 있다.

참고문헌

❖ 국내문헌

- 공정거래위원회
- 김가네 공식홈페이지
- 김이종(2015), 호텔경영론, 새로미
- 김이종·이규태(2019), hospitality human resources management
- 김종훈(2018), 제4차 산업혁명 식품산업의 대응 및 향후과제, 한국식품연구원
- 김천서 외 2명(2017), 외식사업경영론, 서울: 한올
- 나정기(2014), 외식산업의 이해, 서울: 백산
- 네이버 블로그, 스타벅스교육훈련 시스템 사람이 답이다
- 놀부 공식홈페이지
- 농림축산식품부(2019), 2019년도 식품외식산업 주요통계
- 농림축산식품부(2019), 미리보는 2020 외식트렌드: 대한민국 외식소비의 변화
- 마케팅 시크릿, 스타벅스를 통해 살펴본 외식산업 마케팅
- 매일경제 경제포털(2019)
- 매일경제, 한국프랜차이즈의 역사(1979년 롯데리아)
- 문세리·조용범(2017), 혼밥족의 외식소비성향에 따른 외식선택속성 중요도가 행동의도에 미치는 영향, 외식경영연구, 20(5), 51-72
- 문화체육관광부 관광진흥법, 일부개정 2007. 12. 27 법률 제8820호
- 미국레스토랑협회
- 배인해·김광수(2016), 외식산업, 한국기업평가
- 백남길(2020), 외식마케팅: 사례를 중심으로, 백산
- 블록체인 AI 뉴스(2019), 4차 산업혁명과 푸드테크
- 산업일보(2020)
- 서경화·이수범(2012), 외식기업의 경영자원 · 핵심역량 · 경쟁우위 및 경영성과의 구조적 관계연구, 호텔경영학연구, 21(6), 125-143

- 서울시티, 가맹점, 지역사회와의 상생을 위해 노력하는 착한 프랜차이즈
- 스타트업 투데이(2019), 조원섭의 외식경영전략
- 식품외식경영(2020), 트렌드 인사이트
- 식품외식경제(2020), 가잼비: 나만의 레시피, 프래그십 스토어, 웰빙푸드 주목
- 식품외식경제
- 식품위생법(2011), 식품위생법 시행령, 제21조 제8항
- 식품음료신문, 빅데이터 분석, 경계허물어지는 130조 외식시장
- 신건호 외 4인(2011), 글로벌시대의 인적자원관리
- 신형철·김용주·홍석규(2016), 내부마케팅이 외식종사원의 고객지향성에 미치는 영향, 외식경영연구, 19(6), 229-253
- 어윤선(2019), 프랜차이즈시스템경영, 서울: 대왕사
- THE 외식, www.atfis.or.kr
- 외식산업 길라잡이, blog.daum.net/ykk720/15851416
- 외식트렌드 칼럼 & 리포트(2019), 인공지능 로봇이 사람을 대신하다
- 이경은(2005), 고령화시대 외식산업의 환경변화와 대응전략
- 이뉴스투데이(2020)
- 이바돔 공식홈페이지
- 일본통계청(2012)
- 임창희(2011), 인적자원관리, 비엔앰북스
- 임현철 외(2017), 외식창업실무지침서
- 정규엽(2018), 호텔·관광·외식마케팅, 연경문화사
- 정용주(2016), 외식경영론, 서울: 백산
- 정유경(2018), 외식산업경영, 북넷
- 조선일보, 맥도널드 한국진출 1호점
- 조선일보, 음식으로 본 70년
- 조용범·강병남(2017), 호텔외식주방관리론, 서울: 대왕사
- ㈜한국콘텐츠미디어 블로그(2019)
- 중앙일보, '편리미엄'이 대세…2020 외식업 창업자가 주목 할 키워드
- 최태선(2017), 외식 프랜차이즈 가맹본부의 슈퍼바이저 핵심역량이 가맹점의 신뢰와 경영성과에 미치는 영향, 외식경영연구, 20(5), 73-95
- 최학수 외 3명(2018), 실전외식사업경영론, 한올
- 통계청(2018)

- 통계청(2019)
- 통계청, www.kostat.go.kr
- 폴리뉴스(2019), 까다로운 식재료 쉽게 구하는 외식업자의 스마트한 노하우
- 프랜차이즈 위탁경영(2011)
- 픽사베이, 홈앤쇼핑
- 한경닷컴(2020)
- 한경수 외 2인, 외식경영학, 교문사
- 한국농수산식품유통공사(2013), 해외 외식산업 정보조사
- 한국농수산식품유통공사(2019), 밀레니얼 세대 겨냥해 달라지는 외식업장 풍경
- 한국무역보험공사(KSURE)(2018), 국내외 식품산업 동향 및 최근 트렌드
- 한국영농신문(2020), 2020년 뜰 외식 트렌드, 그린오션
- 한국외식산업경영연구원(2017), 제 4차 산업혁명 외식산업은 위기인가? 기회인가?
- 한국외식연감(2017)
- 한국은행 경제통계시스템(ECOS)
- 한양사이버대학교, 나이스지니센터
- 함동철·강재희(2019), 외식산업 창업과 경영, 서울: 백산

❖ 국외문헌

- American Express Establishment Services(2009), 50 more promotions that work for restaurants
- Andrew, D. & Karen, P.(1995). Becoming chef, New York: John Wiely & Sons, Inc
- Arthur, C. A.(1989). Up the productivity, Commercial Kitchens, American Gas Association, 205-214
- Costas, K. & Chris, T.(1999), Design and equipment for restaurants and foodservice: A management view, Second Edition(New York: Hohn Wiley & Sons)
- Courtesy Chili's Grill and Bar, www.brinker.com
- Courtesy Restaurants Unlimited(2006)
- Davis, P.(1998), Taking the anxiety out of menu pricing, Restaurant Magazine, 2(2), 56-57
- Edwards & Hartell(2013), The foodservice industry: Eating out is more than just a meal, *Food Quality and Preference,* 27, 229-233
- Erin, J. S(2010), Watchful eyes restaurants and institutions Chicago
- Hoover's on line Auntie Anne's company capsule, 2006. 3. 7
- https://www.webstaurantstore.com/article/3/indpendent-ownership-franchise-pros-cons.htm
- IMF(World Economic Outlook Database)
- Jamie, P.(2006), Jamie Popp. Trash talk restaurants & Institutions Chicago, 116(9), 75-76
- John Correll(1997), Pie R. Square, Pizza Today
- John, F. R.(2006), How to give positive feedback, Your Guide to management, 6, 30
- Joseph, R. M.(1996), The ABCs of getting money from the SBA, Your company 6, no 4
- Kotelr et al.(2009), Marketing for hospitality and tourism
- Kotler & Amstrong(1996)
- Lisa, T.(2006), Building a better menu, Hospitality Technology, www.htmagazine.com
- Madrall, S.(1998), Bright lights big city, Restaurant Hospitality, 82(1), 45
- Martin, P.(1997), Theme restaurant design-entertainment and fun in dining
- Miller, J. E.(1992), Menu pricing and strategy

- Mohamed, E. B. & Lee, B. B.(1992), Profitability analysis for table service restaurants, Cornell H. R. A. Quarterly, 33(2), 49-55
- Ouback Steakhouse Press Kit(2006)
- Pixabay
- Raymond, S.(2002), Hospitality Industry Managerial Accounting, 5th ed.(East Lansing, Mich: Educational Institute of the American Hotel and Lodging Association
- Restaurant Hospitality Magazine Online(2006), www.restaurant-hospitality.com
- Scott(2011)
- Steve, K.(2006), Ten tips to tame your energy tab restaurant hospitality, 90(10), 26
- Stone, T. H.(1982), *Understanding Personnel Management,* Hinsdale IL: Dryden Press
- Subway Press Kit(2006)
- TGI Friday's training manual
- The Educational Foundation of the National Restaurant Association(1995), Applied foodservice sanitation
- The National Restaurant Association(1995), The sanitation operations manual
- The National Restaurant Association(2012), A guide to preparing a restaurant business plan
- Walker(2017), Franchise(A)
- Wine Spectator(2009), This section draws on Harvey Steiman. "Made for Each Other"
- www.restaurant.org
- www.google.com

저자약력

▪ 이규태

신한대학교 글로벌관광경영학과 교수(현)
대학교 호텔관광경영학과 석사
세종대학교 호텔관광경영학과 박사
세종대학교 빅데이터 MBA(현) 경영학 석사
W 호텔 매니저
한국관광연구학회 편집위원 및 이사(현)
한국호텔관광학회 학술이사
양수리 핵점포 메뉴개발 프로젝트 연구위원(현)
관세청 특허심사위원(현)

• 저서 및 논문

머신러닝을 활용한 호텔 부실화 예측 모델개발(2020). 한국연구재단
호텔객실관리론(2019) 새로미
호텔 기업 복리후생제도가 인지적 경영성과에 미치는 영향(2019)
호텔 기업의 협력적 노사관계, 사회적 자본 및 조직성과 간 구조적 관계(2019)
호텔 기업 인사평가가 인사공정성에 미치는 영향(2019)
호텔 기업의 고몰입 인적자원관리, 긍정심리자본 및 직무성과 간 구조적 관계(2019)
호텔 기업 협력적 노사관계의 영향요인과 비재무적 성과 간 구조적 관계(2019)
호텔 기업의 노동시장 유연성, 직무불안정성 및 조직냉소주의 간 구조적 관계(2019)
호텔 기업 공유 리더십이 팀성과에 미치는 영향(2018)
호텔 중간관리자들의 임파워링 리더십이 혁신행동에 미치는 영향(2018) 외 다수.

외식산업 경영론

발행일 I 2020년 9월 11일

발행인 I 모흥숙
발행처 I 도서출판 새로미

저자 I 이규태

주소 I 서울 용산구 한강대로 104 라길 3
전화 I 02) 523-5903~4
팩스 I 02) 2693-2437

E-mail I seromi@seromi.kr
Homepage I www.seromi.kr

ISBN I 978-89-6476-725-2 (93320)
정 가 I 22,000원

• 책의 일부 혹은 전체 내용을 무단 복사, 복제, 전제하는 것은 저작권법에 저촉됩니다.
• 낙장 및 파본은 구입처나 출판사로 문의 주시면 교환해 드리겠습니다.